Fontes Christiani

ANSELM VON CANTERBURY
FREIHEITSSCHRIFTEN

Fontes Christiani

Zweisprachige Neuausgabe christlicher Quellentexte aus Altertum und Mittelalter

Herausgegeben von
Norbert Brox, Wilhelm Geerlings, Gisbert Greshake, Rainer Ilgner, Rudolf Schieffer

Band 13

ANSELM VON CANTERBURY
FREIHEITSSCHRIFTEN

LATEINISCH
DEUTSCH

HERDER

FREIBURG · BASEL · WIEN
BARCELONA · ROM · NEW YORK

ANSELM VON CANTERBURY

FREIHEITSSCHRIFTEN

DE LIBERTATE ARBITRII

ÜBER DIE FREIHEIT DES WILLENS

DE CASU DIABOLI

VOM FALL DES TEUFELS

DE CONCORDIA PRAESCIENTIAE ET PRAEDESTINATIONIS ET GRATIAE DEI CUM LIBERO ARBITRIO

ÜBER DIE VEREINBARKEIT DES VORHERWISSENS, DER VORHERBESTIMMUNG UND DER GNADE GOTTES MIT DEM FREIEN WILLEN

ÜBERSETZT UND EINGELEITET
VON
HANSJÜRGEN VERWEYEN

HERDER

FREIBURG · BASEL · WIEN
BARCELONA · ROM · NEW YORK

Abdruck des von F. S. Schmitt edierten lateinischen Textes aus „S. Anselmi Cantuariensis archiepiscopi opera omnia“ sowie der durchgesehenen und überarbeiteten Übersetzung von H. Verweyen aus „Wahrheit und Freiheit“ mit freundlicher Genehmigung der Verlage Frommann/Holzboog, Stuttgart-Bad Cannstatt, und Johannes, Einsiedeln.

Fontes-Redaktion:
Volkmar Hamp, Nicolaus Klimek, Horst Schneider

Die Deutsche Bibliothek – CIP-Einheitsaufnahme

Anselmus ‹Cantuariensis›:
Freiheitsschriften : [lateinisch/deutsch] / Anselm von Canterbury. Übers. und eingeleitet von Hansjürgen Verweyen. – Freiburg im Breisgau ; Basel ; Wien ; Barcelona ; Rom ; New York : Herder, 1994.
(Fontes Christiani ; Bd. 13)
Enth. u. a.: De libertate arbitrii. De casu diaboli
NE: Verweyen, Hansjürgen [Hrsg.]; Anselmus ‹Cantuariensis›: [Sammlung]; GT
ISBN 3-451-22113-6 kartoniert
ISBN 3-451-22213-2 gebunden

Umschlagbild: Marmorplatte eines Lesepults,
Ravenna, S. Apollinare Nuovo, 6. Jh.

Satz: Nicolaus Klimek, Bochum
Herstellung: Freiburger Graphische Betriebe 1994
ISBN 3-451-22113-6 kartoniert
ISBN 3-451-22213-2 gebunden

INHALTSVERZEICHNIS

Einleitung

Der textkritische Apparat

Texte und Übersetzungen

Anhang

EINLEITUNG

I. Zeittafel

1033	Geburt Anselms in Aosta
1060	Eintritt ins Kloster Bec
1060–1063	*De grammatico*
1063	Prior zu Bec
1076	*Monologion*
1078	Abt zu Bec
1077–1078	*Proslogion*
1080–1085	*De veritate / De libertate arbitrii*
1085–1090	*De casu diaboli*
1093	Erzbischof von Canterbury
1094	*Epistola de incarnatione verbi*
1098	*Cur deus homo*
1099–1100	*De conceptu virginali et de originali peccato*
1102	*De processione spiritus sancti*
1106–1107	*Epistola de sacrificio azimi et fermentati, Epistola de sacramentis ecclesiae*
1107–1108	*De concordia praescientiae et praedestinationis et gratiae dei cum libero arbitrio*
1109	Tod Anselms in Canterbury

II. Anselms Leben und Werk[1]

Anselm wurde 1033 in dem Alpenstädtchen Aosta geboren. Das wenige, das wir über seine Familie wissen, deutet auf einen herabgekommenen Adel hin. Ein früher Ent-

[1] Hauptquelle ist das Doppelwerk von ANSELMS Schüler und Sekretär EADMER: *Vita sancti Anselmi archiepiscopi Canturariensis* und *Historia novorum in Anglia*. Die zur Zeit gründlichste Biographie bietet SOUTHERN, *Saint Anselm (1990)*. Eine wohldokumentierte deutsche Übersicht über Anselms Leben und Werk gibt HÖDL, *Anselm von Canterbury*.

schluß Anselms, Mönch zu werden, scheiterte am Widerstand seines Vaters. Streitigkeiten mit dem Vater waren es auch, die Anselm 1056 zum Aufbruch aus seiner Heimatstadt veranlaßten.

Entscheidend für sein weiteres Leben wurde, daß er nicht den leichteren Weg nach Italien wählte, sondern die beschwerliche Route nach Nordfrankreich — und sich damit der allgemeinen Wanderungsbewegung zu den zentralen Bildungsstätten seiner Zeit anschloß. Nach drei Jahren des Umherwanderns kam er, vom Ruhm Lanfrancs angezogen, 1059 in der Benediktinerabtei Bec in der Normandie an. Obwohl das Kloster erst 1034 durch Herluin gegründet worden war, hatte Lanfranc es bereits aus seiner Unbekanntheit gehoben. 1060 trat Anselm ins Kloster ein. 1063, nach dem Weggang Lanfrancs, wurde er Prior in Bec und Leiter der Klosterschule. Schon als Prior mußte er stellvertretend für den alten Abt zusätzlich auch die vielfältigen Außenbeziehungen der Abtei wahrnehmen. 1078, nach dem Tode Herluins, wurde Anselm Abt zu Bec.

Den Einfluß Lanfrancs auf Anselm richtig einzuschätzen ist nicht leicht. Als Theologe und Philosoph konnte Lanfranc, der in erster Linie immer Jurist, Verwaltungsmann, Politiker blieb, Anselm kaum mehr als Anregungen geben. Aber nach vierjährigem Zusammensein mit Lanfranc war aus Anselm — mit 26 Jahren ein „völliger Versager“[2] — ein in jeder Hinsicht diszipliniert arbeitender Ordensmann geworden, auf der Schwelle zu verantwortungsvollem kirchlichem Handeln und auf dem Weg zu einem enormen theologisch-philosophischen Werk.

Schon als Schüler und Assistent Lanfrancs (1060–1063) dürfte Anselm den Dialog *De grammatico* verfaßt haben, nicht erst in den Jahren 1080–1090, wo er die drei inhaltlich

[2] Vgl. SOUTHERN, *Saint Anselm (1990)* 14: „a complete wash-out“.

eng zusammengehörenden Dialoge *De veritate*, *De libertate arbitrii* und *De casu diaboli* schrieb[3]. Der Dialog kommentiert den ersten Teil der Kategorienschrift des Aristoteles, der auch die Basis für Lanfrancs Auseinandersetzung mit dem Dialektiker Berengar bildet. Wie hängt dieses frühe Werk mit den übrigen Schriften Anselms zusammen? Tut es das überhaupt? Vermutlich wurde es als eine Einführung in die Dialektik für externe Schüler in Bec geschrieben. Doch darf man es darum als ein „Übungsstück in der profanen Kunst der Logik" ohne jeglichen Bezug zu Anselms theologischen Werken ansehen[4], das sich darüber hinaus erst im Rekurs auf die moderne, von G. Boole und G. Frege begründete mathematische Logik adäquat erschließe[5]?

Liest man *De grammatico* auf dem Hintergrund der späteren Arbeiten, insbesondere der hier übersetzten Schriften, so zeigt sich, daß Anselm sich damit gleichsam das Feld freizukämpfen suchte, auf dem eine rational verantwortete Theologie gegenüber den sophistischen Verdrehungen der Dialektiker seiner Zeit betrieben werden konnte, nämlich durch eine über die enge Verbindung von Grammatik und Logik erarbeitete Sprachphilosophie, die hinter den beirrenden Oberflächensinn von Worten auf die Sache vorzustoßen vermag. Über den Stellenwert solchen philosophischen Tuns hat sich Anselm in einer früheren Fassung von *De veritate* im Anschluß an Ausführungen des „Lehrers", die an den ersten Dialog erinnern, geäußert:

> „Um die Wahrheit zu erkennen, die in vielem verborgen ist, halte ich es nämlich für sehr wichtig, den Geist durch subtile Erwägungen dieser Art zu üben. Ein in solchen Dingen ungeübter Geist nimmt,

---

[3] So mit noch stärkerem Nachdruck als früher SOUTHERN, *Saint Anselm (1990)* 62–65.

[4] Vgl. HAURÉAU, *Histoire* 268.

[5] Vgl. HENRY, *De Grammatico* VII.

weil er nicht sorgfältig zu unterscheiden weiß, verworren auf, was gesagt wird, und unterliegt daher Zweifel und Irrtum."[6]

Die Tatsache, daß Anselm in der endgültigen Fassung diesen Passus fortgelassen hat und dort den „Schüler" lediglich feststellen läßt: „Mir gefällt, was du sagst, ja, ich halte es für wichtig, das zu erkennen"[7], läßt aber auch vermuten, daß er inzwischen — nach der im Anschluß an den Briefwechsel über das *Monologion* eingetretenen größeren Distanz zu Lanfranc[8] — ein wenig Abstand zu seinen frühen sprachphilosophischen Unternehmungen gewonnen hat.

Die in *De grammatico* deutlich werdenden Bemühungen Anselms um eine genaue Sprachanalyse beleuchten eine Seite an seinen Werken, die den Leser immer wieder in Bann schlägt: die präzise Gedankenführung und klare sprachliche Form seiner Aussagen. „Jeder Satz sitzt." Ein zweites Charakteristikum ist der theologische und philosophische Tiefgang seiner Arbeiten, worin ein sorgfältiges, kritisches Bedenken der Tradition zu einer bewundernswerten Einheit mit Anselms Kraft zu systematischer Spekulation findet. Hier wird man die lange Zeit des Schweigens im Blick behalten müssen, bevor Anselm mit theologischen Schriften an die Öffentlichkeit trat. Zum Vergleich: Mit 43 Jahren verfaßte Anselm sein erstes großes Werk, das *Monologion* — in diesem Alter war die Lebenszeit von Duns Scotus bereits abgelaufen.

Ein weiteres fasziniert an Anselms theologischen Schriften, insbesondere dem *Proslogion* und dem *Cur deus homo:* die aus der Tiefe der Meditation aufbrechende spirituelle

---

[6] ANSELM, *ver.* 9, *prior recensio* (zu Z. 23: *Quippe utile puto hoc cognoscere*) (188 SCHMITT): *Quippe utile multum puto ad intelligendam veritatem in multis occultam exercere mentem in huiusmodi considerationum subtilitate. Mens enim quae in talibus non est exercitata: quoniam nequit diligenter discernere, confuse accipit quae dicuntur, et ideo dubitat aut errat.*

[7] *Placet mihi quod dicis. Quippe utile puto hoc cognoscere* (ebd. Z. 23).

[8] Vgl. SOUTHERN, *Saint Anselm (1990)* 59–62.

Gestalt einer Sprache, die man — im Sinne der „Theologischen Ästhetik" Hans Urs von Balthasars — einfach als schön bezeichnen muß. Man darf die im engeren Sinne theologischen Schriften nicht aus einem größeren Zusammenhang herausbrechen: Die frühesten Zeugnisse theologischer Rede Anselms, die uns erhalten blieben, sind — einsetzend mit dem Jahr 1070 — Briefe, Gebete und Meditationen. Southern hat den erstaunlichen Wandel[9] unterstrichen, der hier gegenüber der früheren Sprachgestalt dieser literarischen Genera zu bemerken ist: den emotional engagierten, persönlichen Ton, in dem Anselm — der biblischen Rezeption des „Hohenliedes" vergleichbar — die ganze Kraft menschlicher Liebe für das um Ausdruck ringende religiöse Leben einzufangen sucht. Die Empfänger der Gebete (wie auch vieler Briefe) waren monastische Freunde oder adlige Damen. Es war vor allem diese Verbindung von klösterlichem Leben und den religiösen Impulsen großer Frauen, die die persönliche Frömmigkeit des Mittelalters bestimmten und wesentlich auch zur Verbreitung der spirituellen Schriften Anselms im engeren Sinn beitrug. Die Theologie Anselms schlägt nicht nur eine markante Brücke zur säkularen Welt einer sich emanzipierenden Philosophie. Sie ist wirksam auch in dem noch bestehenden engen Geflecht zwischen monastischer Frömmigkeit und weltlicher Politik, in dem Frauen — wie etwa Mathilde von Tuszien — eine unübersehbare Rolle spielten.

Als Prior und Abt von Bec verfaßte Anselm die „philosophischsten" seiner Schriften: 1076 das *Monologion*, 1077–1078 das *Proslogion*, sodann drei thematisch eng zusammenhängende Dialoge: 1080–1085 *De veritate* und *De libertate arbitrii*, 1085–1090 *De casu diaboli*. Das letzte

[9] „The Anselmian Transformation" (SOUTHERN, *Saint Anselm [1990]* 99–106). In einem früheren Werk, *Saint Anselm (1963)* 42–47, hatte SOUTHERN sogar von „The Anselmian Revolution" gesprochen.

Werk Anselms — *De concordia praescientiae et praedestinationis et gratiae dei cum libero arbitrio* (1107–1108) — war von ihm ebenfalls schon im Zusammenhang seiner Arbeit an den drei genannten Dialogen geplant, vielleicht auch schon damals in einer ersten Fassung in Angriff genommen worden[10]. Auf diesen ganzen Komplex wird zum näheren Verständnis der hier vorgelegten „Freiheitsschriften" noch ausführlicher einzugehen sein.

Die nach dem Wechsel Anselms von Bec nach Canterbury vollendeten Werke sind — bis auf das erwähnte letzte — theologische Schriften in einem engeren Sinn. Abgesehen von dem Höhepunkt Anselmschen Schaffens, wie er in *Cur deus homo* erreicht wurde, strömen sie nicht mehr in gleichem Maße die schöpferische Frische und systematische Kraft aus wie die in Bec entstandenen Opera. Dieser an zweiter Stelle genannte Aspekt wird leicht aus den neuen Lebens- und Arbeitsbedingungen verständlich, denen Anselm jetzt unterworfen war.

1093 wird Anselm — wiederum als Nachfolger Lanfrancs — Erzbischof von Canterbury. Seine Amtsperiode fällt in die Zeit des Streits um die Laieninvestitur. Das erklärt noch nicht viel. Auch für Lanfranc trifft diese Feststellung zu. Lanfranc, ein politisch überaus fähiger Kirchenmann, war als enger Vertrauter des Königs Wilhelm I., eines ebenso klugen wie mächtigen Staatsmanns, maßgeblich an der durchgreifenden Kirchenreform beteiligt, die der König nach der Schlacht von Hastings (1066) zusammen mit dem politischen Neuaufbau Englands betrieb. Bei dieser Lage der Dinge schwieg selbst ein Papst Gregor VII. zu dem offensichtlich staatskirchlichen Gebaren Wilhelms — in derselben Zeit, wo ein deutscher König nach Canossa ging!

---

[10] Vgl. unten 54 Anm. 114.

Die Söhne Wilhelms „des Eroberers", mit denen es Anselm zu tun hatte, waren von anderer Statur. Wilhelm II. (1087–1100) versuchte, die staatskirchlich orientierten „Norman Customs" zu seinem engstirnigen Vorteil zu nutzen und auszuweiten. Heinrich I. (1100–1135) unterschied sich von seinem älteren Bruder kaum durch einen besseren Charakter, wohl aber durch größeres Geschick, seine Interessen durchzusetzen. Für Anselm, der hier — mit Recht — zu einem Einlenken nicht willens war und überhaupt — von Natur her anders als Lanfranc — zu politischen Schachzügen keinerlei Neigung verspürte, bedeutete dies, daß er viele Jahre seiner Amtszeit im selbstgewählten (1097–1100) oder auferlegten (1103–1106) Exil verbrachte und sogar erleben mußte, daß zeitweise Papst Paschalis II. hinter seinem Rücken mit Heinrich I. merkwürdige Kompromisse auszuhandeln suchte. 1107 wurde im Konkordat von Westminster eine Klärung im englischen Investiturstreit erreicht. Die beiden letzten Jahre vor seinem Tod (1109) konnte Anselm erstmalig vom König unangefochten seinen Amtspflichten nachgehen.

In einem engeren Sinn theologisch sind die nach 1093 vollendeten Schriften Anselms (außer *De concordia*) wegen des bisher noch nicht erfolgten Einbezugs geschichtlicher Offenbarung in die systematische Reflexion. Die *Epistola de incarnatione verbi* (erste Fassung 1092, endgültige Redaktion 1094) ist eine Auseinandersetzung Anselms mit Roscelins Auslegung der Trinitätslehre. Das zentrale Argument lautet, daß nur *eine* göttliche Person Fleisch geworden ist. Schon im *Monologion* ist der Trinitätsspekulation ein breiter Raum gewidmet. Neu ist die Hineinnahme der Menschwerdung des Wortes in den Gang der Argumentation. In methodischer Hinsicht ist für Anselm der Dialog *Cur deus homo* (vollendet 1098) daher der folgerichtig nächste Schritt: Das Faktum der Menschwerdung mußte in seiner inneren, rationalen Notwendigkeit für das

theologische Gesamtsystem aufgewiesen werden, nämlich als der einzig angemessene Ausweg aus einer Freiheit, die, ganz zur Verherrlichung Gottes bestimmt, dieses ihr Wesen verfehlt und damit die Vollendung des Schöpfungsplans bedroht.

In *De conceptu virginali et de originali peccato* (1099 bis 1100) vervollständigt Anselm die für den Argumentationsgang in *Cur deus homo* zentrale Aussage über die Sündlosigkeit Jesu. *De processione spiritus sancti* (vollendet 1102) verteidigt das *filioque* der lateinischen Kirche im Glaubensbekenntnis von Nizäa-Konstantinopel — in einem spekulativen Verfahren, das sich, anders als im *Monologion*, zugleich als Exegese neutestamentlicher Aussagen versteht. Theologische Themen im engeren Sinn behandelt Anselm auch in den beiden an Waleramnus gerichteten Briefen zur Sakramententheologie (1106–1107), die in das Corpus der Opera Anselms aufgenommen wurden.

Das damit gegebene Bild einer Differenz im theologischen Ansatz, die Anselm dennoch mit zwingenden rationalen Argumenten *(rationes necessariae)* zu überbrücken sucht, führt uns auf die Frage nach der grundsätzlichen Konzeption des Verhältnisses von Theologie und Philosophie im Denken Anselms.

III. Das Verhältnis von Theologie und Philosophie

Anselms Verhältnis zur Philosophie ist — sehr zum Nachteil für eine angemessene Beurteilung dieses komplexen Sachverhalts — über lange Zeit hinweg einseitig von seinem „Gottesbeweis“ im *Proslogion* her diskutiert worden. Im Anschluß an den Sprachgebrauch Kants als „ontologisches Argument“ bezeichnet und aus seinem Kontext religiöser Rede gerissen, galt dieser Text als einer der klassischen Versuche, philosophisch einen „Unterbau“ für die

Theologie zu schaffen — nämlich über den streng rational von jedem vernünftigen Menschen vollziehbaren Nachweis der Existenz Gottes.

Als schroffeste Gegenstimme dazu wurde zu Recht das von Karl Barth[11] engagiert und in scharfer Distinktion vorgetragene Veto empfunden: Anselm gehe es durchaus nicht um Philosophie, um eine vom Glauben abgehobene „autonome" Vernunft. Er schreibe vielmehr — im *Proslogion* wie auch sonst — als Theologe für Theologen, denen daran liegt, aus dem Innern ihres Glaubens heraus besser die klare Struktur der von der Gnade erleuchteten Vernunft zu verstehen[12].

In den letzten Jahrzehnten hat man sorgfältiger zu differenzieren und die simplifizierende Alternative „Philosophie oder Theologie" zu vermeiden versucht — mit zumindest *einer* markanten Ausnahme: Den theologischen Kontext des Arguments im *Proslogion* betrachtet Kurt Flasch[13] als (nichts denn) „religiöse Stilisierung" — wie er auch keine wesentlichen Unterschiede im Denkansatz Anselms gegenüber dem bei Berengar von Tours wahrzunehmen vermag[14].

Läßt der in *Proslogion* 1–4 konsequent durchgehaltene Gebetsrahmen aber nicht doch mehr als eine bloße „religiöse Stilisierung" erkennen, ohne daß damit der streng philosophische Gehalt des „ontologischen Arguments" angetastet würde, und ergibt sich von hierher nicht ein entscheidender Hinweis darauf, wie bei Anselm das Verhältnis von Theologie und Philosophie allgemein aufzufassen ist?

Da gerade in der gegenwärtigen Diskussion das Verhältnis von Theologie und Philosophie alles andere als grundsätzlich geklärt zu sein scheint, legt es sich nahe, die Frage

---

[11] Vgl. BARTH, *Fides quaerens intellectum.*
[12] Vgl. ebd., bes. 62f.
[13] Vgl. bes. FLASCH, *Einleitung* 12.
[14] Vgl. FLASCH, *Das philosophische Denken*, bes. 188–191.

nach dem spezifischen Standort Anselms in dieser Problematik aus verschiedenen Perspektiven etwas ausführlicher anzugehen.

1. Man tut gut daran, die Begriffe „Theologie“ und „Philosophie“ zunächst einmal in einem sehr weiten Sinn zu nehmen. Dann wäre „Theologie“ die Reflexion auf die unmittelbare eigene Weltanschauung, auf den „Glauben“ in der Bedeutung von Option hinsichtlich der Möglichkeit eines umfassenden (oder auch nur fragmentarischen) Sinns. Auf dieser Ebene reflektierter Unmittelbarkeit stehen sich eine Vielzahl von „Theologien“ mit der ihnen je eigenen Sprache gegenüber, mit enormen Verständnisschwierigkeiten hinsichtlich dessen, was menschliche Grundworte wie „Haus“, „Brot“, „Frieden“ — vielleicht auch „Jenseits“ und „Gott“ — bedeuten. Um zu einem dauerhaften gegenseitigen Verstehen im Dialog solcher „Theologien“ zu finden, das über eine je konkret-momentane Verständigung hinausgeht, ist nun die Suche nach einer Kommunikationsebene, die von allen gemeinsam akzeptiert und verstanden werden könnte, nicht von vornherein als unsinnig abzuweisen. Eine solche gesuchte Kommunikationsebene könnte man dann, ebenfalls in einem weiten Sinn, als „Philosophie“ bezeichnen.

Anselm zumindest ist von der grundsätzlichen Möglichkeit, im Ausgang vom Bedenken der unmittelbar geläufigen Gesamtperspektive, von der „Theologie“, zur „Philosophie“ als einem allgemein zugänglichen Verstehenshorizont hinsichtlich der menschlichen Grundwerte zu finden, überzeugt. Und vor allem: Er weiß um den Unterschied zwischen den beiden genannten Ebenen, meint — im Unterschied zu manchem Denker vor und nach ihm — nicht etwa, daß, wenn er sich in der ihm gewohnten Sprache des eigenen weltanschaulichen Engagements bewegt, er damit schon philosophisch denke und rede. Das wird in *Proslogion*, Kapitel 2, an seinem Einset-

zen mit einem Gebet klar. Er markiert hier sehr deutlich seine Ausgangsposition des Glaubens, von der er dann den Aufbruch zu einem anderen „Sprachspiel", nämlich der rein rationalen Kommunikation mit dem nicht an Gott Glaubenden, abhebt.

Damit ist ein erster Zugang zum Verständnis des Zusammenhangs von theologischem und philosophischem Reden bei Anselm gewonnen: Eine ausdrückliche Besinnung auf das Zentrum seiner „Theologie" ist für jeden, der Philosophie betreiben möchte, nicht etwa nur akzidentell oder gar schädlich. Es ist vielmehr nötig, daß bei der Suche nach einer allgemeinen Ebene menschlicher Kommunikation sehr deutlich das Bewußtsein des je eigenen, persönlichen Engagements an die grundlegenden Dinge für den Menschen wach bleibt, über die man nun mit Andersdenkenden reden will. Sonst geraten immer wieder Momente, die zum unmittelbaren, spontanen Engagement gehören, leicht auf die Seite dessen, was man für Philosophie hält. Die Weise, wie Anselm sich an die Sache der Philosophie macht, gibt wenigstens eine Gewähr: Er weiß, daß er sich hier auf einen neuen, nicht selbstverständlichen Weg begeben muß und daß es für diese Reise wichtig ist, zunächst einmal den Ort des ihm Selbstverständlichen genau zu markieren, um dann auch wirklich aufbrechen zu können und sich nicht unbemerkt doch nur innerhalb der vertrauten Mauern zu bewegen.

2. Philosophie hat es, wenn sie nicht doch letztlich eine verkappte „Theologie" — in welcher Gestalt auch immer — sein soll, mit dem eigentlich Eigenständigen des Menschen zu tun, mit dem, was er als ihm ursprünglich zugehörige Möglichkeit behaupten kann, wenn alle Fremdbestimmungen von ihm abgefallen sind. Ob es überhaupt einen solchen autonomen Urbesitz eigener Möglichkeiten des Menschen gibt, ist eine andere Frage; ob — wenn ja — der Mensch je rein davon Gebrauch zu machen ver-

mag, eine weitere. Aber Philosophie muß auf diesen Gebrauch eigener Kräfte zielen, sonst ist sie ihren Namen nicht wert.

Die neuzeitlichen Vorstellungen von einer durch kritisch-aufgeklärte Vernunftanstrengung zu erringenden philosophischen Autonomie waren zunächst allerdings eher am Ideal einer „Robinsonade“ orientiert. Erst J.G. Fichte hat in scharfer Reflexion die intersubjektive Bedingtheit des Zustandekommens von Autonomie aufgezeigt[15]. Diese Grundeinsicht ist — auf manchen Umwegen, oft durch gedankliche Unschärfen verzerrt, aber auch durch sprachphilosophische Untersuchungen und psychologische wie soziologische Erkenntnisse angereichert — inzwischen zu einem bei Humanwissenschaftlern wie Philosophen kaum noch umstrittenen Gemeingut geworden: Niemand vermag sich selbst als freies menschliches Ich zu erkennen, geschweige denn seine Freiheit zu realisieren, ohne vorgängig von einem anderen als ein selbständiges Individuum angerufen und anerkannt worden zu sein. Seiner selbst bewußt werden und zu einer freien Person entfalten kann sich der Mensch nur über die Hinwendung anderer Menschen zu ihm. Erst darüber, daß mich ein anderer als Du anspricht oder, ursprünglicher noch, in Freude über einen neuen Menschen anlächelt, gewinne ich überhaupt ein Bild dessen, was ich bin und sein kann. Ohne diese Anerkennung durch eine „feste Bezugsperson“ kommt der Mensch nicht zu sich selbst.

Nun ist auch jene zwischenmenschlich ermöglichte Selbstfindung nicht ohne Problematik. Die erste Bezugsperson vermittelt dem jungen Menschen ja nicht nur das Glück eines ursprünglichen Wissens um sich selbst. Mit dem Spiegel seines eigenen, von anderen anerkannten Seins, den sie dem Kind in ihrem Lächeln vorhält, impft sie

---

15 Vgl. VERWEYEN, *Gottes letztes Wort* 259f (Literatur!).

ihm zugleich die typischen Erwartungen und Fehlhaltungen einer bestimmten Generation und Gesellschaft ein. Über das Gelingen von Autonomie entscheidet daher in hohem Maße, ob mir wirklich Raum dafür gewährt wird, das Beste und Eigentlichste meiner selbst ans Licht zu bringen. Wo sich dies ereignet, da entdecke ich ureigene Fähigkeiten, die mir sonst verborgen blieben; da zerbrechen Krusten und Zäune, die im allgemeinen verhindern, mich ganz kennenzulernen.

Diese paradoxe Abhängigkeit wirklicher Autonomie genau zu erkennen und zu bedenken ist konsequenterweise eine zentrale Aufgabe der Philosophie. Vor dem Sich-Auftun jenes Raums, der mich mir freigibt, mag ich mir mancherlei Gedanken über meine Autonomie und Persönlichkeit machen. Ich werde kaum je darauf kommen, den freien und mir gänzlich unverfügbaren Akt eines anderen für die Spitze meines eigenen Selbstbesitzes zu halten. Eher werde ich mich in Lebensentwürfen einrichten, in denen ich möglichst wenig von dieser Zufälligkeit abhängig bin. Aus Sorge, solche immer verfügbare Sicherheit zu verlieren, werde ich im gegebenen Fall vielleicht sogar lieber auf eine wirkliche, mich bis ins letzte meinende Zuwendung des anderen verzichten, als mich der damit notwendig verbundenen Umorientierung auszusetzen.

Auf diesem Hintergrund eröffnet sich ein zweiter Zugang zum angemessenen Verstehen des Zusammenhangs zwischen religiös-theologischer Rede und philosophischem Denken bei Anselm. In seinem „Pros-logion", seiner Gottes befreiende Tat ins Gedächtnis rufenden „An-rede", macht er sich die Möglichkeitsbedingungen dafür bewußt, daß es zu einer wirklich autonomen Betätigung seiner Vernunft kommen kann. Diese Eigenleistung der Vernunft ist zwar durch nichts anderes ersetzbar — und darf auch nicht durch theologische Anleihen bei dem im Glauben inhaltlich Vorgegebenen methodisch verwässert werden. *Daß* solches aus dem Kern freier Vernunft erfol-

gende Denken (und Handeln) geschehen kann, dafür bleibt die Vorleistung anderer Vernunft und Freiheit aber eine unersetzbare Bedingung.

3. Von hierher können zentrale Texte Anselms zum Verhältnis von Theologie und Philosophie beziehungsweise von Offenbarung und freiem Tun der Vernunft nun in ihren eigentlichen Konturen zutage treten.

Da ist zunächst die wichtige Stelle in dem Kapitel, das dem „ontologischen Argument“ unmittelbar vorausgeht:

> „Ich bekenne, Herr, und sage Dank, daß Du in mir dieses ‚Dein Bild‘ geschaffen hast, damit ich, Deiner mich erinnernd, Dich denke, Dich liebe. Aber so sehr ist es durch abnützende Laster zerstört, so sehr ist es durch den Rauch der Sünden geschwärzt, daß es nicht tun kann, wozu es gemacht ist, wenn Du es nicht erneuerst und wiederherstellst.“ [16]

Anselm greift hier auf seine Ausführungen im *Monologion* über die trinitarische Geprägtheit der menschlichen Vernunft[17] und damit auf die Bemühungen Augustins zurück, die innere Gewißheit des Menschen über sich als das auch durch den skeptischsten Zweifel nicht zerstörbare Bild des dreifaltigen Gottes aufzuzeigen[18]. Diesen innersten Kern seiner Freiheit — das Angelegtsein darauf, sich als Bild Gottes in der Praxis zu erweisen — vermag der Mensch aber nicht (oder nur verzerrt) reflex zu erfassen, solange er im ständigen Widerspruch zu dieser Bestimmung lebt, sein dementsprechendes Tun argumentativ zu rechtfertigen sucht und damit das Bild völlig verfinstert. „Authentisches Philosophieren“ wird erst dann wieder möglich, wenn Gott diese verzerrende Maskerade durchbricht und dem

---

[16] ANSELM, *prosl.* 1 (100, 12–15 SCHMITT): *Fateor, domine, et gratias ago, quia creasti in me hanc imaginem tuam, ut tui memor te cogitem, te amem. Sed sic est abolita attritione vitiorum, sic est offuscata fumo peccatorum, ut non possit facere ad quod facta est, nisi tu renoves et reformes eam* (deutsche Übersetzung nach SCHMITT, *Proslogion* 83).

[17] Vgl. ANSELM, *mon.* 66–80 (77–87 SCHMITT).

[18] Vgl. bes. AUGUSTINUS, *civ.* 11, 26 (CCL 48, 345f).

Menschen damit ermöglicht, zu seinem eigentlichen Selbst vorzustoßen.

Auf diesem Hintergrund wird auch deutlich, daß das im „ontologischen Argument" gewählte Beispiel vom „Bild des Malers"[19] kaum zufällig aufgegriffen ist: Wenn der Mensch sich selbst konsequent nachzeichnet, sich bis zum äußersten nach-denkt, dann stößt er auf die Wirklichkeit dessen, „worüber hinaus Größeres nicht gedacht werden kann"[20].

Die rational-autonome philosophische Betätigung der von Gott zu seinem Bild geprägten menschlichen Vernunft kommt aber durchaus nicht in einem allgemeinen „Gottesbeweis" ans Ziel. Diese Vernunft muß sich als Bild jenes Gottes erweisen, der als dreifaltig-einer so sehr der Differenz mächtig ist, daß er eine Schöpfung aus sich heraus entlassen kann, die im freien Tun seiner Geschöpfe zur Erscheinung bringt, daß Gott trotz dieser Entäußerung „alles in allem" (vgl. 1 Kor 15,28) bleibt. Dies ist das Grundthema des *Monologion* und der drei in den Jahren 1080–1090 geschriebenen Dialoge, die die im *Monologion* nur kurz angerissenen Konsequenzen im Hinblick auf das Wesen der Schöpfung allgemein und der Freiheit insbesondere näher ausführen. Schon hier wird aber auch thematisch, daß Freiheit sich selbst von Grund auf verfehlen kann. Wie aber kann sich dann erweisen, daß Gott trotz seiner Entäußerung „alles in allem" bleibt? Auch diese Frage ist mit rein philosophischen Mitteln zu beantworten, damit der Mensch nicht nur im idealen Raum, sondern gerade angesichts seiner von innen her ständig bedrohten Freiheit sich als Bild Gottes erkennen kann, das heißt nicht

---

[19] ANSELM, *prosl.* 2 (101f SCHMITT); vgl. schon ders., *mon.* 11 (26 SCHMITT).

[20] Zur Verwandtschaft dieses Gedankens mit dem Gottesbeweis in DESCARTES' dritter Meditation vgl. VERWEYEN, *Gottes letztes Wort* 123 bis 138, bes. 127f. 133–138.

als Bild eines möglicherweise auf immer verlorenen Ursprungs, sondern eines Gottes, der, koste es, was es wolle, sich bleibend als Ziel jener Freiheit bewährt. Dies ist das Thema des *Cur deus homo*, in dem „unter Einklammerung Christi, so als ob es nie etwas von ihm gegeben hätte, mit zwingenden Gründen die Unmöglichkeit [bewiesen wird], daß je ein Mensch ohne ihn gerettet wird“[21].

Erst damit ist der Akt der erlösenden Tat Gottes, die die in Finsternis gefallene Vernunft wieder zu dem ihr ursprünglich gegebenen Licht und die sich selbst entfremdete Freiheit zu der ihr genuinen Potenz befreit, aus dem Eigenen vernünftiger Autonomie nachvollzogen. Erst dadurch, daß ich mir durch rational nicht zu erschütternde Argumente darüber klar werde, daß in jener mir unverfügbaren Tat tatsächlich das Äußerste meiner eigenen Möglichkeiten freigesetzt ist, bewahre ich die erfahrene eschatologische Gabe effektiv vor einer herabsetzenden Relativierung durch die mit anderen Freiheitsmöglichkeiten spielende Vernunft und mich vor Selbsttäuschung hinsichtlich der Wahrheit wirklicher Autonomie.

Hier liegt wohl der eigentliche Grund für die so oft als anstößig empfundene Suche Anselms nach den *rationes necessariae*, den „notwendigen Vernunftgründen“ für das Gesamtgefüge christlicher Theologie — das Geheimnis der Dreifaltigkeit und das der Menschwerdung Gottes einbegriffen. Läßt sich der Weg Gottes zum Menschen nicht aus unabweisbar gültigen Begriffen der „reinen Vernunft“ als notwendig für ein wirkliches Zu-sich-selbst-Kommen menschlicher Freiheit nachvollziehen, dann könnte sich diese in einer „philosophie séparée“ abkapseln, der das Geschehen in Nazaret und auf Golgota und schließlich die Gottesfrage überhaupt gleichgültig bleiben darf.

---

[21] Vgl. ANSELM, *CDH, praefatio* (42,12f SCHMITT): ... *remoto Christo, quasi numquam aliquid fuerit de illo, probat rationibus necessariis esse impossibile ullum hominem salvari sine illo.*

So ungewohnt dieses der geschichtlichen Erfahrung sich selbst geschenkter Freiheit entspringende Programm einer radikalen Philosophie dem Berufsphilosophen erscheinen mag, so unbequem ist es auch dem unbesorgt in Offenbarungsfaktizitäten ruhenden Theologen, der meint, seine Dogmata allenfalls noch an die „philosophie du jour“ akkommodieren, sie aber nicht vor einem auf absolut notwendige Vernunftgründe dringenden Fragen verantworten zu müssen. Anselm weiß zwar, daß das den Menschen befreiende fleischgewordene Wort ihm im lebendigen Wort der Kirche begegnet und dieses daher unbedingte Vorgabe bleibt. Verbindliches Wort ist es ihm aber nicht schon als nach allgemeinem Sprachgebrauch dahingesagtes, sondern in dem Maße, wie es auf seinen eigentlichen Sinn bedacht wird. Autorität und Freiheit bleiben hier in einer stets offenen Bewegung aufeinander zu.

Zu seiner wohl schönsten Form des Verhältnisses von Autorität und autonomer Vernunft findet Anselm dort, wo er im Bedenken des innersten Geheimnisses der Trinität danach fragt, wie der Sohn Gottes sein Sein gänzlich aus dem Vater und dennoch wirklich durch sich selbst haben kann. Er findet über folgendes Beispiel zur Antwort:

> „Denn wenn ein Weiser mich seine Weisheit, deren ich vorher nicht kundig war, lehrte, so würde man nicht unpassend sagen, das tue diese seine Weisheit. Aber obwohl meine Weisheit von seiner Weisheit ihr Sein und Weisesein hätte, würde sie dennoch, wenn sie bereits da wäre, nur durch ihre Wesenheit sein und nur durch sich selbst weise sein.“ [22]

4. Es wird nützlich sein, Anselms Verständnis der Relation von Theologie und Philosophie abschließend der grund-

---

[22] ANSELM, *mon.* 44 (61,11–15 SCHMITT): *Nam si quis sapiens suam me sapientiam cuius prius expers essem doceret: utique hoc ipsa sapientia eius facere non incongrue diceretur. Sed quamvis mea sapientia ab illius sapientia haberet esse et sapere, tamen cum iam esset, non nisi sua essentia esset nec saperet nisi seipsa* (deutsche Übersetzung nach SCHMITT, *Monologion* 157).

legend andersgearteten Konzeption bei Thomas von Aquin gegenüberzustellen, die lange Zeit als die sich gleichsam von selbst her nahelegende Auffassung galt und dadurch — bis hin zu F.S. Schmitt, dem verdienstvollen Herausgeber der kritischen Edition des Anselmschen Werks[23] — zu manchem Mißverständnis des spezifischen Ansatzes Anselms beigetragen hat.

Eingangs (II.) wurde auf die wichtige Entscheidung Anselms hingewiesen, sich auf dem Wege zu den zentralen Bildungsstätten seiner Zeit Lanfranc anzuschließen, der durch seine Kontroverse mit Berengar im Eucharistiestreit wortmächtig in die Auseinandersetzung um den Stellenwert der Dialektik im theologischen Denken eingegriffen hatte. „Dialektik" — das war der Titel, unter dem sich im 11. und 12. Jahrhundert der wirkliche Stand von Freiheit der *artes liberales* beschreiben ließ und sich erstmals ein Verständnis von „Philosophie" abzeichnete, ohne dessen Hintergrund der Begriff von Offenbarung, wie er sich in der Neuzeit herausschälte, kaum möglich geworden wäre. Schon damals begann eine methodisch weitgehend eigenständige — und dabei kirchlich als solche anerkannte! — Philosophie sich als soziale Institution zu etablieren, und zwar zunächst an den seit Beginn des 11. Jahrhunderts aufblühenden Kathedralschulen, die die bis dahin führenden Klosterschulen an Rang und Berühmtheit bald hinter sich ließen.

Diese neue Situation von Forschung und Lehre muß man im Blick behalten, um das Besondere des Anselmschen Programms einer *fides quaerens intellectum* zunächst einmal gegenüber dem Augustinischen *credo, ut intelligam*

---

[23] Vgl. F.S. SCHMITT, der in seiner „Beurteilung der anselmischen Methode" von einem „exzessiven rationalen System" spricht und meint: „Die kommende Scholastik, voran der hl. Thomas, hat Anselms rationale Methode in die ‚orthodoxen' Bahnen gelenkt" (SCHMITT, *Monologion* 18).

wahrzunehmen — trotz der tiefgreifenden Gemeinsamkeiten, die das theologisch-philosophische Fragen der beiden Denker verbindet. Gemeinsam ist beiden im Unterschied zu Thomas von Aquin einmal die Überzeugung, daß dem geoffenbarten Wort — und zwar in seiner gesamten Erstreckung bis ins Mysterium der Trinität hinein — im Inneren der menschlichen Vernunft eine Hörfähigkeit entspricht, die den Sinn des geschichtlich ergehenden Wortes aufzunehmen vermag. Beide Denker sind darüber hinaus überzeugt, daß diese Offenheit der Vernunft prinzipiell auch ohne Rückgriff auf theologische Vorgaben rein rational aufgewiesen werden kann.

Während Augustinus von dieser über das Verhältnis von Theologie und Philosophie entscheidenden Voraussetzung aber einen eher sporadischen Gebrauch macht, weiß sich Anselm hier vor eine aus dem theologischen Diskurs selbst erwachsende systematische Aufgabe gestellt. Im Vorwort zum *Monologion* sagt er, daß seine Ordensbrüder ihn nicht nur zur Abfassung dieser Schrift gedrängt, sondern ihm auch die Methoden dafür vorgeschrieben hätten. Es dürfe darin nämlich durchaus nichts unter Rückgriff auf die Autorität der Schrift glaubhaft gemacht werden. Vielmehr sollten die Ergebnisse der einzelnen Argumentationsgänge sich jeweils als rational zwingend erweisen[24].

Was sich bei Augustinus als grundsätzliche Möglichkeit andeutete, wird bei Anselm zum durchgeführten Programm: der philosophisch zwingende Aufweis des Sinnrasters, in dem sich christliche Offenbarung der Vernunft erschließt. Und zwar erwächst dieses Programm aus dem

[24] Vgl. ANSELM, *mon., prologus* (7,5–11 SCHMITT): *Cuius scilicet scribendae meditationis magis secundum suam voluntatem quam secundum rei facilitatem aut meam possibilitatem hanc mihi formam praestituerunt: quatenus auctoritate scripturae penitus nihil in ea persuaderetur, sed quidquid per singulas investigationes finis assereret, id ita esse plano stilo et vulgaribus argumentis simplicique disputatione et rationis necessitas breviter cogeret et veritatis claritas patenter ostenderet.*

Fragekontext von Glaubenden, die der Auffassung sind, daß ein solches philosophisches, alle theologischen Vorgaben einklammerndes Verfahren legitim und geboten sei. Von diesem Kontext her stellt sich das Problem nicht, ob ein philosophisches Ermitteln des Sinnrasters für Offenbarung nicht schon von seinen Prämissen her der Ungeschuldetheit von Gnade widerspricht. Anselm behauptet ja ebensowenig wie seine christlichen Gesprächspartner, daß dieses „Werk der autonomen Vernunft" jedem Menschen (oder überhaupt nur einem Menschen) aus eigener Kraft möglich sei. Im Anselmschen Fragehorizont geht es also zwar durchaus um ein philosophisches Forschen, nämlich um ein rational überzeugendes Ermitteln des „Bildes Gottes", der allgemein-menschlichen Verstehensstruktur, die von Offenbarung vorausgesetzt wird, damit sie sinnerschließend sein kann. Dieses Forschen geschieht aber nicht primär in einem Diskurs mit Kollegen aller möglichen „Couleur", in dem die Frage nach der Relevanz von Offenbarung für das authentische Philosophieren selbst grundsätzlich außer Betracht bleibt. Es handelt sich vielmehr um ein philosophisches Fragen, das sich erst aufgrund der Gnadeninitiative Gottes befreit weiß, durch die aufgehäuften Schichten selbstverschuldeter Unerleuchtetheit hindurch zu dem ursprünglichen, allen Menschen gemeinsamen Boden von Rationalität zurückzufinden.

Der Fragehorizont bei *Thomas von Aquin* ist ein wesentlich anderer. Den wichtigsten Grund für die gewandelte Perspektive wird man in der Wiederentdeckung des „ganzen Aristoteles" sehen müssen, die sich für das christliche Abendland seit der Mitte des 12. Jahrhunderts vollzog. Vor allem zwei Faktoren dürften hier zusammengewirkt haben.

(1) Einmal ist der Vermittlungsvorgang im Blick zu behalten. Es waren jüdische und besonders moslemische Kommentatoren, über deren Hilfe die christlichen Gelehr-

ten in ein Verständnis des Aristoteles hineinfanden, das zur Zeit Anselms aufgrund der Quellenlage noch nicht möglich war. Dadurch kam eine ganz neue Gesprächssituation zustande. Philosophie erschien nicht mehr, wie noch die Dialektik des 11. und 12. Jahrhunderts, primär als eine Weiterentwicklung des Freiheitsraums für weltliche Wissenschaft innerhalb des Gesprächs von christlichen Theologen, die über die kirchliche Vermittlung der Vätertradition auch auf vorchristliches Gedankengut stießen. Vielmehr fanden sich jetzt die Vertreter der drei großen Offenbarungsreligionen — Judentum, Christentum und Islam — gleichsam an einen Tisch gesetzt, auf dem als gemeinsames philosophisches Textbuch Aristoteles vor ihnen aufgeschlagen lag. Und dieses Textbuch enthielt selbst eine Theologie: Aussagen über einen letzten Grund des geordneten Kosmos, die die Vertreter der drei genannten Religionen als prinzipielles Gemeingut aller, auch der von geschichtlicher Offenbarung nicht erleuchteten Vernunft verstanden und als Basis für ihr im übrigen sehr kontroverses Gespräch über Gott, insbesondere seine geschichtlichen Veranstaltungen zum Heil der Menschen, akzeptieren konnten. Bot sich schon von diesen wissenschaftsgeschichtlich neuen Rahmenbedingungen her das Konzept einer Theologie „auf zwei Stockwerken" — auf der Ebene von Philosophie und der von geoffenbarter Wahrheit — nicht geradezu an?

(2) Der zweite Grund für die gegenüber Anselm geänderte Perspektive des Thomas liegt in der Philosophie des Aristoteles selbst. Fragte man in der platonisch-augustinisch geprägten Tradition vornehmlich nach dem aus dem Inneren der Vernunft leuchtenden Licht, so war der Blick des Aristoteles primär auf die *phantasmata*, auf die sinnlich vermittelten Gegebenheiten als Erkenntnisquelle gerichtet. Dementsprechend ging es in der Philosophie nach Aristoteles vor allem um Gegenstandswissen, nicht so sehr um eine Erkenntnis der apriorischen Möglichkeitsbedin-

gungen dafür, wie solche Gegenstände selbst der Vernunft erschlossen werden.

Damit war für das Problem des Verhältnisses von Vernunft und Offenbarung eine ganz andere Ausgangslage als bei Anselm gegeben. Eine philosophische Aussage über Erkenntnisobjekte, die wesentlich erst durch eine geschichtliche Offenbarung gegeben werden, ist entschieden anders zu bewerten als ein philosophisches Bemühen, das lediglich den Raster ermittelt, in dem solche gnadenhaft geoffenbarten Objekte als sinngebend erkannt werden können. Philosophische Erkenntnis von strikten Glaubensgeheimnissen: Das ist als Objekterkenntnis schlechthin ein hölzernes Eisen, da hier als Produkt autonomer Vernunft behauptet wäre, was der Definition nach eine heilsgeschichtliche Gabe ist.

Wir können hier nicht näher auf die Konsequenzen eingehen, die sich im Werk des Aquinaten daraus ergaben — und schließlich in den „Extrinsezismus" neuscholastischer Theologie mündeten: Philosophie ist nach Thomas grundsätzlich zur Ermittlung eines Basiswissens über Gott in der Lage. Was Gott darüber hinaus in übernatürlicher geschichtlicher Offenbarung kundtut, bleibt gleichsam eine Zusatzinformation, zu deren Sinn die allgemeine menschliche Vernunft keinen Zugang hat, die sie nur als faktisch-positiv von göttlicher Autorität vorgelegt aufgrund von „äußeren Argumenten" wie Wundern und Weissagungen erkennen kann. Aus dieser Sackgasse fand die Theologie erst über den Rückgang auf die augustinische Tradition — angestoßen vor allem durch das bahnbrechende Werk M. Blondels — wieder heraus.

IV. Der systematische Rahmen der „Freiheitsschriften“

Die in dieser Ausgabe vorgelegten, thematisch eng zusammengehörenden Schriften Anselms haben im Rahmen seines Gesamtentwurfs einer durchgreifenden Reflexion auf den vernünftigen Grund des christlichen Glaubens einen klaren systematischen Ort, der sich vor allem aus dem *Monologion* und dem Dialog *De veritate* ergibt.

1. Zum Monologion[25]

Das *Monologion* bietet den wichtigsten Grundriß der Anselmschen Frage nach den innerlich „zwingenden Vernunftgründen“ *(rationes necessariae)* des im Glauben Vorgegebenen. Die weiteren in Bec entstandenen Schriften — sieht man einmal von den sprachlogischen Untersuchungen des *De grammatico* ab — vertiefen beziehungsweise präzisieren jeweils nur einen Teil dieses Entwurfs eines Systems — das *Proslogion* vor allem die Gotteslehre, die drei Dialoge *De veritate*, *De libertate arbitrii* und *De casu diaboli* besonders die Lehre von der endlichen Freiheit. Um den unabdingbaren Zusammenhang der Freiheitslehre mit der Gotteslehre nicht aus dem Auge zu verlieren, muß man bei der Lektüre der Dialoge immer wieder auf das *Monologion* zurückgreifen.

Die Qualität einer Philosophie bemißt sich letztlich daran, wie sie der Dimension des Absoluten gerecht wird, in der sich jedes Denken unentrinnbar, wenn auch noch so unreflektiert, bewegt. Hat sich das Philosophieren zu dem strengen Gedanken Gottes als des absoluten Seins erhoben, dann steht es vor der Aufgabe, diesen Gedanken so durch-

---

[25] Hier kann nur eine verkürzende Skizze des *Monologion* geboten werden. Vgl. den ausführlicheren Beitrag von VERWEYEN, *Anselms ‚Monologion‘* (Literatur!).

zuhalten, daß weder das absolute Sein durch ein „außerhalb" von ihm aufgefaßtes Seiendes relativiert, noch das endliche Seiende zum bloßen Epiphänomen des Absoluten degradiert wird. Man muß wohl ein gutes Stück Wegs Philosophen wie Fichte, Schelling und Hegel, denen die damit gegebene Forderung eines Systems voll bewußt war, begleitet haben, um wirklich in den Blick zu bekommen, auf welcher Höhe systematischen Denkens sich das *Monologion* bewegt. Zugleich ist Anselm aber — und hier haben ihn die angelsächsischen Forscher in den letzten Jahrzehnten zu Recht neu für sich entdeckt — Sprachphilosoph, auch und gerade im Zentrum dieses systematischen Konzepts. Angelpunkt des Ganzen ist das Bedenken des Sprechens, der *locutio*, bis auf seinen Grund.

Den Zugang zur philosophischen Gotteserkenntnis sucht Anselm zunächst über die Frage nach den Möglichkeitsbedingungen unserer Rede von Gutem[26]. Selbst wenn ihn dieser Zugang unbefriedigt läßt und er schon bald darauf sein berühmtes *unum argumentum* an dessen Stelle setzt: Auch hier hebt Anselm bei dem Sprechen des Gottesleugners an, das man nur in seinen letzten Grund hinein verfolgen muß, um der Notwendigkeit des Gedankens der Existenz Gottes inne zu werden[27].

Sobald die Wirklichkeit Gottes zu Begriff kommt, muß aber die Frage nach dem Sein der „schon vorher bekannten" Dinge neu verhandelt werden. Ihren Hervorgang aus Gott scheint Anselm zunächst nach dem Modell Ursache — Wirkung bedenken zu wollen[28], in dem weder die Absolutheit Gottes noch die endliche Freiheit angemessen zu erfassen sind. Über das Beispiel des seine Werke vorbildenden Künstlers wird dann aber das *Sprechen des Geistes (locutio mentis sive rationis)* als der Ort ermittelt, von

---

[26] ANSELM, *mon.* 1 (14,5–18 SCHMITT).
[27] Vgl. ders., *prosl.* 2 (101,6f SCHMITT).
[28] Vgl. ders., *mon.* 5–9 (18–24 SCHMITT).

woher der Ursprung (und Fortbestand) alles Geschaffenen bedacht werden kann[29]. Mit der Feststellung, daß der Hervorgang der Dinge aus Gott in *einem* Wort besteht, das mit Gott selbst identisch sein muß, ist der Angelpunkt des Werks erreicht[30]. Vor der systematischen Ausfaltung dieser Mitte muß aber zuvor noch geprüft werden, was denn überhaupt aus unserem abkünftigen Sprechen über die Dinge an gültigen Gottesprädikaten gewonnen werden kann[31].

Wir können hier nicht darstellen, wie Anselm dann[32] den Hervorgang der Dinge aus *einem* Wort Gottes auf den innertrinitarischen Hervorgang *des Wortes* Gottes zurückführt. Wichtig ist, den systematischen Kernpunkt dieses notwendigen Zusammenhangs der Schöpfungslehre mit der Trinitätslehre festzuhalten. Er besteht in dem konsequent bedachten Begriff des *Bildes* — womit Anselm zugleich das Beste der Vätertradition aufgreift wie die reifste Gestalt systematischen Philosophierens[33] vorwegnimmt. Vater und Sohn sind trotz Verschiedenheit *ein* Gott; „denn das Wort ist genau das selbst, was es als Wort oder Bild ist, als Bezug auf den anderen, weil es nur irgendwessen Wort oder Bild ist“[34]. Wo ein Bild wirklich reines Bild ist, haben wir ein Etwas vor uns, dessen ganze Substanz in Relation aufgeht und so eine absolute Einheit trotz unauflöslicher Differenz darstellt.

Damit ist zugleich die Möglichkeit eröffnet, ein in seinem Eigenstand anerkanntes geschaffenes Sein im Hori-

---

[29] Vgl. ANSELM, *mon.* 10 (24f SCHMITT) — ein sprachphilosophisch äußerst konzentriertes Kapitel!

[30] Vgl. ebd. 12 (26 SCHMITT).

[31] Vgl. ebd. 15–28 (28–46 SCHMITT).

[32] Ab Kapitel 29.

[33] Zum Bildbegriff des späten Fichte vgl. VERWEYEN, *Einleitung*, bes. XXXf.

[34] ANSELM, *mon.* 38 (56,24–26 SCHMITT): *Verbum namque hoc ipsum quod verbum est aut imago, ad alterum est, quia non nisi alicuius verbum est aut imago.*

zont des absoluten Seins Gottes wirklich zu *denken*, nicht nur zu behaupten: In dem Maße, wie geschaffenes Sein an dem Bildsein des Sohnes teilhat, *ist* es. Ebenso unmittelbar leuchtet von hierher aber auch die ungeheure Dynamik der Anselmschen Anthropologie ein, die aus seiner trinitarischen Spekulation entspringt. Wirkliche Freiheit im Bereich der vergänglichen Dinge gibt es nur da, wo sich die geschaffene Vernunft jenem Bildsein (des göttlichen Wortes) um dieses Bildseins (als einziger Möglichkeit, wie Gott in der Differenz Gott bleiben kann) selbst willen einverwandelt. Das vernünftige Geschöpf steht unter dem Anspruch, das „ihm durch das natürliche Vermögen eingeprägte Bild (der Dreifaltigkeit) durch willentliches Wirken auszuprägen“[35]. Sein natürliches Verlangen kann dann aber auch nur ein einziges Ziel haben. Wenn die höchste Wesenheit „einem Nichts Vernunftsein gegeben hat, damit es liebend sei: was wird sie dem Liebenden geben, wenn er zu lieben nicht aufhört? ... Was wird die höchste Güte dem sie Liebenden und Ersehnenden schenken, wenn nicht sich selbst? Denn was immer anderes sie geben mag, das ist keine Vergeltung, weil es weder die Liebe aufwiegt noch den Liebenden tröstet, noch den sich Sehnenden sättigt. Oder wenn sie geliebt und ersehnt werden will, um mit anderem zu vergelten, will sie nicht geliebt und ersehnt werden um ihretwillen, sondern um des anderen willen; und so will sie nicht, daß *sie* geliebt werde, sondern das andere; was zu denken ein Frevel ist.“[36] Nichts anderes

---

[35] ANSELM, *mon.* 68 (78, 15f SCHMITT): *... hanc imaginem sibi per naturalem potentiam impressam per voluntarium effectum exprimere* (deutsche Übersetzung nach SCHMITT, *Monologion* 197).

[36] ANSELM, *mon.* 70 (80, 15f. 24–29 SCHMITT): *Si nihilo dedit rationalem essentiam ut amans esset: quid dabit amanti si amare non cesset? ... Quid ergo summa bonitas retribuet amanti et desideranti se, nisi seipsam? Nam quidquid aliud tribuat, non retribuit, quia nec compensatur amori nec consolatur amantem nec satiat desiderantem. Aut si se vult amari et desiderari, ut aliud retribuat: non se vult amari et desiderari propter se*

verdient den Namen „höchstes Glück" *(summa beatitudo)*[37]. Das ist der Ausgangspunkt für die weitere Entfaltung der Freiheitslehre in den Dialogen — ein Ausgangspunkt, an dem diese Entfaltung gegebenenfalls auch kritisch zu messen sein wird.

2. *Zu De veritate*

Die drei Dialoge zum Thema Wahrheit und Freiheit setzen den im *Monologion* gewonnenen methodischen wie systematischen Horizont voraus[38]. Anselms Bemerkung, daß sich die drei Traktate „auf das Studium der Heiligen Schrift beziehen"[39], bedeutet keinen Wechsel der wissenschaftlichen Disziplin. Es fällt vielmehr auf, wie bereits im *Monologion* eröffnete Fragen, die nun im Rückgriff auf die Vorgabe der Schrift im Detail zur Sprache kommen, mit geradezu technisch-philosophischer Präzision in äußerster terminologischer Sparsamkeit behandelt werden — etwa wie an die Stelle des reichen Sprachfeldes zur Thematik „Liebe", das aus den früheren Abhandlungen, Gebeten und Briefen Anselms bekannt ist, nun die strenge Beschränkung auf das Wort und den Begriff des „Wollens" tritt[40].

---

sed propter aliud, et sic non se vult amari sed aliud; quod cogitare nefas est.

37 Vgl. ANSELM, *mon.* 70 (80,30f SCHMITT).

38 Vgl. die Berufung auf das frühere Werk und die bewußte Gegenüberstellung von „glauben" und „wissen" zu Eingang des ersten Dialogs, ANSELM, *ver.* 1 (176,4–6 SCHMITT).

39 ANSELM, *ver., praefatio* (173,2 SCHMITT).

40 Es würde sich an dieser Stelle ein Hinweis auf die von ANSELM gewählte literarische Form des *Dialogs* nahelegen, besonders auf die didaktische und methodische Funktion der Beiträge des „Schülers" im Aufbau einer so gestalteten Abhandlung. Dazu müßten aber auch *De grammatico* und *Cur deus homo* zum Vergleich herangezogen werden: Die Sachlage ist recht vielschichtig. Einen wichtigen Ausgangspunkt für eine angemessene Erörterung dieses Themas ermöglicht der Vergleich von *epist.* 97 mit *casu* 11. Implizite Dialogform findet sich aber auch etwa in *conc.* 1.

In seiner Schrift *Über die Wahrheit* setzt Anselm mit einer Untersuchung der Wahrheit der Aussage[41] an. Damit entspricht er einmal der Diskussion seiner Zeit[42]. Aber auch er selbst hatte, woran ihn der „Schüler" zu Beginn des Dialogs erinnert, im *Monologion* aus der Wahrheit der Rede einen Beweis für die Ewigkeit der höchsten Wahrheit geführt, ohne dort näheren Aufschluß über die Möglichkeit eines solchen Übergangs zu geben. Besteht darüber hinaus aber nicht ein wichtigerer, systematischer Grund für den gewählten Frageansatz?

Als Oberbegriff für Wahrheit und Gerechtigkeit ermittelt Anselm in dieser Abhandlung „Rechtheit" *(rectitudo)*, und zwar durch Ableitung aus dem Begriff des Sollens[43]. Damit ist eindeutig der Rahmen von Wahrheit als bloßer *adaequatio rei et intellectus* überschritten. Es ist allerdings Vorsicht am Platze, daß man Anselms Unterordnung von Wahrheit unter ein Sollen nicht als Unterordnung der „theoretischen" unter die „praktische Vernunft" mißversteht. Das hier angesprochene Sollen umgreift, wie sich bereits aus dem *Monologion* entnehmen läßt, die — zum Beispiel bei Hume oder Kant — unüberbrückte Zweiteilung in Indikativ und Imperativ. Wenn etwas „außerhalb" des absoluten Seins nur so Bestand haben kann, daß es in seinem reinen „Durch" des Bildseins Gott als das einzige und allumfassende Sein offenbar macht, dann steht, wie alles Seiende, so auch alles Ist-Sagen unter diesem, das Ethische im engeren Sinn übergreifenden Wertanspruch. Auch der unscheinbarste Indikativ ist von diesem Sollen einer *indicatio* der Herrlichkeit Gottes, eines Anzeigens, daß Gott „alles in allem" ist, umgriffen.

---

[41] In diesem Zusammenhang werden die Termini *enuntiatio* („Aussage"), *oratio* („Rede") und *propositio* („Satz") wechselweise verwandt.
[42] Vgl. den Anfang von ANSELM, *ver.* 9 (188,27–29 SCHMITT).
[43] Vgl. ebd. 2 (178,8–25 SCHMITT).

Reicht der Begriff *rectitudo* aber zur Kennzeichnung dieser Grundbeziehung von Wahrheit hin? Blickt man auf Anselms Definition der Wahrheit im 11. Kapitel, so muß man diese Frage verneinen. Er grenzt dort Wahrheit als eine mit dem Geist allein erfaßbare Rechtheit von der *rectitudo* im Sinne der geometrischen Geradheit eines Stabs beziehungsweise einer Linie ab, die auch das Auge erfassen könne. Lassen wir die erkenntnistheoretische Problematik beiseite, wie eigentlich bei der angewandten Geometrie die Geradheit eines Dings als solche erfaßt wird. Es gibt aber doch auch die reine geometrische Form der Geraden, eine *rectitudo*, die nur mit dem Geist erfaßbar, aber nicht mit Wahrheit gleichzusetzen ist[44]. Was hier an der Definition der Wahrheit fehlt, ist die spezifisch reflexive beziehungsweise indikative Struktur dieser *rectitudo*, die Anselm zuvor eigentlich schon klar herausgearbeitet hatte.

Für die Ermittlung dieser reflexiven Struktur kommt dem Ausgang bei der Rechtheit der Bedeutung *(significatio)* nun eine entscheidende Rolle zu. Das Wichtigste wird gleichsam nebenher, am Ende des 2. Kapitels gesagt: Anselm begreift *signi-ficatio* im strengen Sinn von *signum facere*, „ein Zeichen bilden für“. Solchen Verweischarakter, der sich bei der ausdrücklichen Rede am deutlichsten herausstellen läßt, hat diese gemeinsam mit zum Beispiel den Schriftzeichen, der Fingersprache und — wie dann im 3. Kapitel klar wird — den Gedanken beziehungsweise der Meinung, die wir uns von einer Sache bilden.

Die Hinweis-Struktur der Wahrheit scheint nun im 4. und 5. Kapitel — bei der Bestimmung der Wahrheit des Willens und der des naturhaften und nicht naturhaften Handelns beziehungsweise Tätigseins *(actio)* — keine Rolle zu spielen. Man darf aber nicht übersehen, daß Anselms

---

[44] Oder sollte ANSELM wirklich so sehr „Aristoteliker“, nicht „Platoniker“ sein, daß er an ein abstraktives Gewinnen der reinen geometrischen Form aus den *Phantasmata* glaubt?

Ausführungen hier einen nur vorläufigen Charakter haben. Es soll zunächst gezeigt werden, daß zwei Aussagen der Schrift sich nach dem Begriff der Wahrheit als geschuldeter Rechtheit verstehen lassen. Ein genaueres Verständnis der Wahrheit des Willens ermittelt erst das 12. Kapitel über die Gerechtigkeit. Im 9. Kapitel wird dann ausdrücklich gesagt, daß *alle* vorher verhandelten Sachverhalte unter den Begriff der *significatio* fallen. Im Hinblick auf das Handeln vernünftiger Wesen veranschaulicht dies Anselm weiter im selben Kapitel. Was die Wahrheit der Sinne angeht (Kapitel 6), so leuchtete ihr Verweischarakter unmittelbar ein: Indem sie einfach „Meldung erstatten" (die dann der innere Sinn richtig oder falsch interpretiert), erfüllen sie die geschuldete Rechtheit[45]. Bei dem „naturhaften Handeln" bestimmter Aussagen[46] ist schon nach Kapitel 2 klar, daß es sich um Bedeutungswahrheit handelt.

Wie steht es aber mit dem Tätigsein *(actio)* der nicht vernunftbegabten Dinge? Die Antwort, die Anselm im 5. Kapitel gibt — indem das Feuer wärmt, tut es, was es soll, und somit die Wahrheit[47] —, klingt zunächst reichlich anthropomorph. Erst im 7. Kapitel wird über den Rückgriff auf das Verhältnis des Seins der Dinge zu der sie gründenden höchsten Wahrheit klar, daß auch hier wesentlich eine *significatio* vorliegt.

Alle geschaffenen Wesen haben nur in der Erfüllung des Sollens Wahrheit, auf Gott als das absolute, allumfassende Sein zu verweisen. Diese Wahrheit selbst kann nicht unter einem Sollen stehen (Kapitel 10). Das heißt aber nicht, daß sie kapriziös, ohne ein inneres Maß wäre, das prinzipiell der endlichen Vernunft unzugänglich bliebe. Die höchste Wahrheit „schuldet *(debet)* niemandem etwas und ist aus

[45] Vgl. ANSELM, *ver.* 6 (184,34 – 185,2 SCHMITT; vgl. ebd. 183,26; 184,22).

[46] Vgl. ebd. 5 (183,1–6 SCHMITT).

[47] Vgl. ebd. (182,3–5 SCHMITT).

keinem Grunde, was sie ist, außer daß sie ist“[48]. Aber sie ist sich selbst ihre innere Konsequenz schuldig[49].

Das 12. Kapitel bringt mit seiner Definition der Gerechtigkeit die Aussagen des *Monologion* über das Wesen endlicher Vernunft zu äußerster Präzision und legt zugleich das Fundament für die in den beiden folgenden Dialogen weiter entfaltete Freiheitslehre. *Alles* Geschaffene steht unter dem Sollen, Zeichen für die höchste Wahrheit zu sein. Die Dinge allgemein sind solche Zeichen unmittelbar. Die sie erkennende Vernunft bildet diese Zeichen in sich ein[50] und bringt diesen Eindruck im Reden[51] oder Handeln[52] zu Wort[53]. Damit kommt die endliche Vernunft aber noch

---

[48] ANSELM, *ver.* 10 (190,4 SCHMITT): ... *ipsa vero nulli quicquam debet; nec ulla ratione est quod est, nisi quia est.*

[49] Vgl. ANSELM, *CDH* 1,21 (89,30f SCHMITT): „Gott kann keinen, der irgendwie durch die Schuld *(debitum)* der Sünde gebunden ist, in die Seligkeit aufnehmen, weil er das nicht darf *(debet).*“ Vgl. ferner ders., *epist.* 112 (245,35–41 SCHMITT): Gott bedarf keines irdischen Gegenwerts für seine Gabe, das himmlische Reich. Dennoch gibt er sie nicht ganz ohne Gegengabe, weil nur dem, der (sie) liebt. „Denn keiner gibt, was er an Wertvollem hat, einem, dem dies nicht lieb und wert ist. Weil Gott also deiner Sache nicht bedarf, eine so große Sache aber niemandem geben darf *(debet)*, der sie nicht lieben mag, sucht er nichts als Liebe, ohne die er nicht geben darf.“ Hier wird in der Anthropologie ANSELMS der Ansatzpunkt für seine Erlösungslehre deutlich.

[50] Vgl. ANSELM, *ver.* 3 (180 SCHMITT [über die Wahrheit der Annahme oder der Gedanken]); ebd. 6 (183–185 SCHMITT [über die Aufgabe des „inneren Sinnes“ angesichts der „Meldungen“ der äußeren Sinne]).

[51] Vgl. ANSELM, *ver.* 2 (177–180 SCHMITT).

[52] Vgl. ebd. 9 (188f SCHMITT).

[53] So etwa muß man wegen der doppelten Grundbestimmung von Wahrheit als „gesollter Zeichenhandlung“ die aristotelisch-boethianische Redeweise von der „Ursache“ der Wahrheit genauer fassen, die ANSELM in *ver.* 2 und 10 aufnimmt (vgl. 177,18 und 190,6–12 SCHMITT). Zu diesem Problem einer „relecture“ Anselms vgl. bes. FLASCH, *Begriff der Wahrheit.* Die Grenze der transzendentalen Interpretation ANSELMS durch FLASCH scheint mir darin zu liegen, daß er dem menschlichen Denken normative Kraft zuschreibt und damit den notwendigen Schritt nicht vollzieht, den FICHTE etwa im Übergang vom Kantianismus zur späteren Wissenschaftslehre tut.

nicht zur Vollkraft — und die höchste Wahrheit noch nicht zureichend zur Erscheinung. Das ihr selbst helle Zeichensein der Dinge für ihr Ursprungswort — dieses „Bild der Bilder", welches die theoretische Vernunft ist — muß die endliche Freiheit noch einmal als ihre ureigene Bestimmung setzen, damit die Erscheinung der höchsten Wahrheit zur vollen Reflexion kommt und wirklich nichts ist außer Gott und seinem Bild. Gäbe es außer der „Rechtheit des Willens, gewahrt um ihrer selbst willen", wie Anselm schließlich Gerechtigkeit definiert[54], noch ein anderes vernünftiges Motiv, so fielen Vernunft und Wort Gottes auseinander. Die absolute Autonomie der sittlichen Vernunft, die Anselm hier nicht weniger klar formuliert als Kant, ist notwendig mitzudenken, wo Offenbarung Gottes im strengen Sinn bedacht wird.

V. Die „Freiheitsschriften"

1. De libertate arbitrii

Der Dialog *Über die Freiheit des Willens* bildet eine notwendige systematische Ergänzung zu dem *Über die Wahrheit* und rundet zugleich die trinitarisch konzipierte Schöpfungslehre und Anthropologie des *Monologion* ab.

Eine aus dem Urbild des göttlichen Wortes entworfene Schöpfung findet nicht schon aufgrund des Verweischarakters der Dinge und der diese zum Ausdruck bringenden theoretischen Vernunft in die volle Bildhaftigkeit des Wortes zurück. Dazu bedarf es, wie die für den Wahrheits-Traktat zentrale Definition der Gerechtigkeit als „Rechtheit des Willens, gewahrt um ihrer selbst willen" beweist,

---

[54] Anselm, *ver.* 12 (194, 26 Schmitt): *Iustitia igitur est rectitudo voluntatis propter se servata.*

der freien Selbstbewegung der endlichen Vernunft in die sich eröffnende Freiheit Gottes hinein. Die Macht dieser Freiheitsdynamik, das aus dem Sollen entspringende Können, in dem sich die Reflexion göttlicher Freigabe vollendet, ist also noch zu erörtern, damit der Begriff der „Rechtheit“ in seiner ganzen Tragweite geklärt wird.

Wie Augustinus — und Kant — geht es Anselm nicht um Freiheit in einem allgemeinen Sinn, unter den auch die Wahlmöglichkeit etwa zwischen verschiedenen Zahnpasten im Supermarkt fiele, sondern nur um jene, derentwegen jemand für gutes oder böses Tun zur Verantwortung gezogen wird[55]. Wenn Anselm von der Definition der Willensfreiheit bei Augustinus als „Vermögen zu sündigen und nicht zu sündigen“ dennoch abrückt[56], so geschieht dies nicht bloß um einer vollständigeren Definition willen, die selbst noch die Freiheit Gottes mitumschließt, sondern aus systematischen Gründen, die schon vom *Monologion* her vorgezeichnet sind. Wäre die Freiheit wesentlich Ambivalenz im Hinblick auf Gut und Böse, nicht ausschließlich „das Vermögen, die Rechtheit des Willens um ihrer selbst willen zu bewahren“, so ließe sie sich prinzipiell nicht im Rahmen dessen denken, wie Sein „außerhalb“ von Gott Bestand haben kann: als sein Bild und dessen notwendige Möglichkeitsbedingungen. Oder, mit Kant formuliert: Autonomie ist nur als Vermögen des sittlich Guten wirklich.

Was Anselm in diesem Dialog aber weitgehend unbedacht läßt, ist der Horizont des Nichts, den alle *endliche* Freiheit durchmessen muß, um sich als Macht zur Rechtheit zu erweisen. Der Wirklichkeit dessen, wozu geschaffene Freiheit ist und was sie eigentlich vermag, geht notwendig eine Möglichkeit zum Bösen voraus, die — wenn

---

[55] Vgl. *lib.* 13 (unten 116,10–12); *conc.* 1,6 (unten 276,7–10).

[56] Vgl. *lib.* 1 (unten 66–68). Die einschlägigen Stellen bei AUGUSTINUS sind bei SCHMITT (207) im Testimonienapparat (zu Z. 7) angeführt.

genutzt — sich als Unvermögen entlarvt. Wie soll man diese Möglichkeit der Freiheit zu Begriff bringen?

Die Vernunftwesen sündigten „aufgrund ihrer Entscheidung, die frei war; doch nicht aufgrund dessen, woher sie frei war ...“[57] Die Willensentscheidung, durch die gesündigt wurde, war so frei, „daß sie durch nichts anderes zum Sündigen gezwungen werden konnte“[58]. An eine systematische Lösung der Ambiguität, die sich hier in der Verwendung des Freiheitsbegriffs zeigt, hat Anselm sich erst in dem dritten Dialog, *Vom Fall des Teufels*, gemacht.

Im Dialog *Über die Freiheit des Willens* geht es um die Klärung der eigentlichen Macht der Freiheit als Vermögen zur Rechtheit, und zwar zunächst um den Aufweis, daß sie dem Vernunftwesen *unverlierbar* innewohnt. Nie steht bei Anselm allerdings ein Vernunftwesen im Blick, das sozusagen mit einem nackten Freiheitsvermögen auf die Welt käme. Alle geschaffene Freiheit ist ursprünglich mit der Rechtheit des Willens ausgerüstet[59]. Auch nach dem Verlust dieser ursprünglichen Gabe bleibt dem Vernunftwesen aber auf immer die Freiheit als Vermögen, die Rechtheit des Willens um dieser selbst willen zu bewahren.

In diesem Zusammenhang hat nun Anselms Beispiel von der Fähigkeit des Auges, einen Berg zu sehen, auch wenn dieser nicht da ist[60], zu Mißverständnissen geführt[61]. Freiheit verhält sich doch nicht zur Rechtheit als der sie selbst verwirklichenden Autonomie wie das Augenlicht zu einem

---

[57] *Lib.* 2 (unten 72,8f): ... *per arbitrium suum quod erat liberum; sed non per hoc unde liberum erat* ... Vgl. hierzu vor allem S. VANNI ROVIGHI in Auseinandersetzung mit R. POUCHET, vor allem VANNI ROVIGHI, *L'etica*, bes. 90f, und dies., *Libertà*.

[58] *Lib.* 2 (unten 72,4f); vgl. auch *conc.* 3,13 (unten 354,11f).

[59] Vgl. *lib.* 3 (unten 74,8–10; 76,72 – 78,2); vgl. *casu* 9 (unten 164,15–19); *conc.* 3,3 (unten 302,18 – 304,21).

[60] Vgl. *lib.* 3 (unten 80,8–21).

[61] Vgl. etwa HOPKINS/RICHARDSON, *Truth* 39ff; KANE, *Anselm's Definition of Freedom*, bes. 303ff.

Gegenstand! Man darf hier aber nicht übersehen, daß Anselm von insgesamt vier Möglichkeitsbedingungen des Sehens spricht und am Ende eigens auf das Licht verweist, das sowohl „Objekt“ wie das Sehen vermittelnde Medium in einem ist[62]. Daß in diesem zu gewahrenden Licht für Anselm die eigentliche Analogie zu der zu bewahrenden Rechtheit liegt, zeigt deutlich der spätere Hinweis auf die an- oder abwesende Sonne[63]. Über der philosophisch-strengen Zurückhaltung der Diktion in diesen Dialogen sollte man — etwa an der Stelle, wo Anselm von uns, „die wir im Dunkeln stehen und die Augen verschlossen oder zugebunden haben“[64], spricht — nicht das erste Kapitel des *Proslogion* mit seiner Lichtmetaphorik als den vollen Hintergrund des hier gewählten, „scholastischen“ Beispiels aus dem Blick verlieren. Der Zustand der sündigen Freiheit ist der eines Auges in Abwesenheit allen Lichts, eines Auges, das sich aber noch, wenn auch schmerzhaft, des verlorenen Lichtes erinnern kann. Dabei ist das Spezifische der Anselmschen Wahrnehmungstheorie zu bedenken. Das Augenlicht ist bei Anselm ja nicht wie eine passive Fotoplatte vorgestellt, sondern als ein Auslangen der Seele nach den Dingen[65]. Ein solches Auslangen nach der Rechtheit bleibt auch die Freiheit, selbst in aller Dunkelheit der Sünde. Das macht ihren verzweifelten Zustand[66], aber zugleich ihre Würde[67] aus.

---

62 Vgl. *lib.* 4 (unten 82,15–17).
63 Vgl. ebd. 12 (unten 110,30 – 112,15).
64 Ebd. 4 (unten 82,20f).
65 Vgl. ANSELM, *ver.* 6 (184,3ff SCHMITT); *lib.* 7 (unten 96,10–12).
66 Sie ist ja — trotz des bleibenden Vermögens zum Bewahren der Rechtheit — „Unvermögen, nicht zu sündigen“ geworden: vgl. *lib.* 12 (unten 110,15). Vgl. die Betonung der Nähe ANSELMS zu diesem reformatorischen Kerngedanken durch INGU, *Gnade*.
67 Vgl. *casu* 16 (unten 200,11–20).

Zweitens geht es in diesem Dialog um die *Unüberwindbarkeit* der Freiheit durch irgend etwas anderes. Auch hier ist ein von Anselm angeführtes Beispiel — das vom Festhalten eines Stiers und eines Widders[68] — mißverstanden worden[69]. Anselms Behauptung der Unbesiegbarkeit der Freiheit durch Fremdeinwirkung ist weder aufgrund von empirischen Beobachtungen gewonnen, noch aus der bloßen Definition des Vernunftwesens abgeleitet. Sie erfolgt vielmehr unmittelbar aus der klaren Einsicht in ein unbedingtes Sollen. Weil in diesem Begründungszusammenhang die mögliche Alternative „Lüge oder Tod" bei Anselm einen ähnlich exemplarischen Stellenwert hat[70] wie bei Kant, kann man auf die in der *Kritik der praktischen Vernunft* gebotene Herleitung der Freiheitserkenntnis aus dem Bewußtsein des Sollens (bei allem fortbestehenden Zweifel hinsichtlich des empirischen Verhaltens der Freiheit!) geradezu als einen Kommentar zu Anselms Dialog verweisen[71].

Bemerkenswert im Vergleich mit Kant ist auch, daß erst hier, wo Anselm die absolute Autonomie[72] der Freiheit als Vermögen, die Rechtheit um ihrer selbst willen zu bewahren, herausstellt, diese Rechtheit theologisch als Wille Gottes interpretiert wird — und nicht umgekehrt, etwa schon in dem Dialog *Über die Wahrheit*, die Rechtheit des Willens zunächst aus dem Willen Gottes hergeleitet wurde. Nicht nur keine Versuchung, sondern nicht einmal Gott selbst vermag dem Willen die Rechtheit zu nehmen, weil ein gerechter Wille soviel bedeutet wie: wollen, „was Gott

---

68 Vgl. *lib.* 7 (unten 98,11 – 100,7).

69 Vgl. HOPKINS/RICHARDSON, *Truth* 31–33.

70 Vgl. *lib.* 5 (unten 84,18 – 88,5); vgl. ebd. 9 (unten 104,4–17).

71 Vgl. KANT, *Kritik der reinen Vernunft* (Akademie-Ausgabe) 5,30.

72 Zur Autonomie der recht Wollenden vgl. auch die schönen Gedanken in ANSELM, *epist.* 112 (245,24–34 SCHMITT): Was der rechte Wille will, das wird im Himmel und auf Erden Geltung haben!

den Willen wollen will"[73]. Diese Formel ist eine äußerst dichte theologische Umschreibung der Definition: „Rechtheit des Willens um dieser selbst willen wollen". Es geht nicht vorrangig darum, daß der geschaffene Wille will, *was* Gott will, vielmehr um die ausdrückliche Aufnahme der Selbstaffirmation des absoluten Wertes in die Konkretion des eigenen Willens. Der innere Zusammenhang von Wahrheit und Freiheit wird dort klar, wo der geschaffene Wille das Licht selbst ans Licht kommen läßt — und diesem Grundakt freiheitlicher Reflexion der höchsten Wahrheit entsprechend alles Tun gestaltet.

Merkwürdig allerdings, wie sich ausgerechnet unter der geradezu kantischen Überschrift „Nichts ist freier als ein rechter Wille" dann doch noch ein Anflug von Heteronomie einschleicht. Sähe jemand in der Versuchung zur Lüge „die ewige Herrlichkeit unmittelbar vor sich, die er alsbald nach Bewahrung der Wahrheit erlangte, und die Qualen der Hölle, denen er nach der Lüge unverzüglich überantwortet würde: Keiner hätte dann Zweifel, daß er hinlänglich Kraft besäße, die Wahrheit zu bewahren"[74]. Soll das entscheidende Motiv des Willens doch außerhalb der Evidenz der Rechtheit um ihrer selbst willen gesucht werden[75]? Vielleicht war die Analogie zwischen Gesundheit und Heil, die sich vom lateinischen Wort *salus* her bot, zu verlockend[76]. Wir werden aber auch im folgenden, bei der Bestimmung des Willens zur Glückseligkeit, einer ähnlichen Inkonsequenz begegnen.

---

[73] *Lib.* 8 (unten 100,19f): ... *quod deus vult illam velle.*

[74] Ebd. 9 (unten 104,13–17); vgl. *conc.* 3,9 (unten 328,10–20).

[75] Eine Korrektur des hier vorliegenden Abgleitens in Heteronomie findet sich implizit in *casu* 24 (unten 232–234).

[76] Vgl. die Antwort des „Schülers", *lib.* 9 (unten 104,18–20).

2. *De casu diaboli*

In dem Dialog *Über die Freiheit des Willens* hatte Anselm die Möglichkeit zum Bösen, die dem geschaffenen Vernunftwesen notwendig innewohnt, ohne doch Teil seiner Freiheit selbst zu sein[77], nicht eigentlich zum Thema gemacht. Dies geschieht nun im dritten Dialog.

Wenn Anselm diese Erörterung unter dem Titel „Vom Fall des Teufels" durchführt, so wahrt er dadurch einmal den Zusammenhang mit dem Wahrheits-Dialog: Es geht um den, der „nicht standhielt in der Wahrheit"[78]. Sodann sucht er — mit der Tradition — das Böse zunächst an seinem ursprünglichen Ort auf. Vor allem aber schien die Sünde des Engels — für Anselm wie den mittelalterlichen Denker überhaupt — den klarsten Fall zu bieten, an dem sich die Möglichkeit des geschaffenen Willens zum Bösen (Anselm vermeidet in diesem Zusammenhang fast durchgehend das Wort „Freiheit") gleichsam modellhaft studieren ließ. Liegen beim Menschen mit seinem Eingebettetsein in die Triebstruktur der Tierwelt die Dinge nicht viel komplizierter als beim „reinen Geist"?

Mit dieser Frage nach der Möglichkeit des *Willens* zum Bösen verbindet Anselm eine zweite Thematik, die ihm ebenfalls aus der Tradition (Augustinus, Plotin) vorgegeben war, die sich aber auch notwendig vom systematischen Ansatz des *Monologion* her ergab: die Frage nach der *ontologischen Qualifikation* des Bösen. Das Böse ist — „wie man doch lehrt"[79] — nichts, das reine Fehlen eines Positiven. Diese zweite Fragestellung ist zwar im ganzen Dialog eng mit der ersten verknüpft, aber doch recht deutlich von ihr abhebbar. Der Frage nach dem ontologischen Status des Bösen — das nicht von Gott sein kann, von dem alles Gute

---

[77] Vgl. *lib.* 1 (unten 68,5f).

[78] Vgl. ANSELM, *ver.*, *praefatio* (173,16 SCHMITT).

[79] Vgl. *casu* 7 (unten 158,27).

und Seiende stammt — sind die Kapitel 1, 7–11, 15–16, 19–20, 26 und 28 gewidmet. Zug um Zug wird nach jedem Schritt in der Klärung der Willensbewegung der jeweils erreichte Stand ontologisch reflektiert[80]. Bemerkenswert ist besonders der Abschluß beider Fragelinien in Kapitel 27–28.

Im Hinblick auf die im vorigen Dialog weitgehend offengebliebene Frage nach der Möglichkeit zum Bösen, die dem geschaffenen Willen innewohnt, hebt Anselm nun ausdrücklich die Notwendigkeit dieser Möglichkeit als Bedingung für Gerechtigkeit hervor. Hätten die guten Engel vor dem Fall der bösen „nicht sündigen können, so hätten sie die Gerechtigkeit nicht aus (eigenem) Vermögen, sondern aus Notwendigkeit bewahrt“. Man dürfte sie dann aber nicht gerecht nennen[81]. Vor seinem Fall konnte der Engel zwar nicht annehmen, *daß* er einmal — ohne allen Einfluß einer anderen Ursache — aus eigenem Antrieb den Willen ändern würde, den er beharrlich festhalten wollte. Aber er wußte um die *Möglichkeit* einer solchen Willensänderung[82]. Als sie geschaffen wurden, stand für die Engel

---

[80] Der ursprüngliche Kern dieser ontologischen Reflexion ist vielleicht in *epist.* 97 (225, 19 – 228, 91 SCHMITT) zu suchen, der dann in Kapitel 11 unserer Abhandlung in Dialogform umgearbeitet wurde (vgl. die Ausführungen von SCHMITT, *Prolegomena* 48*f). Mir scheint allerdings nicht, daß das Hauptinteresse ANSELMS bei der Abfassung des Dialogs „in the technical possibilities of the uses of language“ und in der Ausarbeitung eines allgemeinen Axioms lag, „which may be applied not only to the problem of good and evil, or something and nothing, or righteousness and unrighteousness, but to any other similar difficulty involving, as Anselm sees it, such ‚positives‘ and ‚negatives‘“ (vgl. EVANS, *Fall* 134). Die sprachlogischen Untersuchungen dienen hier einer ontologischen Klärung der Willensproblematik, die auch in diesem Traktat zentral bleibt.

[81] Vgl. *casu* 5 (unten 154, 3–11).

[82] Vgl. ebd. 21 (unten 224, 18–22).

noch etwas aus, auf das hin sie wachsen und aus eigenem Verdienst fortschreiten konnten[83].

Schließlich findet Anselm zu dem entscheidenden Gedanken, der ihm erlaubt, jene Offenheit auf das Nichts, die jede endliche Freiheit kennzeichnet, als notwendige Möglichkeitsbedingung des geschöpflichen Bildes Gottes zu erfassen. Indem der gute Engel das nicht tat, was den Verlust seiner Gerechtigkeit bedeutete, gab er sich in einer gewissen Weise selbst, was er doch gänzlich von Gott hatte. Gott gab dem geschaffenen Geist die Möglichkeit des Aufgebens der Gerechtigkeit mit dem Ziel, daß er sich in einer gewissen Weise die Gerechtigkeit selbst geben könne[84]. Es ist dies — so verdeutlicht Anselm später im christologischen Kontext — die einzige Möglichkeit, wie der geschaffene Geist Gott darin ebenbildlich sein kann, die Gerechtigkeit von sich her *(a se)* zu haben. Die guten Engel sind darum im Hinblick auf ihre Gerechtigkeit zu loben, nicht, „weil sie sündigen konnten, sondern weil sie dadurch auf eine gewisse Weise von sich haben, daß sie nicht sündigen können. Hierin sind sie in einem gewissen Sinn Gott gleichartig *(aliquatenus similes sunt deo)*, der von sich hat, was immer er hat."[85]

Bei dem Versuch, die Möglichkeit des Bösen weiter rational aufzuhellen, begibt sich Anselm dann allerdings auf eine gefährliche Gratwanderung. Das wird schon bei einem Vergleich des Begriffs der Beharrlichkeit im Gerechtsein in Kapitel 3 unserer Abhandlung mit der Definition des Begriffs der Gerechtigkeit im 12. Kapitel des Dialogs *Über die Wahrheit* deutlich. Der Teufel nahm die ihm dargebotene Gabe der Beharrlichkeit nicht an, weil er um

[83] Vgl. *casu* 6 (unten 156,22 – 158,2).
[84] Vgl. ebd. 18 (unten 208,10–19).
[85] ANSELM, *CDH* 2,10 (107,27–29; vgl. 108,3f SCHMITT). Vgl. hierzu LUBAC, *Surnaturel* 195f.

eines anderen Gutes willen die Gerechtigkeit losließ, die er doch eigentlich festhalten wollte[86], und zwar beharrlich[87]. Wie konnte er dies aber, wenn Gerechtigkeit überhaupt darin besteht, die Rechtheit des Willens *um ihrer selbst willen* zu bewahren[88]?

Die eigentliche Ableitung der Möglichkeit des Bösen versucht Anselm nun über die Gegenüberstellung zweier Willen, die gemeinsam das Wollen des Engels (und des geschaffenen Geistes überhaupt) konstituieren: des Willens zur Gerechtigkeit auf der einen und des Willens zum Angenehmen *(commodum)*, zum Wohlergehen[89] oder zur Glückseligkeit[90] auf der anderen Seite. Den letzteren hat der Engel nicht nur mit allen Vernunftwesen, sondern mit „allem, was fühlen kann“, gemeinsam[91]. Er bildet gleichsam die Basis alles Wollens, der dann der Wille zur Gerechtigkeit hinzugefügt wird. Gott gab den Willen zur Gerechtigkeit hinzu, damit er den Willen zur Glückseligkeit im Maß halte, so allerdings, daß diesem nicht die Möglichkeit zum Exzeß genommen wird. Darum ging es, daß der geschaffene Geist „im Wollen, glücklich zu sein, zwar das Maß überschreiten *konnte*, im gerechten Wollen es aber nicht überschreiten *wollte*, und so schließlich im Besitz eines

---

86 Vgl. insbesondere das Beispiel vom Geizhals: *casu* 3 (unten 146,4–11).
87 Vgl. ebd. 21 (unten 224,21f).
88 Die Formel „Rechtheit des Willens, um ihrer selbst willen bewahrt“ sucht man in *De casu diaboli* vergeblich. Der Terminus „Rechtheit“ taucht in diesem Dialog zwar (abgesehen von der Überschrift zu Kapitel 14) zweimal auf, aber in einem Text, von dem her man kaum auf den Hintergrund von *De veritate* schließen kann: *casu* 9 (unten 164,18.21). Ob das allein aber schon zu der Hypothese berechtigt, *De casu diaboli* sei der früheste der drei Dialoge? Vgl. POUCHET, *Rectitudo* 117f.
89 Vgl. *casu* 12 (unten 186,25f): *Omnes quippe volunt bene sibi esse.*
90 Vgl. ebd. 4 (unten 150,2f): *Ex commodis enim constat beatitudo, quam vult omnis rationalis natura.*
91 Vgl. ebd. 12 (unten 188,6f).

gerechten Willens zur Glückseligkeit wirklich selig sein konnte und sollte"[92].

Gehen wir gleich hier auf die Präzisierungen ein, die sich aus dem Spätwerk *De concordia* im Hinblick auf diese Differenzierung der Willenslehre ergeben. Anselm fügt dort den in *De casu diaboli* neugewonnenen Gedanken systematisch in die frühere Unterscheidung von Willenswerkzeug und Willensgebrauch[93] so ein, daß der Anschein eines grundsätzlichen Dualismus zweier Willen nicht mehr entstehen kann. Die beiden Willen zur Gerechtigkeit und zum Angenehmen werden nun als zwei Eignungen *(aptitudines)* beziehungsweise Neigungen *(affectiones)* des einen Grundwillens als Werkzeug gekennzeichnet, wodurch sich drei äquivoke Begriffe von Willen ergeben: Wille als Werkzeug, Neigung und Gebrauch[94]. Auch hier erscheint der Wille zum Angenehmen in gewisser Weise als Basisdisposition — er ist im Gegensatz zum Willen zur Rechtheit unabtrennbar vom Wollenswerkzeug[95]. Doch werden Termini wie „Hinzufügung (des Willens, gerecht zu sein)" vermieden und die Rangfolge Gerechtigkeit — Glückseligkeit in der Schöpfungsintention stärker herausgestellt als im dritten Dialog, wo es vor allem um die Klärung der Möglichkeit zum Bösen ging. Diese Rangordnung wird auch ontologisch unterstrichen: Der Wille zur Rechtheit ist mit dieser identisch, nicht aber ist schon die Glückseligkeit mit dem Willen dazu gegeben[96].

Diese Präzisierungen helfen aber nicht über die Schwierigkeiten hinweg, die sich mit der Neuinterpretation des Begriffs von Glückseligkeit *(beatitudo)* seit *De casu diaboli*

---

92 Vgl. *casu* 14 (unten 196,16–22).
93 Vgl. *lib.* 7 (unten 96,9 – 98,3).
94 Vgl. *conc.* 3,11ff (unten 336,13 – 356,16).
95 Vgl. ebd. 3,12 (unten 346,17f).
96 Vgl. ebd. (unten 346,21–24).

gegenüber dessen Verständnis in den früheren Schriften abzeichnen. Ob der Sachverhalt nun in der theologischen Sprache der Gottesliebe[97] oder in der zurückhaltenden philosophischen Begrifflichkeit eines „die Rechtheit um ihrer selbst willen Wollens“[98] ausgedrückt wurde: Das Verlangen nach Glück ließ sich hier unmöglich von der Gottesliebe oder dem gerechten Wollen selbst als eine eigenständige Willensregung oder -neigung abheben. Wer das ganze geschaffene Sein zum Spiegel der Herrlichkeit Gottes bestimmt weiß und seine Freiheit in den reinen Vollzug solchen Abbildens setzt, in dem vermag kein anderes Verlangen mehr aufzukommen als danach, daß Gott wirklich „alles in allem“ sei. Darum ist auch der Gipfel der eigenen Seligkeit, „sich über die Seligkeit Gottes unvergleichlich mehr zu freuen als über die eigene und die aller anderen mit ihm“[99]. Es klingt demgegenüber wie aus einer anderen Welt, wenn Anselm in seinem Spätwerk sagt:

> „Die Glückseligkeit *(beatitudo)* hat Gott dem Menschen zu dessen Annehmlichkeit *(commodum)* gegeben, die Gerechtigkeit aber zu seiner eigenen Ehre.“[100]

Mit diesen kritischen Bemerkungen soll nicht das Problem bagatellisiert werden, wie der Übergang aus einer Befindlichkeit des Menschen, in der ihm das Glücksverlangen als seine natürliche Grunddisposition und das Selbstvergessen um der Rechtheit willen als ein hartes Sollen gegen seine

---

[97] Vgl. insbesondere ANSELM, *mon.* 69f (79–81 SCHMITT); *prosl.* 25f (118–122 SCHMITT); *epist.* 112 (244–246 SCHMITT).

[98] Vgl. ANSELM, *ver.; lib.*

[99] Vgl. ANSELM, *prosl.* 25 (120,16f SCHMITT).

[100] *Conc.* 3,13 (unten 352,13–15). KANE, *Elements*, der im Unterschied zu vielen anderen wenigstens das Problem scharf markiert, übersieht bei seinem Harmonisierungsversuch die Grundlage der frühen Schriften ANSELMS *(mon., prosl.)*. Der eigentliche Vergleichspunkt zu ANSELM in der Moderne ist weniger bei KANT zu suchen (auch hier bleibt das Verhältnis Moralität — Glückseligkeit letztlich unzureichend bestimmt) als in FICHTES *Anweisung zum seligen Leben*.

Natur erscheint, zum wirklichen Wollen der Rechtheit um ihrer selbst willen philosophisch adäquat zu denken sei. Anselms Frage nach der Möglichkeit des Bösen setzt aber bei der ursprünglichen Gerechtigkeit des Engels an. Wie aus einem wirklichen Wollen der Rechtheit um ihrer selbst willen ein Rückfall in die oben beschriebene Befindlichkeit erfolgen kann, ist schwer zu begreifen, kaum leichter jedoch, wie Gerechtigkeit (und Freiheit!), auf der Grundlage der frühen Schriften Anselms konzipiert, sich in das Schema der Willensdualität seines späteren Werks einordnen lassen[101].

3. De concordia praescientiae et praedestinationis et gratiae dei cum libero arbitrio

Das letzte vollendete Werk Anselms, *Über die Vereinbarkeit des Vorherwissens, der Vorherbestimmung und der Gnade Gottes mit dem freien Willen*, ist nicht weniger Teil seines philosophischen Programms einer *fidei quaerens intellectum* als die anderen „Freiheitsschriften". Die hier behandelte Problematik ist integrierender Bestandteil der Frage nach der Freiheit endlicher Vernunftwesen. Von ihrer Lösung hängt ab, ob Freiheit nicht letztlich doch bloßer Schein, und damit, ob Schöpfung überhaupt im eigentlichen Sinn wirklich ist. Wenn der Traktat dennoch „theologischer" anmutet als jene früheren Dialoge, so einmal deshalb, weil Anselm hier exegetischen Exkursen breiteren Raum gibt als dort, vor allem aber, so muß man wohl sagen, weil er in der philosophischen Durchdringung der theolo-

---

[101] Anzumerken ist allerdings, daß ANSELM als Objekt des Glücksstrebens des gefallenen Engels nie etwas anderes nennt, als was ohnehin Ziel der geschaffenen Kreatur ist: „Sein wie Gott". Jener wollte es nur „in ungeordneter Weise" (*inordinate*: vgl. etwa *casu* 4 [unten 152, 1]) und zur Unzeit (vgl. *casu* 4 [unten 148, 26f] und 6 [unten 156, 11]), nicht, wie das Geschöpf es soll. Vgl. auch den Hinweis auf das gerechte Gott-gleich-sein-Wollen des Sohnes: *casu* 19 (unten 212, 1f).

gischen Vorgabe im Vergleich zu früheren Maßstäben teilweise zurückbleibt.

Die beiden ersten Teilfragen — hinsichtlich der Vereinbarkeit von Vorherwissen und Vorherbestimmung Gottes mit dem freien Willen — geht Anselm vor allem über eine Erörterung verschiedener Weisen von Notwendigkeit an. Grundtenor der Gedankenführung ist: Dem unabänderlichen und wahren Wissen Gottes um alles sind Freiheitsakte eben als solche, als nicht aus Notwendigkeit erfolgend, gegenwärtig.

Im Rahmen unseres Überblicks sind insbesondere jene Abschnitte wichtig, in denen Anselm ausdrücklich auf früher Gesagtes zurückgreift und dabei teilweise neue Akzente setzt. Dies geschieht, resümierend, zunächst gegen Ende des ersten[102] und dann vor allem im dritten Abschnitt.

Es fällt in diesem Zusammenhang zunächst eine Verschiebung des Ansatzes beim Akt gesollten Handelns zugunsten des Ausgangs von einer ontologischen Disposition von Aktvermögen auf. Zu Eingang des Dialogs *Über die Wahrheit* verlief die Argumentation so: Wenn etwas (hier: die *significatio*) tut, was es soll, so tut es recht *(recte)* und ist dann recht *(recta)*[103]. Nun setzt Anselm umgekehrt an: „Ohne Zweifel will der Wille nur deshalb recht *(recte)*, weil er recht *(recta)* ist“[104].

Dem entspricht ein gegenüber den beiden ersten Dialogen wenig differenzierter Gebrauch der Begriffe „Rechtheit“ und „Gerechtigkeit“. Anselm wiederholt zwar ausdrücklich die Definition: „Gerechtigkeit ist Rechtheit des Willens, die um ihrer selbst willen bewahrt wird.“[105]

---

[102] Vgl. *conc.* 1,6f (unten 274–287). Dort verweist ANSELM auch auf *conc. virg.* Auf die in *conc.* kurz aufgegriffene Erbsündenproblematik wie auf den Rückverweis bezüglich der Erlösungslehre gehen wir hier nicht ein.

[103] Vgl. ANSELM, *ver.* 2 (178,12–16 SCHMITT).

[104] *Conc.* 3,3 (unten 302,7f).

[105] Vgl. ebd. 1,6 (unten 276,18f); 3,2 (unten 300,22f).

Von daher darf man annehmen, daß, wo immer in diesem Kontext von der Rechtheit (des Willens) gesprochen wird, Gerechtigkeit im strengen Sinn gemeint ist. Der eigentlich freiheitlich-sittliche Grundakt des „um ihrer selbst willen" tritt aber deutlich in den Hintergrund der Betrachtung. Dies zeigt sich zum Beispiel an der Unbekümmertheit, mit der Anselm nun von verschiedenen Graden von Gerechtigkeit spricht: „... jedwede Gerechtigkeit, sei sie groß oder klein ..."[106] Läßt sich eine kasuistische Betrachtung der Gerechtigkeit, wie sie in den folgenden Texten zum Ausdruck kommt, überhaupt noch mit ihrer strengen Definition vereinbaren?

> „Zum Beispiel empfängt jemand die Rechtheit, nüchtern sein zu wollen, und er stößt sie von sich, indem er eine unmäßige Trinklust will."[107] „Es gibt welche, die in einer Hinsicht gerecht und in einer anderen ungerecht sind, zum Beispiel einer, der keusch, aber neidisch ist."[108]

Keuschheit, um ihrer selbst willen bejaht, ist doch noch nicht Gerechtigkeit, sondern erst im Kontext einer umfassenderen Perspektive des Sollens, in der auch der Neid als schlecht erkannt wird. Der Akzent verlagert sich offenbar von einer Philosophie des sittlichen Akts in Richtung auf eine Habitus-Lehre, eine Untersuchung der Disponiertheit von Willensvermögen.

Wenn Anselm schließlich im schon erwähnten Zusammenhang seiner Dreiteilung des Willens in Werkzeug, Neigung und Gebrauch vom Fortfall des „Angetanseins *(affectio)* in Richtung auf" Gerechtigkeit in der Sünde spricht, so scheinen sich wesentliche Grundlinien seiner früheren Anthropologie zu verschieben. Es bleibt nach dem Wegfallen dieser Ausrichtung auf Gerechtigkeit das Ausgerichtetsein auf Glück bestehen:

---

[106] *Conc.* 1,6 (unten 276,18); vgl. 3,3 (unten 302,16; 304,15); 3,4 (unten 306,20f).

[107] Ebd. 3,4 (unten 306,25–27).

[108] Ebd. (unten 308,12–14).

„Der Wille aber, den er als einen guten und zu seinem Guten erhalten hatte, glüht weiter vor Verlangen nach dem Angenehmen, das er nicht anders als wollen kann. Da er nun die wahrhaft angenehmen, der Vernunftnatur gemäßen Güter, die er verlor, nicht zu besitzen vermag, wendet er sich Annehmlichkeiten zu, die falsch und den Tieren zugehörig sind und ihm von tierischen Trieben nahegebracht werden.“ [109]

In dieser Perspektive eines „nach unten gezogenen“ Willens läßt sich kaum noch das Elend des Menschen, wie Anselm es zu Eingang seines *Proslogion* beschrieb, verständlich machen.

„... wir darben unglücklich und begehren erbärmlich und bleiben, ach, mit leeren Händen! ... Warum hat er (Adam) so uns das Licht abgeriegelt und uns mit Finsternis bedeckt?“ [110]

Gewiß, diese Worte sind aus der wiedergeschenkten Gerechtigkeit heraus gesprochen[111]. Sie sollen aber doch den Zustand des Menschen nach dem Fall allgemein entbergen, dem zwar das Bild der Dreifaltigkeit eingeprägt bleibt, das aber „so sehr durch abnützende Laster zerstört, so sehr durch den Rauch der Sünden geschwärzt“ ist, „daß es nicht tun kann, wozu es gemacht ist“ [112]. Wenn das „Angetansein“ auf Gerechtigkeit hin mit der Aufgabe der Rechtheit des Willens zugleich fortfällt, wie ist dann noch angemessen die stets bleibende Freiheit als Vermögen zum Bewahren der Rechtheit um ihrer selbst willen zu fassen, die Anselm im Dialog *Über die Freiheit des Willens* beim Bedenken des Grundwillens (als Werkzeug) herausstellte? Aus der ständigen Präsenz dieser Freiheit dürften sich erst die titanischen Verirrungen des Menschen, nicht nur „seine Tendenz nach unten“, verstehen lassen.

---

[109] *Conc.* 3,13 (unten 352,25 – 354,3).
[110] ANSELM, *prosl.* 1 (98,24f; 99,2 SCHMITT [deutsche Übersetzung nach SCHMITT, *Proslogion* 79]).
[111] Vgl. ebd. (98,13 SCHMITT).
[112] Vgl. ebd. (100,12–15 SCHMITT) mit ders., *mon.* 68 (78,15f SCHMITT).

Auch die zentrale Frage nach dem Verhältnis von Gnade und Freiheit schien einer angemessenen Lösung näher im Horizont der frühen Schriften bis hin zum Dialog über die Freiheit des Willens. Schon damals bildete für Anselm diese Frage den Ausgangspunkt[113]. Es ist schade, daß sie erst im Rahmen des Spätwerks[114] zu einer umfassenden Behandlung kommt, wo über den Versuch, die Möglichkeit des Bösen „scholastisch" befriedigend zu erhellen, die Bestimmung des Verhältnisses von Gerechtigkeit und Glücksverlangen und damit des Wesens von Freiheit überhaupt gegenüber früher an Schärfe verliert[115].

---

[113] Vgl. *lib.* 1 (unten 66,5f; 207 SCHMITT [*prior recensio* zu Z. 4f]) und den näheren Nachweis bei SCHMITT, *Prolegomena* 53*–55*.

[114] Meiner Gegenüberstellung eines „früheren" und eines „späteren" ANSELM aus systematischen Gründen (die wichtigste Zäsur hierfür läge zwischen *lib.* und *casu*) steht die Datierung einer früheren Fassung von *conc.* durch SCHMITT auf die Jahre 1080–1085 entgegen (vgl. ders., *Prolegomena* 100*–131*, bes. 115*). Ich halte die angeführten Gründe für eine so frühe Datierung nicht für zwingend. Den Entwurf einer Dreiteilung des Willens vor dem Entstehen von *casu* anzunehmen, die nicht dort, sondern erst in *conc.* (vgl. auch schon den Hinweis *conc. virg.* 2) ihren Niederschlag gefunden hätte, scheint mir recht schwierig. Wäre die Argumentation damals schon so weit gediehen gewesen, wie sie in den von SCHMITT als Text I und III bezeichneten Teilen des früheren Entwurfs zu *conc.* erscheint, so ließen sich Äußerungen wie in *casu* 21 (unten 220,21f) und *conc.* 3,14 (unten 358,20 – 360,2) kaum verstehen.

[115] Daß die beobachtete Akzentverlagerung mit dem Versuch einer zur Klärung der Möglichkeit des Bösen verfeinerten Willenspsychologie zusammenhängt, man also nicht etwa von einem „kompletten Sinneswandel" bei ANSELM sprechen kann, beweist zum Beispiel die Erörterung des Verhältnisses von Gerechtigkeit und Seligkeit in *CDH* 2,1 (97f SCHMITT), die durchaus mehr dem „frühen" ANSELM entspricht als etwa die Ausführungen in *casu*.

VI. Zur vorliegenden Werkauswahl

Ursprünglich war geplant, im Rahmen der *Fontes Christiani* auf der Grundlage der kritischen Edition von F.S. Schmitt eine zweisprachige Ausgabe auch der Schriften *Monologion*, *Proslogion*, *De veritate* und *Cur deus homo* herauszubringen, die dann neu ins Deutsche übertragen werden sollten. Aus verlagsrechtlichen Gründen war dies leider nicht möglich.

Damit ergibt sich allerdings ein ähnlich schwerwiegender Verstoß gegen den ausdrücklichen Willen Anselms wie schon in der separaten zweisprachigen Ausgabe von *De veritate* durch F.S. Schmitt. Im Vorwort zu *De veritate* hat Anselm im Hinblick auf *De veritate*, *De libertate arbitrii* und *De casu diaboli* festgehalten:

> „Diese Abhandlungen hängen zwar nicht als fortlaufender Text zusammen. Ihr Inhalt und die analoge Fragestellung erfordern jedoch, daß sie zusammen und in der Reihenfolge wiedergegeben werden, in der ich sie [in diesem Vorwort] in Erinnerung gerufen habe.“ [116]

Wir hoffen, daß durch den ausführlichen Kommentar zu *De veritate* in dieser Einleitung der systematische Zusammenhang mit den anderen beiden Dialogen hinreichend zum Ausdruck kommt.

De libertate arbitrii, *De casu diaboli* und *De concordia praescientiae et praedestinationis et gratiae dei cum libero arbitrio* erscheinen hier erstmals gemeinsam in einer lateinisch-deutschen Ausgabe. Diese Auswahl läßt deutlich werden, welch hohen Stellenwert Anselm einem sorgfältigen Bedenken der geschöpflichen Freiheit im Rahmen seiner theologisch-philosophischen Arbeit beimißt. Eine im Verhältnis zum Gesamtwerk vergleichbar systematisch

---

[116] Anselm, *ver.*, *praefatio* (174,3–5 Schmitt): *Qui videlicet tractatus quamvis nulla continuatione dictaminis cohaereant, materia tamen eorum et similitudo disputationis exigit, ut simul eo quo illos commemoravi ordine conscribantur.*

durchgeführte Reflexion findet sich bei keinem anderen Autor der Patristik und Scholastik. Schon von dorther erscheint der hier gewählte Titel „Freiheitsschriften“ berechtigt. Er drängt sich aber auch noch aus anderen Gründen auf. Kaum einmal ist ein vormoderner christlicher Autor dem Begriff sittlicher Autonomie im Sinne Kants so nahe gekommen wie Anselm. Genauer vielleicht: Wenn man im Spätwerk J.G. Fichtes den überzeugendsten Versuch sehen darf, den von Kant gegen Spinoza kritisch gesicherten Freiheitsbegriff ohne Reibungsverluste in einem von der Souveränität Gottes her konzipierten metaphysischen System transzendentaler Philosophie zu denken, dann findet sich auch hierfür außer bei Anselm kein wirklicher Präzedenzfall. Gewiß gibt es bei Anselm kein „System“ im Sinne der modernen Philosophie. Die Souveränität Gottes und die Würde geschöpflicher Freiheit sind hier aber in einer Weise kritisch zusammen bedacht, daß beide in ihrer vollen Integrität gewahrt werden. Über Fichte hinaus weist Anselm nicht nur im Hinblick auf eine vom strengen Begriff des Bildes Gottes her zu denkende innergöttliche Relation zwischen „Vater“ und „Sohn“, sondern vor allem in der konsequenteren Reflexion auf eine sich verfehlende Freiheit: Auch mit Rücksicht auf eine notwendige „relecture“ des von Anselm in *Cur deus homo* ausgeführten Sühnegedankens ist es von großer Wichtigkeit, die hier vorgelegten „Freiheitsschriften“ genau zu studieren.

Eine abschließende Feststellung mag vielleicht verwundern: Anselms Ausführungen zu der *libertas arbitrii* kommen der Auffassung, die Luther vom *servum arbitrium* hat, wohl näher als alle anderen vergleichbaren scholastischen Schriften.

VII. Zum Text

Den lateinischen Text der hier wiedergegebenen Werke entnehmen wir mit freundlicher Genehmigung des Verlags Frommann-Holzboog, Stuttgart-Bad Cannstatt, der von F.S. Schmitt besorgten kritischen Ausgabe der *Opera omnia*. Er wurde nur in dringenden Ausnahmefällen geändert, worauf jeweils in Anmerkungen hingewiesen ist.

Der kritische Apparat wurde mit Ausnahme der *prior recensio* zu *De concordia praescientiae et praedestinationis et gratiae dei cum libero arbitrio* nachgedruckt.

Dem Johannes-Verlag, Einsiedeln, danken wir für die Erlaubnis, in leicht veränderter Form die deutsche Übersetzung aus *Wahrheit und Freiheit* (CMe 15) zu übernehmen. Dort findet sich auch eine Übertragung von *De veritate*, die der hier vertretenen Anselm-Interpretation entspricht.

DER TEXTKRITISCHE APPARAT

Sigel der Textzeugen

De libertate arbitrii

T Oxoniensis Bodleian. Rawlinson A 392 (olim Troarnensis, S. Martini), circa a. 1085.
B Oxoniensis Bodleian. Bodley 271 (olim Cantuariensis, Ecclesiae Christi), s. XII. ineuntis.
R Rotomagensis 539, s. XII. ineuntis.
E Edinburgensis 104 (olim Radingensis), s. XII.
N Neapolitanus, Bibl. Nat. VII. D. 11, s. XII. ineuntis.
O Oxoniensis Bodleian. 3578, s. XII.
C Carnotensis 194, s. XII.

De casu diaboli

B Oxoniensis Bodleian. Bodley 271 (olim Cantuariensis, Ecclesiae Christi), s. XII. ineuntis.
R Rotomagensis 539, s. XII. ineuntis.
E Edinburgensis 104 (olim Radingensis), s. XII.
N Neapolitanus, Bibl. Nat. VII. D. 11, s. XII. ineuntis.
Q Ebroicensis 86, s. XII.
U Duacensis 352, s. XII.

De concordia praescientiae et praedestinationis et gratiae dei cum libero arbitrio

B Oxoniensis Bodleian. Bodley 271 (olim Cantuariensis, Ecclesiae Christi), s. XII. ineuntis.
C Rotomagensis 434 (olim Gemmeticensis), s. XII.
Clm. 18208 Codex Latinus Monacensis 18208.
Divion. 182 Bibliothèque municipale de Dijon, ‚cote' 182, Cîteaux, s. XII.
E Edinburgensis 104 (olim Radingensis), s. XII.
O Oxoniensis Bodleianus (n. 3578) e Musaeo 112 (olim S.Edmundi), s. XII.
S S. Audomari palatii 379 (olim Gemmeticensis), s. XII.

Abkürzungen

abscis.	abscisus	MAG./M.	magister
add.	addidit	*mss.*	codices manu scripti
c.	capitulum	*om.*	omisit
cf.	confer	*p.*	pagina
corrupt.	corruptus	*ras.*	rasura
DISC./D.	discipulus	s.	saeculum
litt. minusc.	litteris minusculis	*ss.*	sequentes / -tia

DE LIBERTATE ARBITRII

ÜBER DIE FREIHEIT DES WILLENS

1 INCIPIUNT CAPITULA IN TRACTATUM DE LIBERTATE ARBITRII *B* *idem in litt. minusc. R* Incip. cap. in tract. de libero arbitrio *N* Inc. cap. in libe.r DE LIBERTATE ARBITRII *C* INC. CAP. DE LIBERO ARBITRIO EDITO AB ANSELMO CANTUARIENSI ARCHIEPISCOPO *O* Inc. cap. in libro anselmi archiepiscopi de li-

KAPITEL

1. Das Vermögen zu sündigen gehört nicht zur Freiheit des Willens.
2. Dennoch sündigten Engel und Mensch durch dieses Vermögen und durch freien Willen. Sie konnten sich zwar zum Knecht der Sünde machen, aber die Sünde konnte nicht Herr über sie sein.
3. Sie besaßen freien Willen, auch nachdem sie sich zu Knechten der Sünde gemacht hatten. Worin besteht der freie Wille?
4. Von dem Vermögen, die nicht besessene Rechtheit zu bewahren.
5. Keine Versuchung zwingt einen, unfreiwillig zu sündigen.
6. Von der Macht unseres Willens gegen die Versuchungen, trotz seiner scheinbaren Ohnmacht.
7. Der Wille ist stärker als die Versuchung, auch wenn er dieser erliegt.
8. Selbst Gott kann dem Willen die Rechtheit nicht nehmen.
9. Nichts ist freier als ein rechter Wille.
10. Der Sünder als Knecht der Sünde. Wenn Gott dem Ungetreuen die Rechtheit wiedergibt, ist dies ein größeres Wunder, als wenn er einem Toten das Leben wiedergibt.
11. Diese Knechtschaft hebt die Willensfreiheit nicht auf.
12. Warum es angemessener ist zu sagen: „Der Mensch ist frei, auch wenn er die Rechtheit nicht besitzt" — weil sie ihm nicht genommen werden

---

bero arbitrio *E* || 5 et[2]: sit liberum arbitrium *add. O* || 6 servire: servari *E* || 22 rectitudinem: rectum *BOE* || 26 ea *O*

quam cum eam habet servus, quia cum non habet per se non potest eam recuperare.

XIII. Quod „potestas servandi rectitudinem voluntatis propter ipsam rectitudinem" sit perfecta definitio libertatis arbitrii.

XIV. Divisio eiusdem libertatis.

---

1 non habet: non *om. R* || 6 libertatis: *add.* EXPLICIUNT CAPITULA *BRNEC* *sine* Explicit *O*

kann, wenn er sie besitzt — als: „Der Mensch ist Knecht, auch wenn er die Rechtheit besitzt" — weil er sie von sich aus nicht wiedergewinnen kann, wenn er sie nicht besitzt.

13. Die vollständige Definition der Willensfreiheit lautet: „Das Vermögen, die Rechtheit des Willens um ihrer selbst willen zu bewahren".
14. Einteilung der Freiheit.

Capitulum I

Quod potestas peccandi non pertineat ad libertatem arbitrii.

Discipulus: Quoniam liberum arbitrium videtur repugnare gratiae et praedestinationi et praescientiae dei: ipsa libertas arbitrii quid sit nosse desidero, et utrum semper illam habeamus. Si enim libertas arbitrii est „posse peccare et non peccare", sicut a quibusdam solet dici, et hoc semper habemus: quomodo aliquando gratia indigemus? Si autem hoc non semper habemus: cur nobis imputatur peccatum, quando sine libero arbitrio peccamus?

Magister: Libertatem arbitrii non puto esse potentiam peccandi et non peccandi. Quippe si haec eius esset definitio: nec deus nec angeli qui peccare nequeunt liberum haberent arbitrium; quod nefas est dicere.

D.: Quid si dicitur aliud esse liberum arbitrium dei et 208
bonorum angelorum, aliud nostrum?

M.: Quamvis differat liberum arbitrium hominum a libero arbitrio dei et angelorum bonorum, definitio tamen huius libertatis in utrisque secundum hoc nomen eadem debet esse. Licet enim animal differat ab animali sive substantialiter sive accidentaliter, definitio tamen secundum nomen animalis omnibus animalibus est eadem. Quaprop-

---

1 INCIPIT TRACTATUS DE LIBERTATE ARBITRII EDITUS AB ANSELMO ARCHIEPISCOPO *C* CANTUARIENSI *add. BNE* Incip. tract. de libertate arbitrii *R* INC. LIBER DE LIBERO ARBITRIO *O* || 5 DISC. *deest E* || 12 sine: nec *O* || 13 MAG.: .A. *R*

ÜBER DIE FREIHEIT DES WILLENS

KAPITEL 1

Das Vermögen zu sündigen gehört nicht zur Freiheit des Willens[1].

Schüler: Da ein freier Wille der Gnade, der Vorherbestimmung und dem Vorherwissen Gottes zu widersprechen scheint, möchte ich gern wissen, was diese Freiheit des Willens eigentlich ist und ob wir sie immer besitzen. Besteht nämlich die Willensfreiheit, wie manche meinen, darin, sündigen oder nicht sündigen zu können, und haben wir dieses Vermögen immer, wieso bedürfen wir dann zuweilen der Gnade? Haben wir es aber nicht immer, wieso wird uns dann zur Sünde angerechnet, wenn wir ohne freien Willen fehlen?

Lehrer: Ich glaube nicht, daß die Willensfreiheit in dem Vermögen zu sündigen oder nicht zu sündigen besteht. Wäre das nämlich ihre Definition, so hätten weder Gott noch die Engel, die nicht sündigen können, einen freien Willen — was eine frevelhafte Behauptung ist.

Sch.: Wenn man nun sagte, der freie Wille Gottes und der guten Engel sei ein anderer als der unsere?

L.: Gewiß unterscheidet sich der freie Wille des Menschen von dem Gottes und der guten Engel. Aber die Definition dieser Freiheit muß, der gleichen Bezeichnung entsprechend, in beiden Fällen dieselbe sein. Auch das eine Lebewesen unterscheidet sich ja vom anderen — wesenhaft oder aufgrund von nicht artspezifischen Besonderheiten —, und doch ist die Begriffsbestimmung, dem Namen „Lebewesen" entsprechend, für alle Lebewesen dieselbe.

---

[1] Wir geben *libertas arbitrii* — wie üblich — im allgemeinen mit „Freiheit des *Willens*" wieder und gebrauchen die genauere Übersetzung „(Willens-)Entscheidung" nur, wo der Kontext dies fordert.

ter talem oportet dare definitionem libertatis arbitrii, quae nec plus nec minus illa contineat. Quoniam ergo liberum arbitrium divinum et bonorum angelorum peccare non potest, non pertinet ad definitionem libertatis arbitrii „posse peccare". Denique nec libertas nec pars libertatis est potestas peccandi. Quod ut plane intelligas, intende ad ea quae dicam.

D.: Ad hoc sum hic.

M.: Quae tibi voluntas liberior videtur: illa quae sic vult et potest non peccare, ut nullatenus flecti valeat a non peccandi rectitudine, an illa quae aliquo modo flecti potest ad peccandum?

D.: Cur non sit liberior illa quae ad utrumque se habet non video.

M.: An non vides quoniam qui sic habet quod decet et quod expedit, ut hoc amittere non queat, liberior est quam ille qui sic habet hoc ipsum, ut possit perdere et ad hoc quod dedecet et non expedit valeat adduci?

D.: Nulli dubium hoc esse puto.

M.: Hoc quoque non minus indubitabile dices quia peccare semper dedecens et noxium est.

D.: Nullus sanae mentis aliter sentit.

M.: Liberior igitur est voluntas quae a rectitudine non peccandi declinare nequit, quam quae illam potest deserere.

D.: Nihil mihi rationabilius asseri posse videtur.

M.: An putas quod additum minuit et separatum auget 209
libertatem, id aut libertatem esse aut partem libertatis?

D.: Non hoc putare possum.

M.: Potestas ergo peccandi, quae addita voluntati minuit eius libertatem et si dematur auget, nec libertas est nec pars libertatis.

D.: Nihil consequentius.

---

27 libertatis ?: ? *om. N*

Daher muß eine Definition der Willensfreiheit gegeben werden, in der nicht zu viel und nicht zu wenig enthalten ist. Weil nun der freie Wille Gottes und der guten Engel nicht sündigen kann, gehört das Sündigen-Können nicht zum Wesensbegriff der Willensfreiheit. Überhaupt ist das Vermögen zu sündigen weder Freiheit noch Teil der Freiheit. Achte darauf, was ich nun sage, damit du das richtig verstehst.

Sch.: Dazu bin ich hier.

L.: Welcher Wille erscheint dir freier: einer, der nicht sündigen will und kann, so daß er auf keine Weise von der Rechtheit, nicht zu sündigen, abgebracht zu werden vermag, oder einer, der auf irgendeine Weise zum Sündigen bewogen werden kann?

Sch.: Warum sollte nicht der freier sein, der nach beiden Seiten hin offensteht?

L.: Wer das, was sich geziemt und nützlich ist, unverlierbar hat, ist der nicht freier als einer, der dies verlieren und zu dem, was sich nicht geziemt und schädlich ist, bewogen werden kann?

Sch.: Zweifellos.

L.: Ebenso außer Frage steht doch wohl, daß Sündigen immer ungeziemend und schädlich ist.

Sch.: Für jeden, der bei Sinnen ist!

L.: Dann ist aber der Wille, der von der Rechtheit, nicht zu sündigen, nicht abgebracht werden kann, freier als der, der die Rechtheit zu verlassen imstande ist.

Sch.: Keine Behauptung erscheint mir vernünftiger.

L.: Was, hinzugefügt, die Freiheit mindert, und, weggenommen, sie mehrt: Könnte so etwas die Freiheit oder ein Teil von ihr sein?

Sch.: Nein.

L.: Das Vermögen zu sündigen, das, dem Willen hinzugefügt, seine Freiheit mindert und dessen Wegnahme sie mehrt, ist also weder die Freiheit noch ein Teil von ihr.

Sch.: Ganz folgerichtig.

Capitulum II

Quod tamen angelus et homo peccaverunt per hanc potestatem et per liberum arbitrium; et quamvis potuerint servire peccato, non tamen eis potuit dominari peccatum.

M.: Non ergo pertinet ad libertatem arbitrii, quod sic est extraneum a libertate.

D.: Rationibus tuis nullatenus contradicere queo; sed non parum me movet quia et angelica et nostra natura in principio habuit potestatem peccandi, quam si non habuisset, non peccasset. Quare si per hanc potestatem quae sic est aliena a libero arbitrio, peccavit utraque praedicta natura: quomodo dicemus eam peccasse per liberum arbitrium? At si per liberum arbitrium non peccavit, ex necessitate peccasse videtur. Nempe aut sponte aut ex necessitate. Nam si sponte peccavit: quomodo non per liberum arbitrium? Quare si non per liberum arbitrium, utique ex necessitate peccasse videtur.

Est et aliud quod in hac potestate peccandi me movet. Qui enim peccare potest, servus potest esse peccati, quoniam „qui facit peccatum, servus est peccati". Qui autem potest servus esse peccati, huic potest dominari peccatum. Quomodo ergo libera facta fuit illa natura, aut cuiusmodi liberum arbitrium illud erat, cui peccatum dominari poterat?

M.: Et per potestatem peccandi et sponte et per liberum arbitrium et non ex necessitate nostra et angelica natura primitus peccavit et servire potuit peccato; et tamen non illi dominari poterat peccatum, unde illa non libera aut eius arbitrium non liberum dici possit.

---

7 D. Rationibus: *c. II incipit NE*

Kapitel 2

Dennoch sündigten Engel und Mensch durch dieses Vermögen und durch freien Willen. Sie konnten sich zwar zum Knecht der Sünde machen, aber die Sünde konnte nicht Herr über sie sein.

L.: Was der Freiheit so fremd ist, gehört also nicht zur Freiheit des Willens.

Sch.: Ich kann deinen Gründen nichts entgegensetzen. Aber es beunruhigt mich sehr, daß die Natur der Engel wie die unsere ursprünglich das Vermögen zu sündigen hatte, ohne das sie nicht gesündigt hätte. Wenn beide Wesen durch dieses Vermögen, das mit dem freien Willen so gar nichts zu tun hat, hesündigt haben: Wie kann man dann sagen, sie hätten aus freiem Willen gesündigt? Sündigten sie aber nicht aus freiem Willen, so scheinen sie aus Notwendigkeit gesündigt zu haben. Entweder aus eigenem Antrieb oder aus Notwendigkeit. Wenn aber aus eigenem Antrieb, wie nicht aus freiem Willen? Wenn daher nicht aus freiem Willen, scheint nur noch ein Sündigen aus Notwendigkeit zu bleiben.

Noch etwas anderes läßt mir an dieser Möglichkeit zu sündigen keine Ruhe. Wer sündigen kann, kann Knecht der Sünde sein; denn: „Wer die Sünde tut, ist Knecht der Sünde“ (vgl. Joh 8,34). Wer aber Knecht der Sünde sein kann, über den kann die Sünde herrschen. Wie ist denn diese Natur als freie erschaffen worden, oder was für ein freier Wille war das, worüber die Sünde herrschen konnte?

L.: Mensch und Engel haben am Anfang gesündigt und konnten der Sünde dienstbar werden aufgrund des Vermögens zu sündigen, aus eigenem Antrieb, aus freier Willensentscheidung und nicht aus Notwendigkeit. Und dennoch konnte die Sünde nicht über sie herrschen, so daß man sagen könnte, sie oder ihre Willensentscheidung seien nicht frei gewesen.

D.: Opus habeo ut quod dicis aperias, quia clausum mihi est.

M.: Per liberum arbitrium peccavit apostata angelus sive primus homo, quia per suum arbitrium peccavit, quod sic liberum erat, ut nulla alia re cogi posset ad peccandum. Et ideo iuste reprehenditur, quia cum hanc haberet arbitrii sui libertatem, non aliqua re cogente, non aliqua necessitate, sed sponte peccavit. Peccavit autem per arbitrium suum quod erat liberum; sed non per hoc unde liberum erat, id est per potestatem qua poterat non peccare et peccato non servire, sed per potestatem quam habebat peccandi, qua nec ad non peccandi libertatem iuvabatur nec ad peccandi servitutem cogebatur.

Quod autem consequi tibi videtur quia si potuit servus esse peccati, potuit ei dominari peccatum, et ideo nec illum nec eius arbitrium liberum fuisse: non ita est. Etenim qui suae potestatis est ut non serviat, nec alienae potestatis est ut serviat, quamvis potestate sua servire possit: quamdiu non illa quae est serviendi, sed illa quae est non serviendi utitur potestate, nulla res illi dominari potest ut serviat. Nam et si dives liber possit se facere servum pauperis: quamdiu hoc non facit, nec ille nomen amittit libertatis, nec pauper illi dicitur posse dominari; aut si dicitur, improprie dicitur, quia hoc non in eius sed in alterius est potestate. Quamobrem nihil prohibet angelum et hominem ante peccatum liberos fuisse aut liberum arbitrium habuisse.

---

20 potest dominari *BN* || 23 posse dicitur *C*

---

[2] Der Terminus *potestas* umfaßt bei ANSELM ein weites Bedeutungsspektrum: „Macht", „Vermögen", „Möglichkeitsbedingung" (vgl. unten 82,4!), „Möglichkeit" (vgl. ANSELM, *Ph. Fragm.* [341,7–12 SOUTHERN/SCHMITT]).

[3] Vgl. ANSELM, *ver.* 8 (188,19–22 SCHMITT); *casu* 12 (unten 182,22 bis 29); *CDH* 2,10 (107,5f SCHMITT); 2,17 (123,15–22 SCHMITT).

Sch.: Das mußt du mir erklären, denn ich verstehe es nicht.

L.: Der gefallene Engel und der erste Mensch sündigten aus freier Entscheidung, weil aus einer eigenen Entscheidung, die so frei war, daß sie durch nichts anderes zum Sündigen gezwungen werden konnte. Daher werden sie mit Recht zur Verantwortung gezogen, weil sie, im Besitz dieser Freiheit ihrer Entscheidung, nicht unter Zwang oder aus Notwendigkeit, sondern aus eigenem Antrieb gesündigt haben. Sie sündigten aufgrund ihrer Entscheidung, die frei war; doch nicht aufgrund dessen, woher sie frei war, das heißt aufgrund des Vermögens, das sie instand setzte, nicht zu sündigen und der Sünde nicht dienstbar zu werden. Vielmehr (sündigten sie) aufgrund jenes Vermögens zu sündigen, das weder eine Hilfe zur Freiheit des Nicht-Sündigens noch einen Zwang zur Knechtschaft des Sündigens bedeutete.

Nun zu deiner Folgerung: „Wenn einer Knecht der Sünde sein konnte, so konnte die Sünde über ihn herrschen, und daher waren weder er noch sein Wille frei.“ Das trifft nicht zu. Denn gesetzt, es hat einer in seiner Macht[2], nicht Knecht zu sein, und er unterliegt keiner fremden Macht, (die ihn zwänge,) Knecht zu sein, obzwar er aus eigener Macht Knecht sein könnte: Solange dieser sich nicht der Macht bedient, Knecht zu sein, sondern der, nicht Knecht zu sein, kann nichts über ihn Herrschaft ausüben, so daß er Knecht wäre. Wenn etwa auch ein Reicher, der frei ist, sich zum Knecht eines Armen machen könnte: Solange er es nicht tut, verliert er nicht den Freiheitstitel, und von dem Armen kann man nicht sagen, er vermöge über ihn zu herrschen, es sei denn im uneigentlichen Sinn, weil dies nicht in seiner, sondern in des anderen Macht liegt[3]. Nichts steht daher dem entgegen, daß Engel und Mensch vor der Sünde frei gewesen sind oder einen freien Willen gehabt haben.

Capitulum III

Quomodo postquam se fecerunt servos peccati, liberum arbitrium habuerunt; et quid sit liberum arbitrium.

D.: Satisfecisti mihi, quia nihil certe hoc prohibet ante peccatum; sed postquam se fecerunt servos peccati: quomodo liberum arbitrium servare potuerunt?

M.: Licet peccato se subdidissent, libertatem tamen arbitrii naturalem in se interimere nequiverunt; sed facere potuerunt, ut iam non sine alia gratia quam erat illa quam prius habuerant, illa libertate uti non valeant.

D.: Credo, sed intelligere desidero. 211

M.: Consideremus primum cuiusmodi arbitrii libertatem habebant ante peccatum, quando certum est eos liberum arbitrium habuisse.

D.: Hoc exspecto.

M.: Ad quid tibi videntur illam habuisse libertatem arbitrii: an ad assequendum quod vellent, an ad volendum quod deberent et quod illis velle expediret?

D.: Ad volendum quod deberent et quod expediret velle.

M.: Ergo ad rectitudinem voluntatis habuerunt libertatem arbitrii. Quamdiu namque voluerunt quod debuerunt, rectitudinem habuerunt voluntatis.

D.: Ita est.

M.: Dubium est adhuc, cum dicitur quia libertatem habuerunt ad rectitudinem voluntatis, si non addatur aliquid. Quaero igitur: quomodo habebant illam libertatem ad rectitudinem voluntatis: an ad capiendum eam sine datore cum illam nondum haberent; an ad accipiendum nondum habitam si daretur ut haberent; an ad deserendum quam acce-

---

4 prohibet hoc *E* || 6 per liberum arbitrium *R* || 12 primus *O* || 17 an adsequendum *N*

Kapitel 3

Sie besaßen freien Willen, auch nachdem sie sich zu Knechten der Sünde gemacht hatten. Worin besteht der freie Wille?

Sch.: Ich sehe jetzt, daß nichts ihrer Freiheit vor der Sünde entgegensteht. Aber wie konnten sie einen freien Willen behalten, nachdem sie sich zu Knechten der Sünde gemacht hatten?

L.: Obschon sie sich der Sünde unterwarfen, waren sie doch nicht imstande, die natürliche Willensfreiheit in sich zu zerstören. Sie konnten aber bewirken, daß sie ohne eine andere Gnade als die, die sie zuvor besaßen, nicht mehr imstande waren, sich dieser Freiheit zu bedienen.

Sch.: So glaube ich, doch ich verlange zu verstehen.

L.: Nehmen wir zunächst die Art der Willensfreiheit in den Blick, die sie vor der Sünde besaßen, da ja feststeht, daß sie damals einen freien Willen hatten.

Sch.: Dies erwarte ich.

L.: Wozu werden sie diese Freiheit wohl gehabt haben? Um zu erlangen, was sie wollten, oder um zu wollen, was sie sollten und was zu wollen ihnen förderlich war?

Sch.: Für das Zweite.

L.: Zur Rechtheit des Willens also hatten sie die Freiheit der Willensentscheidung. Denn solange sie wollten, was sie sollten, hatten sie die Rechtheit des Willens.

Sch.: Genau.

L.: Der Satz: „Sie hatten die Freiheit zur Rechtheit des Willens" bedarf aber noch einer Ergänzung, um eindeutig zu sein. Wie nämlich hatten sie diese Freiheit zur Rechtheit des Willens? (1) Zum Ergreifen der Rechtheit ohne einen Geber, als sie diese noch nicht hatten? (2) Zu ihrem Empfang, da sie diese noch nicht hatten, wenn sie ihnen zu Besitz gegeben würde? (3) Zur Aufgabe der emp-

perant et per se resumendum desertam; an ad semper servandum acceptam?

D.: Ad capiendum rectitudinem sine datore non puto illos habuisse libertatem, quoniam nihil habere potuerunt quod non acceperunt. Ad accipiendum vero a datore quam nondum habebant ut eam haberent, non est dicendum eos habuisse libertatem, quia non est credendum eos factos sine recta voluntate. Quamvis non negandum sit eos habuisse libertatem recipiendi eandem rectitudinem, si eam desererent et ab ipso primo datore illis redderetur. Quod in hominibus saepe videmus, qui de iniustitia ad iustitiam superna gratia reducuntur.

M.: Verum est quod dicis eos posse recipere perditam rectitudinem si reddatur; sed nos illam libertatem, quam habuerunt antequam peccarent, quaerimus, cum sine dubio liberum habebant arbitrium; non illam qua nullus indigeret, si numquam veritatem deseruisset.

D.: Prosequar igitur et respondebo ad ea, quae restant de 212
iis quae interrogasti. Ad deserendum autem eandem rectitudinem eos libertatem habuisse non est verum, quia deserere voluntatis rectitudinem est peccare, et potestatem peccandi nec libertatem nec partem esse libertatis supra monstrasti. Ad resumendum vero per se desertam rectitudinem libertatem non acceperunt, cum ad hoc illa rectitudo data sit, ut numquam desereretur. Ipsa namque potestas resumendi desertam generaret neglegentiam servandi habitam. Quapropter restat libertatem arbitrii datam esse ratio-

4 libertatem habuisse *O* || 18–19 de his *C*

fangenen, die sie dann aus sich wiederaufnehmen könnten? (4) Zum stetigen Bewahren der empfangenen Rechtheit?

Sch.: Ich meine nicht (1), daß sie die Freiheit zum Ergreifen der Rechtheit ohne einen Geber hatten; denn sie konnten nichts „haben, was sie nicht empfangen hatten" (vgl. 1 Kor 4,7). Doch man kann auch nicht sagen (2), daß sie die Freiheit zum Empfang der Rechtheit von einem Geber besessen haben — damit sie hätten, was sie noch nicht hatten. Denn unserem Glauben nach sind sie nicht ohne rechten Willen erschaffen worden. Das heißt natürlich nicht, sie hätten keine Freiheit gehabt, die Rechtheit wiederzuerlangen, wenn sie diese aufgäben und sie ihnen von jenem ursprünglichen Geber selbst zurückgegeben würde. Das sehen wir ja oft bei Menschen, die durch die göttliche Gnade von Ungerechtigkeit zur Gerechtigkeit zurückgeführt werden.

L.: Es trifft zu, daß sie die verlorene Rechtheit wiedererlangen können, falls sie ihnen zurückgegeben wird. Es geht uns hier indes um die Freiheit, die sie vor der Sünde besaßen, als sie zweifellos Willensfreiheit hatten, nicht um jene, die niemand gebraucht hätte, wäre die Wahrheit niemals verlassen worden.

Sch.: Ich will mich dann also an die Beantwortung deiner restlichen Fragen machen. Daß sie (3) die Freiheit zur Aufgabe der Rechtheit gehabt hätten, ist nicht wahr. Denn die Rechtheit des Willens aufgeben, ist sündigen, und oben hast du gezeigt, daß das Vermögen zu sündigen weder Freiheit noch ein Teil von ihr ist. Sie haben aber auch nicht die Freiheit erhalten, um die aufgegebene Rechtheit aus sich wiederaufzunehmen. Denn die Rechtheit wurde ihnen gegeben, damit sie niemals aufgegeben würde. Das Vermögen, die aufgegebene Rechtheit wiederaufzunehmen, würde aber eine Nachlässigkeit erzeugen, nicht genügend auf die Rechtheit zu achten, die man hat. Es bleibt also nur (4), daß die Freiheit der Entscheidung dem Vernunftwesen

nali naturae ad servandam acceptam rectitudinem voluntatis.

M.: Bene ad interrogata respondisti; sed adhuc opus est ut consideremus, propter quid illam rectitudinem servare debebat rationalis natura: an propter ipsam rectitudinem, an propter aliud.

D.: Si non illa libertas data esset illi naturae ut voluntatis rectitudinem propter ipsam servaret rectitudinem, non valeret ad iustitiam; quoniam constat iustitiam esse rectitudinem voluntatis propter se servatam. Sed ad iustitiam prodesse arbitrii libertatem credimus. Quare indubitanter asserendum est rationalem naturam non eam accepisse nisi ad servandam rectitudinem voluntatis propter ipsam rectitudinem.

M.: Ergo quoniam omnis libertas est potestas, illa libertas arbitrii est potestas servandi rectitudinem voluntatis propter ipsam rectitudinem.

D.: Non potest aliud esse.

M.: Iam ergo clarum est liberum arbitrium non esse aliud quam arbitrium potens servare rectitudinem voluntatis propter ipsam rectitudinem.

D.: Clarum utique est. Sed quamdiu rectitudinem ipsam habuit, servare potuit quod habuit. Postquam autem illam deseruit: quomodo potest servare quod non habet? Absente ergo rectitudine quae servari possit, non est liberum arbitrium quod eam servare valeat. Non enim valet servare quod non habet.

M.: Etiam si absit rectitudo voluntatis, non tamen rationalis natura minus habet quod suum est. Nullam namque

---

4 propter quod *O* || 5 debeat *R* || 19 aliud esse *O* || 22 Sed: *c. IV incipit NE*

zum Bewahren der empfangenen Rechtheit des Willens gegeben wurde.

L.: Du hast die Fragen gut beantwortet. Aber wir müssen noch untersuchen, worumwillen die vernünftige Natur diese Rechtheit bewahren sollte, ob um der Rechtheit selbst oder um etwas anderen willen.

Sch.: Wäre die Freiheit dieser Natur nicht verliehen worden, damit sie die Rechtheit des Willens um ihrer selbst willen bewahrte, so taugte sie nicht zur Gerechtigkeit. Denn: „Gerechtigkeit ist Rechtheit des Willens, bewahrt um ihrer selbst willen.“ [4] Wir glauben aber, daß die Freiheit für die Gerechtigkeit von Nutzen sei. Darum ist unbedingt festzustellen, daß die Vernunftnatur Freiheit nur erhalten hat, damit sie die Rechtheit des Willens um dieser selbst willen bewahre.

L.: Da alle Freiheit Macht ist, ist also die Freiheit des Willens die Macht, die Rechtheit des Willens um dieser selbst willen zu bewahren.

Sch.: Nichts anderes.

L.: Ebenso klar ist damit, daß eine freie Willensentscheidung nichts anderes ist als eine Entscheidung, die die Rechtheit des Willens um dieser Rechtheit selbst willen zu bewahren vermag.

Sch.: Offensichtlich. Jedoch, solange das Vernunftwesen die Rechtheit des Willens besaß, konnte es bewahren, was es hatte. Nachdem es sie aber aufgegeben hat, wie kann es da noch bewahren, was es nicht mehr besitzt? Wenn also die Rechtheit, die bewahrt werden könnte, nicht mehr besteht, gibt es auch keine freie Entscheidung mehr, die sie zu bewahren imstande wäre. Man kann nicht bewahren, was man nicht hat.

L.: Auch wenn die Rechtheit des Willens fehlt, so hat doch das Vernunftwesen nicht minder das, was sein ist. Wir

---

[4] Vgl. ANSELM, *ver.* 12 (191–196 SCHMITT).

potestatem habemus, ut puto, quae sola sibi sufficiat ad actum; et tamen cum ea desunt sine quibus ad actum minime perducuntur nostrae potestates, non minus eas, | quan- I 213
tum in nobis est, habere dicimur. Sicut nullum instrumentum solum sibi sufficit ad operandum; et tamen cum desunt illa sine quibus instrumento uti nequimus, instrumentum nos cuiuslibet operis habere sine falsitate fatemur. Quod ut in multis animadvertas, in uno tibi monstrabo. Nullus visum habens dicitur nullatenus posse videre montem.

D.: Qui montem videre non potest, profecto nullum habet visum.

M.: Habet igitur potestatem et instrumentum videndi montem qui visum habet. Et tamen si mons abest et dicis ei: vide montem, respondebit tibi: Non possum, quia abest. Si adesset, possem videre. Item si mons adesset et lux abesset, responderet se montem videre monenti quia non posset absente luce; sed si lux adesset, tunc posset. Rursum si visum habenti et mons et lux praesens est et aliquid visui obstet, ut si quis illi oculos claudat, dicet se non posse videre montem; sed si nihil visui eius obsisteret, tunc sine dubio montem videndi potestatem haberet.

D.: Totum hoc omnibus notum est.

M.: Vides ergo quia potestas videndi aliquod corpus alia est in vidente, alia in re videnda, alia in medio, id est neque in vidente neque in videndo; et ea quae est in medio alia est

---

13 Et: et *C* || 14 respondet *N* || 24 alia est in re videnda *C* || 25 in videndo: in videnda *O*

haben allerdings, meiner Ansicht nach, kein Vermögen, das sich allein genügen würde, um zum Handeln zu kommen. Wenn nun jene (Bedingungen) fehlen, ohne die unsere Vermögen durchaus nicht in Handeln umgesetzt werden können, so heißt das doch nicht, daß wir die Vermögen, was uns angeht, weniger besäßen. So reicht ja auch kein Werkzeug, für sich allein genommen, aus, um eine Arbeit auszuführen. Auch wenn die Bedingungen für seinen Gebrauch nicht gegeben sind, kann man doch aber mit Recht sagen, daß wir ein Werkzeug für alle möglichen Arbeiten zur Verfügung haben. Ein Beispiel mag dafür genügen. Von niemandem, der Augenlicht hat, wird man sagen, daß er auf keinen Fall einen Berg sehen könne.

Sch.: Wenn jemand nicht einen Berg sehen kann, so hat er gewiß kein Augenlicht.

L.: Wer Augenlicht hat, besitzt also das Vermögen und Werkzeug, einen Berg zu sehen. Wenn aber kein Berg da ist und du sagst zu ihm: „Schau den Berg an!“, so wird er dir antworten: „Ich kann nicht. Es ist ja keiner da. Wenn einer da wäre, so könnte ich ihn sehen.“ Wäre ferner ein Berg da, aber kein Licht, so würde jener auf dieselbe Aufforderung sagen: „Ich kann nicht, weil es dunkel ist. Bei Licht könnte ich schon.“ Wenn schließlich bei Licht etwas seine Sicht auf den Berg hinderte — zum Beispiel, wenn ihm jemand die Augen zuhielte —, würde er ebenfalls sagen, er könnte den Berg nicht sehen. Ohne Sichtbehinderung hätte er zweifellos das Vermögen, den Berg zu sehen.

Sch.: Das ist allgemein bekannt.

L.: Die Möglichkeit, einen Gegenstand zu sehen, ist also je verschieden. Sie liegt einmal in dem, der sieht, zum anderen in dem, was gesehen werden soll. Eine weitere Möglichkeit besteht im Medium, das heißt weder in dem, der sieht, noch in dem, was gesehen werden soll. Und hier muß man noch einmal unterscheiden zwischen dem, was zum Sehen verhilft, und dem, was es nicht hindert, das

in adiuvante, alia in non impediente, id est cum nihil quod impedire possit impedit?

D.: Video plane.

M.: Quattuor igitur istae potestates sunt, quarum si una quaelibet desit, aliae tres nec singulae nec omnes simul aliquid possunt efficere; nec tamen absentibus aliis negamus aut eum qui visum habet habere visum vel instrumentum sive potestatem videndi, aut rem visibilem posse videri, aut lucem posse visum iuvare.

Capitulum IV

Quomodo habeant potestatem servandi rectitudinem, quam non habent.

Quarta autem potestas improprie dicitur. Quod enim solet impedire visum, non ob aliud dicitur dare potestatem videndi cum non impedit, nisi quia non aufert. Potestas autem videndi lucem non nisi in tribus rebus est, quia tunc est idem et quod videtur et quod adiuvat. Nonne hoc omnibus est notum?

D.: Nulli utique est ignotum. 214

M.: Si igitur absente re quae videri possit, in tenebris positi et clausos sive ligatos oculos habentes, quantum ad nos pertinet, videndi quamlibet visibilem rem potestatem habemus: quid prohibet nos habere potestatem servandi rectitudinem voluntatis propter ipsam rectitudinem, etiam ipsa absente rectitudine, quamdiu et ratio in nobis est qua eam valemus cognoscere, et voluntas qua illam tenere possumus? Ex his enim constat praefata libertas arbitrii.

---

17 Nonne: Non *BON*

heißt, wenn nichts, was es hindern könnte, tatsächlich hindert.

Sch.: Das leuchtet mir ein.

L.: Es handelt sich hier also um vier Möglichkeitsbedingungen. Wenn irgendeine davon nicht gegeben ist, können die anderen drei, allein oder alle zusammen, nichts ausrichten. Dennoch sagen wir beim Fehlen der jeweils anderen weder, der mit dem Gesichtssinn habe kein Augenlicht, das heißt kein Werkzeug oder Vermögen zu sehen, noch der sichtbare Gegenstand könne nicht gesehen werden, noch das Licht könne nicht zum Sehen verhelfen.

Kapitel 4

Von dem Vermögen, die nicht besessene Rechtheit zu bewahren.

Die vierte Möglichkeit indes wird nur im uneigentlichen Sinne so genannt. Von dem, was die Sicht zu behindern pflegt, sagt man nämlich dann, wenn es sie nicht behindert, nur darum, es mache das Sehen möglich, weil es diese Möglichkeit eben nicht aufhebt. Die Möglichkeit aber, das Licht zu sehen, beruht auf nur drei Dingen, da hier ja das Gesehene und das, was zum Sehen verhilft, ein und dasselbe sind. Ist das nicht allen geläufig?

Sch.: Keiner, der nicht darum wüßte!

L.: Wenn also beim Fehlen einer Sache, die gesehen werden könnte, wir, die wir im Dunkeln stehen und die Augen verschlossen oder zugebunden haben, was uns angeht, die Fähigkeit besitzen, alles mögliche Sichtbare zu sehen: Warum sollten wir nicht das Vermögen haben, die Rechtheit des Willens um dieser selbst willen zu bewahren, selbst wenn diese fehlt, solange nur die Vernunft in uns ist, durch die wir sie erkennen, und der Wille, mit dem wir sie festhalten können? Auf diesen beruht ja die Freiheit der Entscheidung, von der wir sprechen.

D.: Satisfecisti intellectui meo potestatem hanc servandi rectitudinem voluntatis rationali naturae semper inesse, atque hanc potestatem in primi hominis et angelorum arbitrio liberam fuisse, quibus invitis rectitudo voluntatis non poterat auferri.

Capitulum V

Quod nulla tentatio cogat invitum peccare.

Sed nunc quomodo est humanae voluntatis arbitrium hac potestate liberum, cum saepe rectam habens homo voluntatem ipsam rectitudinem invitus cogente tentatione deserat?

M.: Nemo illam deserit nisi volendo. Si ergo invitus dicitur nolens, nemo deserit illam invitus. Ligari enim potest homo invitus, quia nolens potest ligari; torqueri potest invitus, quia nolens potest torqueri; occidi potest invitus, quia nolens potest occidi; velle autem non potest invitus, quia velle non potest nolens velle. Nam omnis volens ipsum suum velle vult.

D.: Quomodo ergo dicitur invitus mentiri, qui mentitur ne occidatur, cum hoc non nisi volens facit? Nam sicut invitus mentitur, sic invitus vult mentiri. Et qui invitus mentiri vult, nolens vult mentiri.

M.: Ideo forsitan invitus mentiri dicitur, quia cum sic vult veritatem ut non mentiatur nisi propter vitam: et vult mendacium quia propter | vitam, et non vult mendacium I 215 propter ipsum mendacium, quoniam vult veritatem; et ideo volens et nolens mentitur. Alia namque est voluntas qua volumus aliquid propter se, ut cum volumus salutem propter se; et alia cum aliquid volumus propter aliud, ut cum

---

1 D. Satisfecisti: *c. V incipit E* || 11 ergo: igitur *N* || 19 facit?: M. *add. T* || 21 mentiri vult: vult mentiri *E* || 28 volumus aliquid *E*

Sch.: Das überzeugt mich. Das Vermögen, die Rechtheit des Willens zu bewahren, wohnt dem Vernunftwesen stets inne, und es war frei bei der Entscheidung des ersten Menschen und der Engel, denen gegen ihren Willen die Rechtheit des Willens nicht weggenommen werden konnte.

Kapitel 5

Keine Versuchung zwingt einen, unfreiwillig zu sündigen.

Wie ist nun aber die Entscheidung des menschlichen Willens durch dieses Vermögen frei, wo der Mensch doch oft, obschon er einen rechten Willen hat, diese Rechtheit unfreiwillig, unter dem Zwang einer Versuchung, aufgibt?

L.: Es gibt sie niemand auf, ohne zu wollen. Wenn also „unfreiwillig" bedeutet: „wider Wollen", so gibt sie niemand unfreiwillig auf. Ein Mensch kann unfreiwillig gefesselt werden, weil dies wider sein Wollen geschehen kann. Ebenso kann er unfreiwillig gefoltert und getötet werden. Aber unfreiwillig wollen kann er nicht, weil er nicht wollen kann, indem er wider sein Wollen will. Denn jeder, der will, will sein eigenes Wollen.

Sch.: Wieso sagt man dann, jemand lüge wider Willen, um dem Tode zu entrinnen, wenn er dies nur willentlich tun kann? Denn wie er wider Willen lügt, so will er auch wider Willen und damit nicht-willentlich lügen.

L.: Das sagt man vielleicht, wenn jemand so die Wahrheit will, daß er nicht lügt, es sei denn, es gehe um sein Leben. Er will dann einerseits die Lüge um seines Lebens willen, anderseits will er sie nicht um der Lüge selbst willen, da er ja die Wahrheit will. So lügt er denn mit Wollen und wider Wollen. Man muß nämlich unterscheiden, einmal den Willen, mit dem wir etwas um seiner selbst willen wollen — zum Beispiel das Heilsein um seiner selbst willen. Zum anderen den, wenn wir etwas um eines anderen

volumus bibere absinthium propter salutem. Unde potest forsitan dici secundum has diversas voluntates, quia invitus et non invitus mentitur. Quapropter cum dicitur invitus mentiri, quia non id vult, inquantum vult veritatem: non repugnat illi sententiae qua dico neminem invitum deserere rectitudinem voluntatis; quia mentiendo vult eam deserere propter vitam, secundum quam voluntatem non invitus eam deserit sed volens, de qua voluntate nunc loquimur. De illa namque loquimur qua vult mentiri propter vitam, non de illa qua non vult mendacium propter se. Aut idcirco certe mentitur invitus, quia invitus aut occiditur aut mentitur, id est: invitus est in hac angustia, ut ex necessitate unum horum quodlibet fiat. Quamvis enim necesse sit illum aut occidi aut mentiri, non tamen necesse est illum occidi, quia potest non occidi si mentitur; nec necesse est illum mentiri, quia potest non mentiri si occiditur. Neutrum enim est determinate in necessitate, quia utrumlibet est in potestate. Ita quoque licet invitus aut mentiatur aut occidatur, non tamen ideo consequitur ut invitus mentiatur aut ut invitus occidatur.

Est et alia ratio quam frequens habet usus, cur invitus et nolens et ex necessitate dicitur aliquis facere, quod tamen volens facit. Nam quod non nisi difficile facere valemus et ideo non facimus, dicimus nos hoc facere non posse et necessitate nos sive invitos deserere. Et quod sine difficultate dimittere nequimus et idcirco facimus, hoc nos invitos et nolentes et ex necessitate facere asserimus. Hoc igitur modo qui mentitur ne moriatur, mentiri invitus et nolens dicitur et ex necessitate; quia mendacium vitare non valet

1 volumus aliquid bibere *C* || 14 necesse est: est *om. T*

willen wollen — zum Beispiel eine bittere Arznei um des Heilseins willen trinken. Im Hinblick auf diese verschiedenen Arten des Wollens kann man vielleicht sagen, daß einer wider seinen Willen und nicht wider seinen Willen lüge. Die Behauptung: „Er lügt wider seinen Willen, weil er das nicht will, insofern er die Wahrheit will“ widerspricht nicht meinem Satz: „Niemand gibt gegen seinen Willen die Rechtheit des Willens auf.“ Denn er will sie durch sein Lügen aufgeben, um seines Lebens willen. Was diesen Willen angeht, gibt er die Rechtheit nicht unfreiwillig auf, sondern mit Willen. Und nur über diesen Willen reden wir hier. Es geht hier um den Willen, demzufolge er lügen will um seines Lebens willen, nicht um den, demzufolge er die Lüge nicht um ihrer selbst willen will. Gewiß lügt er wider Willen, insofern er unfreiwillig vor der Alternative „Tod oder Lüge“ steht. Unfreiwillig befindet er sich in dieser Zwangslage, daß mit Notwendigkeit eines von beiden eintreten wird. Nicht ebenso notwendig ist jedoch, daß er getötet wird oder lügt. Er kann dem Tod durch sein Lügen, der Lüge durch seinen Tod entgehen. Keines dieser beiden ist durch eine Notwendigkeit festgelegt, sondern beide stehen im Bereich des Möglichen. Sosehr auch die Alternative „Lüge oder Tod“ unfreiwillig ist, folgt daraus nicht, daß er unfreiwillig lüge oder unfreiwillig getötet werde.

Noch aus einem anderen Grunde sagt man dem allgemeinen Sprachgebrauch zufolge häufig, jemand handle „unfreiwillig“, „wider Wollen“ oder „aus Notwendigkeit“, wo er in Wirklichkeit mit Willen handelt. Wenn wir etwas nur unter Schwierigkeiten tun können und es deshalb unterlassen, so sagen wir, wir könnten dies nicht tun und ließen es notgedrungen oder widerwillig sein. Wenn wir etwas ohne Schwierigkeiten nicht unterlassen können und darum tun, sagen wir, wir hätten es nur unwillig oder unserem Willen zum Trotz getan oder es tun „müssen“. So sagt man, es lüge einer wider Willen oder aus Not, wenn er lügt, um nicht sterben zu müssen, weil er die Lüge nicht

sine mortis difficultate. Sicut igitur qui mentitur propter vitam, improprie dicitur invitus mentiri, quoniam mentitur volens: ita non proprie dicitur invitus velle mentiri, quoniam hoc non nisi volens vult. Nam sicut cum mentitur, vult ipsum mentiri: sic cum vult mentiri, vult ipsum velle.

D.: Non possum negare quod dicis. 216

M.: Quomodo ergo non est libera voluntas, quam aliena potestas sine suo assensu subicere non potest?

D.: Nonne simili ratione possumus dicere voluntatem equi esse liberam, quia non appetitui carnis servit nisi volens?

M.: Non hic est similiter. In equo namque non ipsa voluntas se subicit, sed naturaliter subiecta semper necessitate appetitui carnis servit; in homine vero quamdiu ipsa voluntas recta est, nec servit nec subiecta est cui non debet, nec ab ipsa rectitudine ulla vi aliena avertitur, nisi ipsa cui non debet volens consentiat; quem consensum non naturaliter nec ex necessitate sicut equus, sed ex se aperte videtur habere.

D.: Satisfecisti huic obiectioni meae de voluntate equi; redi ubi eramus.

M.: An negabis omnem rem liberam esse ab ea re, a qua cogi nisi volens vel prohiberi non potest?

D.: Non video quomodo negem.

M.: Dic etiam quomodo superat recta voluntas, et quomodo superatur.

D.: Velle ipsam rectitudinem perseveranter est illi vincere; velle autem quod non debet, est illi vinci.

---

7 ergo *om. E* || 20 D. Satisfecisti: *c. VI incipit E*

meiden kann, ohne die Widrigkeit des Todes auf sich zu nehmen. Wer also um des Lebens willen lügt, von dem kann man nur im uneigentlichen Sinn sagen, er lüge wider Willen; denn er lügt willentlich. Und genauso uneigentlich sagt man, er wolle nur widerwillig lügen; denn er kann dies nur willentlich wollen. Wie einer das Lügen will, wenn er lügt, so will er auch, wenn er lügen will, dieses Wollen.

Sch.: Das alles kann ich nicht bestreiten.

L.: Wie soll also der Wille nicht frei sein, den eine fremde Macht ohne seine Zustimmung nicht unterwerfen kann?

Sch.: Könnte man aus dem gleichen Grund nicht auch sagen, der Wille des Pferdes sei frei, weil es nur, wenn es will, dem Verlangen seines Fleisches dient?

L.: Die beiden Fälle sind nicht gleich. Beim Pferd unterwirft sich nämlich nicht der Wille selbst, sondern dieser steht, von Natur unterworfen, mit Notwendigkeit immer im Dienste des fleischlichen Verlangens. Solange hingegen der Wille des Menschen recht ist, ist er nicht dem zu Diensten oder unterworfen, dem er es nicht sein soll. Und von dieser Rechtheit kann ihn auch keine fremde Macht abwenden, es sei denn eine, der er seine Einwilligung gibt, obwohl er es nicht soll. Diese Einwilligung geschieht aber nicht von Natur aus, noch aus Notwendigkeit — wie beim Pferd —, sondern offensichtlich aus ihm selbst.

Sch.: Das genügt meinem Einwand über den Willen des Pferdes. Kehre dahin zurück, wo wir stehengeblieben waren.

L.: Du wirst nicht bestreiten, daß alles frei ist im Hinblick auf das, wodurch es nur über ein eigenes Wollen gezwungen oder gehindert werden kann.

Sch.: Ich wüßte nicht wie.

L.: Auf welche Weise zeigt sich nun ein rechter Wille überlegen, auf welche unterlegen?

Sch.: Er siegt, wenn er beharrlich diese Rechtheit selbst will. Er unterliegt, wenn er will, was er nicht soll.

M.: Puto quia tentatio rectam voluntatem non nisi volentem aut ab ipsa rectitudine prohibere aut ad id quod non debet cogere potest, ut illam nolit et istud velit.

D.: Nec hoc ulla ratione falsum esse video.

M.: Quis ergo potest voluntatem dicere non esse liberam ad servandam rectitudinem, et liberam a tentatione et peccato, si nulla tentatio potest illam nisi volentem avertere a rectitudine ad peccatum, id est ad volendum quod non debet? Cum ergo vincitur, non aliena vincitur potestate sed sua.

D.: Hoc monstrant ea quae dicta sunt.

M.: Nonne vides ex his consequi quia nulla tentatio potest vincere rectam voluntatem? Nam si potest, habet potestatem vincendi et sua potestate vincit. Sed hoc esse non potest, quoniam voluntas non nisi sua | potestate | 217 vincitur. Quare nullatenus potest tentatio vincere rectam voluntatem; et cum dicitur, improprie dicitur. Non enim aliud intelligitur, quam quia voluntas potest se subicere tentationi, sicut e converso cum imbecillis dicitur posse vinci a forti, non sua potestate posse dicitur sed aliena; quoniam non significatur aliud nisi quia fortis habet potestatem vincendi imbecillem.

L.: Eine Versuchung kann, meine ich, den rechten Willen nur, wenn er will, sei es von der Rechtheit abhalten, sei es zu dem, was er nicht soll, zwingen, so daß er jenes nicht will und dieses will.

Sch.: Und ich sehe nicht, wie dies je falsch sein könnte.

L.: Niemand kann also behaupten, der Wille sei nicht frei, die Rechtheit zu bewahren, oder nicht frei im Hinblick auf Versuchung und Sünde, da doch keine Versuchung den Willen von der Rechtheit zur Sünde, das heißt zum Wollen dessen, was er nicht soll, abzulenken vermag, außer er wolle selbst so. Wird er also besiegt, so nicht durch eine fremde Macht, sondern durch die eigene.

Sch.: Das ist nun erwiesen.

L.: Folgt daraus aber nicht, daß keine Versuchung den rechten Willen zu überwältigen vermag? Könnte sie dies nämlich, so hätte sie die Macht, den Willen zu besiegen und würde dies aus ihrer Macht tun. Der Wille wird ja aber nur durch seine eigene Macht besiegt. Daher kann eine Versuchung den rechten Willen nie und nimmer besiegen; und wenn man doch so etwas sagt, dann nur im uneigentlichen Sinne[5]. Es ist nur in der Weise zu verstehen, daß der Wille sich der Versuchung unterwerfen kann. Umgekehrt, wenn man sagt, ein Schwächling „vermöge" von einem Starken besiegt zu werden, so spricht man ja auch nicht von seiner, sondern von des anderen Macht. Es heißt nichts anderes als: Der Starke hat die Macht, den Schwächling zu besiegen.

---

[5] Vgl. oben 72 Anm. 3.

Capitulum VI

Quomodo sit nostra voluntas potens contra tentationes, licet videatur impotens.

D.: Quamvis sic omnia impugnantia voluntati nostrae subicias atque nullam tentationem illi dominari permittas, ut in nullo possim obviare assertionibus tuis: non tamen possum dissimulare quandam impotentiam esse in eadem voluntate, quam fere omnes experimur cum violentia tentationis superamur. Quapropter nisi illam potentiam quam probas, et istam impotentiam quam sentimus, facias convenire, non potest animus meus ad quietem huius quaestionis pervenire.

M.: Istam impotentiam voluntatis quam dicis in quo putas esse?

D.: In eo quia non potest perseveranter rectitudini adhaerere.

M.: Si per impotentiam non adhaeret, aliena vi avertitur a rectitudine.

D.: Concedo.

M.: Quae est haec vis?

D.: Vis tentationis.

M.: Haec vis non eam avertit a rectitudine, si ipsa non vult quod suggerit tentatio.

D.: Ita est. Sed ipsa tentatio sua vi cogit eam velle quod suggerit.

M.: Quomodo eam cogit velle: an ita ut possit quidem nolle sed non sine gravi molestia, an ita ut nullatenus possit nolle?

D.: Quamvis fateri me oporteat nos aliquando sic premi tentationibus, ut sine difficultate non valeamus nolle quod suggerunt, non tamen possum dicere quod sic nos umquam opprimant, ut quod monent nullatenus nolle possimus.

---

22 Haec vis: tentationis *add. C*

Kapitel 6

Von der Macht unseres Willens gegen die Versuchungen, trotz seiner scheinbaren Ohnmacht.

Sch.: Du unterwirfst so zwar alle Anfechtung unserem Willen und läßt nicht zu, daß irgendeine Versuchung über ihn herrsche — und ich weiß deinen Ausführungen nichts entgegenzusetzen. Dennoch kann ich eine gewisse Ohnmacht in diesem Willen nicht übersehen, die wir nahezu alle erfahren, wenn wir von der Gewalt der Versuchung überwunden werden. Wenn du daher jene Macht, die du beweist, und diese Ohnmacht, die wir empfinden, nicht in Einklang zu bringen vermagst, so kann mein Geist in dieser Frage noch nicht zur Ruhe kommen.

L.: Worin, meinst du, liegt diese Ohnmacht des Willens, von der du redest?

Sch.: Darin, daß er nicht beharrlich der Rechtheit anzuhängen vermag.

L.: Wenn er ihr aus Ohnmacht nicht anhängt, so wird er durch eine fremde Kraft von ihr abgewendet.

Sch.: Zugegeben.

L.: Was ist das für eine Kraft?

Sch.: Die der Versuchung.

L.: Diese Kraft kann ihn nicht von der Rechtheit abbringen, wenn er nicht selbst will, was die Versuchung nahelegt.

Sch.: Gewiß. Aber diese Versuchung zwingt ihn durch ihre Kraft, zu wollen, was sie suggeriert.

L.: Wie zwingt sie ihn dazu? So, daß er zwar nicht-wollen könnte, wenn auch nur mit arger Mühe, oder so, daß er auf keine Weise nein sagen könnte?

Sch.: Wie ich gestehen muß, werden wir zwar zuweilen von Versuchungen so bedrängt, daß wir nur mit Schwierigkeiten nicht-wollen können, was sie suggerieren. Ich kann jedoch nicht sagen, sie setzten uns jemals so unter Druck, daß wir auf keine Weise zu ihrem dringenden Rat nein sagen könnten.

M.: Nescio quomodo possit dici. Si enim vult homo mentiri, ut non sustineat mortem et servet vitam ad tempus: quis dicet impossibile velle | eum non mentiri, ut vitet | 218 aeternam mortem et sine fine vivat? Quapropter iam dubitare non debes hanc impotentiam servandi rectitudinem, quam dicis in nostra voluntate cum tentationibus consentimus, non esse ex impossibilitate sed ex difficultate. Frequenti namque usu dicimus nos non posse aliquid, non quia nobis est impossibile, sed quia illud sine difficultate non possumus. Haec autem difficultas non perimit voluntatis libertatem. Impugnare namque potest invitam voluntatem, expugnare nequit invitam. Hoc igitur modo puto te posse videre quomodo conveniant potentia voluntatis quam ratio veritatis asserit, et impotentia quam humanitas nostra sentit. Sicut enim difficultas nequaquam voluntatis interimit libertatem, ita illa impotentia, quam non ob aliud in voluntate dicimus esse nisi quia non potest tenere suam rectitudinem sine difficultate, non aufert eidem voluntati perseverandi in rectitudine potestatem.

Capitulum VII

Quomodo fortior sit quam tentatio, etiam cum ab illa vincitur.

D.: Sicut nequaquam valeo quod probas negare, ita nullatenus queo voluntatem fortiorem esse tentatione cum ab illa superatur affirmare. Nam si voluntas servandi rectitudinem fortior esset quam tentationis impetus, fortius illa

---

6 in nostra voluntate: esse *add.* O || 12 igitur: ergo O

L.: Wie denn auch! Wenn nämlich ein Mensch lügen will, um dem Tod zu entgehen und sein Leben auf Zeit zu retten: Wer würde es für unmöglich halten, daß er nicht-lügen wolle, um dem ewigen Tode zu entgehen und ohne Ende zu leben? Darum mußt du daran festhalten, daß jene Ohnmacht, die Rechtheit zu bewahren — von der du sagst, sie bestehe in unserem Willen, sooft wir in Versuchungen einwilligen —, nicht in einer Unmöglichkeit, sondern nur in einer Schwierigkeit ihren Grund hat. Wir sagen, häufigem Sprachgebrauch zufolge, daß wir etwas nicht können, nicht weil es uns unmöglich wäre, sondern weil wir es nur mit Mühe vermögen. Diese Erschwernis hebt aber die Freiheit des Willens nicht auf. Sie kann den Willen zwar wider ihn selbst bestürmen, wider ihn selbst erstürmen kann sie ihn aber nicht. So wirst du wohl sehen, wie die Macht des Willens, die die aus der Wahrheit kommende Vernunft sicherstellt, mit der Ohnmacht in Einklang zu bringen ist, die unsere menschliche Schwäche fühlt. Die Schwierigkeit hebt keineswegs die Freiheit des Willens auf. Und so nimmt auch jene Ohnmacht — die wir dem Willen nur darum zuschreiben, weil er an seiner Rechtheit nur mit Mühe festzuhalten vermag — dem Willen nicht das Vermögen, in der Rechtheit zu beharren.

Kapitel 7

Der Wille ist stärker als die Versuchung, auch wenn er dieser erliegt.

Sch.: Deine Beweise kann ich nicht widerlegen. Ebensowenig vermag ich aber zu behaupten, der Wille sei stärker als die Versuchung, wenn er ihr erliegt. Denn wäre der Wille, die Rechtheit zu bewahren, stärker als der Ansturm der

volendo quod tenet resisteret quam illa insisteret. Non enim aliunde scio me magis vel minus fortem habere voluntatem, nisi quia magis vel minus fortiter volo. Quapropter cum minus fortiter volo quod debeo, quam tentatio mihi suggerit quod non debeo: quomodo tentatio fortior non sit voluntate mea non video.

M.: Ut video aequivocatio voluntatis te fallit.

D.: Ipsam vellem aequivocationem cognoscere.

M.: Sicut visus aequivoce dicitur, ita et voluntas. Vocamus enim visum ipsum instrumentum videndi, id est radium procedentem per oculos quo sentimus lucem et quae sunt in luce; et dicimus visum ipsius opus instru|menti | 219 quando illo utimur, id est visionem. Eodem modo dicitur voluntas ipsum instrumentum volendi, quod est in anima, et quod convertimus ad volendum hoc vel illud, sicut visum ad videndum diversa convertimus; et dicitur voluntas usus eius voluntatis, quae est instrumentum volendi, sicut dicitur visus usus eius visus, qui est instrumentum videndi. Sicut igitur visum qui est instrumentum videndi habemus, etiam cum non videmus, visus autem quod est opus eius non est nisi cum videmus: ita voluntas, instrumentum scilicet volendi, semper est in anima, etiam cum non vult aliquid, velut cum dormit; voluntatem vero quam dico usum sive opus eiusdem instrumenti, non habemus nisi quando volumus aliquid. Illa igitur voluntas quam voco instrumentum volendi, una et eadem semper est quidquid velimus; illa vero quae opus eius est, tam multiplex est quam multa et quam saepe volumus; quemadmodum visus quem etiam in tenebris vel clausis habemus oculis, semper

1 resistẽ *N* || 27 Illa *C*

[6] Die doppelte Bedeutung von *visus* — einmal der Gesichtssinn, zum anderen der Akt des Sehens — läßt sich im Deutschen nicht adäquat wiedergeben; vgl. unten 340 Anm. 34 zu *conc.*

[7] Vgl. ANSELM, *ver.* 6 (184,3–25 SCHMITT).

Versuchung, so würde er in seinem Festhaltenwollen kräftiger widerstehen, als sie auf ihn eindringt. Daß ich einen stärkeren oder schwächeren Willen besitze, weiß ich doch nur daher, daß ich stärker oder schwächer will. Wenn ich daher mit weniger Kraft das will, was ich soll, als das, was die Versuchung mir eingibt, ich aber nicht soll, so bleibt doch wohl nur, daß die Versuchung stärker ist als mein Wille.

L.: Offenbar läßt du dich von einer Ambivalenz im Willensbegriff täuschen.

Sch.: Die möchte ich gern erkennen.

L.: Wie das Wort „Sicht"[6] eine doppelte Bedeutung hat, so auch „Wille". „Sicht" nennen wir nämlich einmal das Sehwerkzeug, das heißt den Strahl, der durch die Augen hindurch ausgeht und in dem wir das Licht und das, was im Lichte ist, wahrnehmen[7]. „Sicht" nennen wir aber auch die Leistung dieses Werkzeugs, wenn wir uns seiner bedienen, nämlich das Sehen. So auch beim Wort „Wille". Zum einen meinen wir damit das Werkzeug des Wollens selbst, das in der Seele ist und das wir auf das Wollen von diesem oder jenem wenden — wie wir die „Sicht" auf das Sehen verschiedener Dinge wenden. Wille heißt zum anderen der Gebrauch dieses Werkzeugs des Wollens, wie mit „Sicht" auch der Gebrauch des Sehwerkzeugs bezeichnet wird. Wie wir die Sehkraft *(visus)* haben, auch wenn wir nicht sehen, der Blick *(visus)* als ihre Leistung aber nur da ist, wenn wir tatsächlich schauen, so ist der Wille als Wollenskraft immer in der Seele, auch wenn sie nicht gerade etwas will — etwa wenn wir schlafen. Den Willen im Sinne des Gebrauchs oder der Leistung dieses Werkzeugs haben wir aber nur, wenn wir etwas wollen. Der Wille, den ich als Wollenswerkzeug bezeichne, ist stets ein und derselbe, was auch immer wir wollen. Der Wille als eine Leistung hingegen ist ebenso vielfältig, als es die Gegenstände und Gelegenheiten des Wollens sind. Ebenso ist die Sehkraft *(visus)*, die wir auch im Dunkeln und bei geschlossenen Augen

idem est quidquid videamus; visus autem, id est opus eius qui et visio nominatur, tam numerosus est quam numerosa et quam numerose videmus.

D.: Plane video et amo hanc voluntatis discretionem, et iam mihi videor videre quam ex eius ignorantia patiebar deceptionem. Sed tamen tu prosequere quod incepisti.

M.: Cum ergo videas duas esse voluntates, instrumentum scilicet volendi et opus eius: in qua harum duarum intelligis fortitudinem constare volendi?

D.: In illa quae est instrumentum volendi.

M.: Si ergo scias virum ita fortem, ut eo tenente taurum indomitum taurus non possit se movere, et videas eundem virum ita tenentem arietem, ut ipse aries sese de manibus eius excutiat: putabisne illum minus fortem in tenendo arietem quam in tenendo taurum?

D.: Illum quidem non dissimiliter fortem in utroque illo opere iudicabo, sed eum sua fortitudine non aequaliter uti fatebor. Fortius enim operatur in tauro quam in ariete. Sed ille fortis est, quia fortitudinem habet; actio vero eius fortis dicitur, quia fortiter fit.

M.: Sic intellige voluntatem quam voco instrumentum volendi, inseparabilem et nulla alia vi superabilem fortitudinem habere, qua aliquando magis, aliquando minus utitur in volendo. Unde quod fortius vult, nulla|tenus deserit | 220
oblato eo quod minus fortiter vult; et cum offertur quod vult fortius, statim dimittit quod non pariter vult; et tunc voluntas — quam dicere possumus actionem instrumenti huius, quoniam agit suum opus cum vult aliquid —, tunc

7 duas videas *O* || 22 inseparabile *N* superabile *N* || 23–24 utitur: operatur *E* || 27 quam: qua *T*

[8] Vgl. dagegen die weitere Differenzierung des Willens in *conc.* 3,11 (unten 338, 1–8).

haben, immer dieselbe, gleich, was wir gerade sehen. Der Blick *(visus)* — ihre Leistung, die wir auch Sehen *(visio)* nennen — jedoch ist so vielfältig wie die Gegenstände und Anlässe des Sehens selbst.

Sch.: Diese Differenzierung von Wille leuchtet mir ein und erscheint mir höchst wertvoll, und ich bin, glaube ich, jetzt auch schon der Täuschung auf der Spur, der ich mangels dieser Unterscheidung unterlag. Fahre aber bitte fort.

L.: In welchem von diesen beiden Willen — dem Wollenswerkzeug oder seiner Leistung[8] — liegt nun deiner Ansicht nach die Stärke des Wollens?

Sch.: Im Wollenswerkzeug.

L.: Gesetzt, du kennst einen Mann von solcher Stärke, daß unter seinem Griff ein ungezähmter Stier sich nicht zu regen vermöchte, und siehst nun denselben Mann einen Widder so halten, daß dieser sich mit Leichtigkeit seinen Händen entwindet. Meinst du dann, der Mann sei schwächer, wenn er einen Widder als wenn er einen Stier festhält?

Sch.: Ich würde seine Kraft in beiden Fällen nicht für verschieden ansehen, sondern meinen, daß er davon nicht jedesmal den gleichen Gebrauch mache. Beim Stier wendet er nämlich mehr Kraft an als beim Widder. Der Mann ist kräftig, weil er Kraft hat. Seine Handlung heißt kraftvoll, weil sie mit Kraft ausgeführt wird.

L.: Dementsprechend mußt du sehen, daß der Wille, den ich Wollenswerkzeug nenne, eine von ihm unabtrennbare und durch keine fremde Gewalt zu überwindende Kraft besitzt, von der er bald mehr, bald weniger beim Wollen Gebrauch macht. Was er stärker will, läßt er daher unter keinen Umständen los, wenn sich ihm etwas bietet, das er weniger stark will. Und wenn sich ihm etwas darbietet, das er stärker will, läßt er sogleich fahren, was er nicht in gleichem Maße will. Diesen Willen — den wir die Betätigung jenes Werkzeugs nennen können, weil er dessen Werk ausführt, wenn er etwas will — bezeichnet man dann als

inquam voluntas actio magis vel minus fortis dicitur, quoniam magis vel minus fortiter fit.

D.: Aperta iam mihi esse quae explicas necesse est ut fatear.

M.: Vides igitur quia cum homo habitam rectitudinem voluntatis aliqua ingruente deserit tentatione, nulla vi aliena abstrahitur, sed ipsa se convertit ad id quod fortius vult.

Capitulum VIII

Quod nec deus potest auferre voluntatis rectitudinem.

D.: Numquid vel deus potest illi auferre rectitudinem?

M.: Vide quomodo non possit. Totam quidem substantiam quam de nihilo fecit, potest redigere in nihilum, a voluntate vero habente rectitudinem non valet illam separare.

D.: Huius tuae mihi inauditae assertionis multum a te rationem exspecto.

M.: Nos loquimur de illa voluntatis rectitudine, qua iusta dicitur voluntas, id est quae propter se servatur. Nulla autem est iusta voluntas, nisi quae vult quod deus vult illam velle.

D.: Quae hoc non vult, plane iniusta est.

M.: Servare igitur rectitudinem voluntatis propter ipsam rectitudinem est unicuique eam servanti velle, quod deus vult illum velle.

---

19 iusta est *E* voluntas iusta est *T*

---

[9] *... quod deus vult illam velle:* Die (von ALLERS übernommene) Übersetzung ist hart, der Text aber kaum anders präzise wiederzugeben. Die Formulierung etwa: „es sei denn, er will, was Gott will" zerstörte den zentralen Gedanken. Es geht hier ja nicht darum, daß geschöpflicher

mehr oder minder stark, insofern er als Betätigung mehr oder weniger stark in Erscheinung tritt.

Sch.: Das ist mir jetzt klar.

L.: Du siehst also: Wenn ein Mensch die von ihm besessene Rechtheit des Willens unter der Einwirkung einer Versuchung aufgibt, so wird er durch keine fremde Gewalt weggerissen, sondern er selbst wendet sich dem zu, was er stärker will.

Kapitel 8

Selbst Gott kann dem Willen die Rechtheit nicht nehmen.

Sch.: Kann denn nicht wenigstens Gott dem Willen die Rechtheit nehmen?

L.: Das kann er nicht, wie du sehen wirst. Er kann zwar das gesamte Sein, das er aus dem Nichts geschaffen hat, wieder zu Nichts machen. Nicht aber vermag er die Rechtheit von dem Willen zu trennen, der sie besitzt.

Sch.: Für diese mir bislang unerhörte Behauptung mußt du mir nun aber wirklich eine Begründung geben!

L.: Wir sprechen von jener Rechtheit des Willens, aufgrund deren er gerecht heißt, das heißt, die um ihrer selbst willen bewahrt wird. Kein Wille ist aber gerecht, es sei denn, er will, was Gott ihn wollen will[9].

Sch.: Jeder andere Wille ist offensichtlich ungerecht.

L.: Die Rechtheit des Willens um ihrer selbst willen bewahren, bedeutet also für jeden, der sie bewahrt: wollen, was Gott ihn wollen will.

---

und göttlicher Wille bloß im Objekt übereinstimmen, sondern daß die geschaffene Vernunft den göttlichen Willen als den Kern ihrer eigenen Autonomie erkennt.

D.: Sic oportet fateri.

M.: Si deus separat hanc rectitudinem ab alicuius voluntate, aut volens hoc facit aut nolens?

D.: Nolens non potest.

M.: Si ergo aufert alicuius voluntati praefatam rectitudinem, vult quod facit.

D.: Absque dubio vult.

M.: Utique a cuius voluntate vult separare eandem rectitudinem, non vult eum rectitudinem servare voluntatis propter ipsam rectitudinem.

D.: Sic sequitur. 221

M.: Sed iam positum est servare hoc modo rectitudinem voluntatis esse omni servanti velle, quod deus vult illum velle.

D.: Si positum non esset, ita tamen esset.

M.: Ergo si deus saepefatam rectitudinem tollit ab aliquo, non vult eum velle quod vult eum velle.

D.: Nihil consequentius et nihil impossibilius.

M.: Igitur nihil magis impossibile, quam deum rectitudinem voluntatis auferre. Quod tamen facere dicitur, quando non facit ut eadem rectitudo non deseratur. Porro diabolus vel tentatio ideo dicitur hoc facere sive voluntatem ipsam vincere et a rectitudine quam tenet abstrahere, quoniam nisi promitteret ei aliquid aut minaretur auferre, quod magis quam ipsam rectitudinem vult, nullatenus ipsa se ab illa quam aliquatenus vult averteret.

D.: Sic planum mihi videtur quod dicis, ut nihil contra posse dici existimem.

9–10 servare rectitudinem *OE* || 16 saepefactam *N* || 24 permitteret *TBREOC* || 27 D. Sic: *c. IX incipit O*

---

[10] Wir verstehen den Satz im Unterschied zu SCHMITT (220, 24 f) als Frage.

Sch.: Ganz gewiß.

L.: Falls Gott nun diese Rechtheit von jemandes Willen trennt, tut er dies willentlich oder nicht-willentlich[10]?

Sch.: Nicht-willentlich kann er es nicht.

L.: Nimmt er die besagte Rechtheit also von jemandes Willen, so will er, was er tut.

Sch.: Zweifellos.

L.: Er will also nicht, daß jener, von dessen Willen er diese Rechtheit trennen will, die Rechtheit des Willens um ihrer selbst willen bewahre.

Sch.: Das folgt daraus.

L.; Wir stellten aber schon fest, daß die Rechtheit des Willens so zu bewahren für jeden, der sie bewahrt, bedeutet: wollen, was Gott ihn wollen will.

Sch.: Das wäre auch so, wenn wir es nicht festgestellt hätten.

L.: Wenn also Gott die nun schon so oft erwähnte Rechtheit von einem wegnimmt, so will er nicht, daß dieser will, was er ihn wollen will.

Sch.: Nichts ist folgerichtiger und zugleich unmöglicher.

L.: Nichts ist also unmöglicher, als daß Gott die Rechtheit des Willens nehme. Man sagt nur, er tue dies, wenn er nicht verhindert, daß diese Rechtheit aufgegeben wird. Ähnlich sagt man auch, der Teufel oder die Versuchung würden so etwas tun — den Willen selbst bezwingen und ihn von der Rechtheit, die er festhält, wegzerren. Insofern nämlich, als der Wille — würde man ihm nicht etwas versprechen[11] oder wegzunehmen androhen, was er mehr als diese Rechtheit will — sich durchaus nicht von ihr, die er doch in einem gewissen Maße will, abkehren würde.

Sch.: Das alles erscheint mir jetzt völlig einleuchtend.

---

[11] Wir ziehen *promitteret* mit Handschrift *N* (Neapel, 1. Hälfte 12. Jh.; vgl. SCHMITT, *Prolegomena* 219*) dem *permitteret* der kritischen Edition (221,12) vor.

Capitulum IX

Quod nihil sit liberius recta voluntate.

M.: Cernis itaque nihil liberius recta voluntate, cui nulla vis aliena potest auferre suam rectitudinem. Nempe si dicimus quia cum vult mentiri ne perdat vitam aut salutem, cogitur deserere timore mortis aut tormentis veritatem: non est verum. Non enim cogitur magis velle vitam quam veritatem, sed quoniam vi aliena prohibetur utramque servare simul, ipsa eligit quod mavult; sponte utique et non invita, quamvis in necessitate utramlibet deserendi posita sit non sponte sed invita. Non enim minus fortis est ad volendum veritatem quam ad volendum salutem, sed fortius vult salutem. Nam si praesentem videret gloriam aeternam quam statim post servatam veritatem assequeretur, et inferni tormenta quibus post mendacium sine mora traderetur: procul dubio mox virium sufficientiam ad servandum veritatem habere cerneretur.

D.: Aperte hoc videtur, cum maiores vires exhiberet ad volendum salutem aeternam propter se et veritatem propter praemium, quam ad servandum salutem temporalem.

---

18 D. Aperte: *c. X incipit O* videretur *T*

Kapitel 9

Nichts ist freier als ein rechter Wille.

L.: Nichts ist also freier als der rechte Wille, dem keine fremde Gewalt seine Rechtheit nehmen kann. Wenn wir sagen, daß einer, der lügen will, um sein Leben oder sein Heilsein nicht zu verlieren, aus Furcht vor dem Tode oder der Folter zum Verlassen der Wahrheit gezwungen wird, so ist dies nicht wahr. Er ist nämlich nicht gezwungen, das Leben mehr als die Wahrheit zu wollen. Vielmehr, weil eine fremde Gewalt ihn daran hindert, beides zugleich zu bewahren, wählt er selbst, was er mehr will, aus freien Stükken und nicht wider Willen — obschon er in die Not, eines von beiden zu lassen, nicht aus freien Stücken, sondern wider seinen Willen geraten ist. Er ist nicht weniger stark, die Wahrheit zu wollen als sein Heilsein; doch will er das Heilsein stärker. Sähe er die ewige Herrlichkeit unmittelbar vor sich, die er alsbald nach Bewahrung der Wahrheit erlangte[12], und die Qualen der Hölle, denen er nach der Lüge unverzüglich überantwortet würde: Keiner hätte dann Zweifel, daß er hinlänglich Kraft besäße, die Wahrheit zu bewahren.

Sch.: Das ist klar. Er würde ja mehr Kraft aufwenden, um das ewige Heil um seiner selbst willen und die Wahrheit um dieses Lohnes willen zu wollen, als darauf, das zeitliche Heil zu bewahren.

---

[12] Vgl. *conc.* 3,9 (unten 328,18–21).

Capitulum X 222

Quomodo peccans sit servus peccati; et quod maius miraculum sit cum deus reddit rectitudinem illam deserenti, quam cum reddit mortuo vitam.

M.: Semper igitur habet rationalis natura liberum arbitrium, quia semper habet potestatem servandi rectitudinem voluntatis propter ipsam rectitudinem, quamvis aliquando cum difficultate. Sed cum libera voluntas deserit rectitudinem per difficultatem servandi, utique post servit peccato per impossibilitatem per se recuperandi. Sic ergo fit „spiritus vadens et non rediens“, quoniam „qui facit peccatum, servus est peccati“. Quippe sicut nulla voluntas, antequam haberet rectitudinem, potuit eam deo non dante capere: ita cum deserit acceptam, non potest eam nisi deo reddente recipere. Et maius miraculum existimo cum deus voluntati desertam reddit rectitudinem, quam cum mortuo vitam reddit amissam. Corpus enim necessitate moriendo non peccat, ut vitam numquam recipiat; voluntas vero per se rectitudinem deserendo meretur, ut illa semper indigeat. Et si quis sponte mortem sibi infert, non aufert sibi quod numquam erat amissurus; qui vero voluntatis rectitudinem deserit, hoc abicit quod ex debito semper erat servaturus.

D.: Verum valde video quod dicis de servitute, qua „servus“ fit „peccati“ „qui facit peccatum“, et de impossibilitate recuperandi desertam rectitudinem, nisi ab eo a quo prius data erat reddatur; et ut illam semper teneant, indesinenter considerandum est omnibus quibus datur.

---

10 Sic: Si *N* || 16 reddidit *C* || 21 voluntatem *T* || 23 D. Verum: *c. XI incipit E* || 26 erat: fuerat *E*

---

[13] Vgl. *lib.* 3 (oben 76, 3–5).

Kapitel 10

Der Sünder als Knecht der Sünde. Wenn Gott dem Ungetreuen die Rechtheit wiedergibt, ist dies ein größeres Wunder, als wenn er einem Toten das Leben wiedergibt.

L.: Immer verfügt also das Vernunftwesen über eine freie Willensentscheidung; denn immer hat es die Macht, die Rechtheit des Willens um dieser selbst willen zu bewahren, obzwar manchmal unter Mühen. Verläßt aber der freie Wille die Rechtheit wegen der Mühe, sie zu bewahren, so wird er alsbald der Sünde Knecht wegen der Unmöglichkeit, die Rechtheit von sich aus wiederzuerlangen. So „geht der Geist dahin und kehrt nicht wieder zurück“ (vgl. Ps 78,39: Vg. Ps 77,39); denn „wer die Sünde tut, ist der Sünde Knecht“ (vgl. Joh 8,34). Wie nämlich vor dem Besitz der Rechtheit kein Wille diese erlangen konnte, wenn Gott sie nicht verlieh[13], so kann er sie auch nicht, einmal aufgegeben, wiedererlangen, wenn Gott sie ihm nicht zurückgibt. Und es erscheint mir als ein größeres Wunder, wenn Gott dem Willen die aufgegebene Rechtheit wiedergibt, als wenn er einem Toten das verlorene Leben zurückgibt. Denn der Leib sündigt nicht durch die Notwendigkeit zu sterben, so daß er das Leben niemals zurückerhalten könnte. Der Wille aber, der von sich aus die Rechtheit aufgibt, verdient, sie auf immer entbehren zu müssen. Selbst wenn einer sich freiwillig den Tod gibt, so nimmt er sich nicht etwas, das ihm niemals verlorengegangen wäre. Wer aber die Rechtheit des Willens aufgibt, wirft das von sich, was er auf immer hätte bewahren sollen und können.

Sch.: Jetzt geht mir die Schwere des Wortes über die Knechtschaft auf, in der, „wer die Sünde tut“, „Knecht der Sünde“ wird, und ich verstehe, was du über die Unmöglichkeit sagst, die aufgegebene Rechtheit wiederzuerlangen, es sei denn, der, der sie ursprünglich verlieh, gebe sie noch einmal. Wem immer sie gegeben ist, sollte unablässig darauf bedacht sein, sie auf immer festzuhalten.

Capitulum XI

Quod ista servitus non auferat libertatem arbitrii.

Sed hac sententia multum repressisti exultationem meam, quia me iam putabam esse securum hominem semper habere libertatem arbitrii. Quare ipsam servitutem exponi mihi postulo, ne forte praefatae libertati repugnare videatur. Utraque enim, scilicet haec libertas et servitus, in | vo- | 223
luntate est, secundum quam liber aut servus est homo. Si ergo servus est: quomodo liber? Aut si liber: quomodo servus?

M.: Si bene discernas, quando non habet praefatam rectitudinem, sine repugnantia et servus est et liber. Numquam enim est eius potestatis rectitudinem capere cum non habet; sed semper eius est potestatis servare cum habet. Per hoc quia redire non potest a peccato, servus est; per hoc quia abstrahi non potest a rectitudine, liber est. Sed a peccato et ab eius servitute non nisi per alium potest reverti, a rectitudine vero non nisi per se potest averti, et a libertate sua nec per se nec per alium potest privari. Semper enim naturaliter liber est ad servandum rectitudinem si eam habet, etiam quando quam servet non habet.

D.: Sufficit mihi haec huius libertatis et servitutis, ut in eodem homine possint esse simul, facta concordia.

---

4 iam me *E* || 20 eam: eum *N* || 22 D. Sufficit: *c. XII incipit ONE*

Kapitel 11

Diese Knechtschaft hebt die Willensfreiheit nicht auf.

Aber durch diese Ausführungen hast du meine Freude erheblich gemindert. Denn schon glaubte ich mich dessen sicher, daß der Mensch immer die Freiheit der Willensentscheidung habe. Erläutere mir darum, bitte, das Wesen dieser Knechtschaft, damit sie nicht etwa der besagten Freiheit zu widersprechen scheine. Beide nämlich, diese Freiheit und die Knechtschaft, liegen in dem Willen, demzufolge der Mensch ein Freier oder ein Knecht ist. Wenn Knecht — wie ist er dann frei? Und wenn frei — wie dann ein Knecht?

L.: Wenn du wohl unterscheidest, so siehst du, wie jemand, der die genannte Rechtheit nicht besitzt, ohne Widerspruch sowohl frei als auch Knecht ist. Denn niemals liegt es in seiner Macht, die Rechtheit zu greifen, wenn er sie nicht hat. Immer aber hat er in seiner Macht, sie zu bewahren, wenn er sie besitzt. Insofern er von der Sünde nicht zurückkehren kann, ist er Knecht. Insofern er von der Rechtheit nicht losgerissen werden kann, ist er frei. Von der Sünde und ihrer Knechtschaft kann ihn nur ein anderer zurückbringen; von der Rechtheit kann nur er sich abbringen; von seiner Freiheit aber kann weder er selbst sich noch ein anderer ihn trennen. Immer nämlich ist er seinem Wesen nach frei, die Rechtheit zu bewahren, falls er sie besitzt, auch wenn er nicht hat, was er bewahren soll.

Sch.: Die Möglichkeit dieses gleichzeitigen Zusammenbestehens von Freiheit und Knechtschaft im selben Menschen hast du mir hinreichend dargelegt.

CAPITULUM XII

Cur cum homo non habet rectitudinem magis dicitur liber, quia cum habet non potest ei auferri, quam cum eam habet servus, quia cum non habet per se non potest eam recuperare.

Sed multum nosse desidero cur quando non habet rectitudinem magis dicitur liber, quia non potest ei ab alio auferri cum habet, quam cum rectitudinem habet servus, quoniam non eam potest recuperare per se cum non habet. Per hoc enim quia redire non potest a peccato, servus est; per hoc quia abstrahi non potest a rectitudine, liber est; et sicut numquam potest abstrahi si habet, ita numquam potest redire si non habet. Quapropter sicut semper habet illam libertatem, ita semper habere videtur illam servitutem.

M.: Ista servitus non est nisi impotentia non peccandi. Sive enim dicamus eam impotentiam esse redeundi ad rectitudinem, sive impotentiam recuperandi aut iterum habendi rectitudinem: non ob aliud est homo servus peccati, nisi quoniam per hoc, quia nequit redire ad rectitudinem | [224] aut recuperare aut habere illam, non potest non peccare. Cum autem habet eandem rectitudinem, non habet impotentiam non peccandi. Quare quando habet rectitudinem illam, non est servus peccati. Potestatem autem servandi rectitudinem semper habet, et cum rectitudinem habet et cum non habet; et ideo semper est liber.

Quod autem quaeris cur quando non habet rectitudinem magis dicitur liber, idcirco quoniam ab alio non ei potest auferri quando habet, quam tunc servus cum habet rectitudinem, ideo quia non potest eam recuperare per se quando non habet: tale est ac si quaeras, cur homo cum sol abest magis dicitur habere potestatem videndi solem propter hoc

18 ob: ab *C* || 29 eam *corrupt. in T*

Kapitel 12

Warum es angemessener ist zu sagen: „Der Mensch ist frei, auch wenn er die Rechtheit nicht besitzt“ — weil sie ihm nicht genommen werden kann, wenn er sie besitzt — als: „Der Mensch ist Knecht, auch wenn er die Rechtheit besitzt“ — weil er sie von sich aus nicht wiedergewinnen kann, wenn er sie nicht besitzt.

Ich möchte aber gern wissen, warum man einen Menschen eher einen Freien nennt, wenn er die Rechtheit nicht besitzt — weil sie ihm nicht von einem anderen genommen werden kann, wenn er sie besitzt —, als einen Knecht, wenn er die Rechtheit besitzt — weil er sie nicht von sich aus wiedergewinnen kann, wenn er sie nicht besitzt. Sofern er von der Sünde nicht zurückkehren kann, ist er Knecht. Sofern er von der Rechtheit niemals weggerissen werden kann, ist er frei. Wie er niemals von ihr weggerissen werden kann, wenn er sie hat, so kann er niemals zurückkehren, wenn er sie nicht hat. Wie er also immer jene Freiheit hat, so scheint er auch immer diese Knechtschaft zu haben.

L.: Diese Knechtschaft ist nur das Unvermögen, nicht zu sündigen. Ob wir sie nun Unvermögen nennen, zur Rechtheit zurückzukehren, oder Unvermögen, die Rechtheit zurückzugewinnen beziehungsweise wieder zu haben — der Mensch ist einfach deshalb Knecht der Sünde, weil er durch dieses Unvermögen nicht nicht sündigen kann. Im Besitz der Rechtheit aber hat er nicht das Unvermögen, nicht zu sündigen. Solange er also diese Rechtheit hat, ist er nicht Knecht der Sünde. Das Vermögen, die Rechtheit zu bewahren, hat er hingegen immer — ob er sie nun besitzt oder nicht —, und daher ist er immer frei.

Was nun aber deine soeben gestellte Frage angeht, so könntest du ebensogut fragen: Warum sagt man, wenn die Sonne nicht scheint, von einem Menschen mit mehr Recht, er habe das Vermögen, die Sonne zu sehen — weil er sie

quia intueri illum potest cum adest, quam dicitur cum sol adest habere impotentiam videndi solem, quoniam quando abest non potest eum sibi facere praesentem. Sicut enim, etiam quando sol abest, habemus in nobis visum quo illum videmus cum adest: sic etiam, quando rectitudo voluntatis nobis deest, habemus tamen in nobis aptitudinem intelligendi et volendi, qua eam possumus servare propter se cum eam habemus. Et sicut quando nobis nihil deest ad videndum solem nisi praesentia eius, tunc solummodo non habemus illam potestatem, quam nobis facit eius praesentia: sic tantummodo quando rectitudo illa nobis deest, tunc habemus illam impotentiam, quam facit nobis eius absentia. Semper igitur habet homo arbitrii libertatem, sed non semper „servus est peccati", sed quando non habet rectam voluntatem.

D.: Si intente cogitassem quae supra dicta sunt, quando videndi potestatem in quattuor potestates distribuisti, non hic dubitassem. Quare fateor culpam huius dubitationis meae.

M.: Parcam tibi nunc, si deinceps ea quae dicimus sic praesentia cum opus erit habueris, ut ea nobis necesse non sit repetere.

D.: Gratam habeo tuam indulgentiam; sed ne mireris, si ea quae non consuevi cogitare, non sunt mihi propter unam auditionem omnia semper ad intuendum in corde praesentia.

M.: Dic adhuc si quid in definitione libertatis arbitrii quam fecimus dubitas.

---

3 eum *om. E* || 11 tantummodo: tantum *O* || 14 Sed quando *N* || 27 M. Dic: *c. XIII incipit NE*

nämlich sehen kann, wenn sie scheint —, als bei Sonnenschein, er sei unvermögend, die Sonne zu sehen — weil er ja, wenn sie nicht da ist, sie nicht herbeizuschaffen vermag? Wie wir nämlich bei fehlendem Sonnenschein das Sehvermögen in uns haben, mit dem wir sie wahrnehmen, wenn sie da ist, so haben wir auch beim Fehlen der Rechtheit des Willens dennoch in uns die Fähigkeit des Erkennens und Wollens, mit der wir sie um ihrer selbst willen bewahren können, wenn wir sie besitzen. Und wie — wenn uns zum Sehen der Sonne nur ihre Gegenwart fehlt — uns dann nur jene Möglichkeitsbedingung nicht gegeben ist, die uns ihre Gegenwart verschafft, so haben wir — wenn uns die Rechtheit fehlt — jenes Unvermögen, das uns durch ihre Abwesenheit bewirkt ist. Immer hat also der Mensch die Freiheit des Willens. Nicht immer aber ist er „der Sünde Knecht", sondern nur, wenn er den rechten Willen nicht hat.

Sch.: Hätte ich genauer bedacht, was oben[14] erörtert wurde, als du vier Möglichkeitsbedingungen des Sehens unterschiedst, so wäre mir die Frage nicht gekommen. Entschuldige bitte.

L.: Gern, halte nur hinfort das Besprochene so in der Erinnerung, daß du jederzeit darauf zurückgreifen kannst und wir uns nicht zu wiederholen brauchen.

Sch.: Ich danke dir für deine Nachsicht. Wundere dich aber bitte nicht, wenn mir so ungewohnte Gedanken nach ihrem erstmaligen Aufnehmen nicht immer alle vollständig gegenwärtig sind.

L.: Was ist dir nun darüber hinaus an der getroffenen Begriffsbestimmung der Willensfreiheit noch fraglich?

---

[14] Vgl. *lib.* 3 (oben 80,23 – 82,2).

Capitulum XIII 225

Quod „potestas servandi rectitudinem voluntatis propter ipsam rectitudinem“ sit perfecta definitio libertatis arbitrii.

D.: Unum est quod adhuc aliquantulum in ea me sollicitat. Nam saepe habemus potestatem servandi aliquid, quae tamen libera non est, ut aliena vi impediri non possit. Quamobrem cum dicis quia libertas arbitrii est potestas servandi rectitudinem voluntatis propter ipsam rectitudinem: vide ne forte addendum sit, quod illam potestatem tam liberam esse designet, ut nulla vi superari possit.

M.: Si potestas servandi rectitudinem voluntatis propter ipsam rectitudinem aliquando inveniri posset absque illa quam perspeximus libertate, expediret ut quod dicis adderetur. Sed cum dicta definitio sic perfecta sit ex genere et differentiis, ut nec minus aliquid claudat nec plus quam illa quam quaerimus libertas, nihil illi addendum aut demendum intelligi potest. Est enim „potestas“ libertatis genus. Quod autem additum est „servandi“, separat eam ab omni potestate quae non est servandi, sicut est potestas ridendi aut ambulandi. Addendo vero „rectitudinem“ secrevimus eam a potestate servandi aurum et quidquid non est rectitudo. Per additamentum „voluntatis“ segregatur a potestate servandi rectitudinem aliarum rerum, ut virgae aut opinionis. Per hoc autem quod dictum est „propter ipsam rectitudinem“, dividitur a potestate servandi rectitudinem voluntatis propter aliud, ut cum servatur propter pecuniam

15 ut nec: ut ne *O* || 24 Per hoc *corrupt. T*

[15] Vgl. Anselm, *ver.* 11 (191,9 Schmitt).
[16] Vgl. ebd. 3 (180,6–18 Schmitt).

Kapitel 13

Die vollständige Definition der Willensfreiheit lautet: „Das Vermögen, die Rechtheit des Willens um ihrer selbst willen zu bewahren“.

Sch.: Da ist eines, was mich bislang noch an dieser Definition stört. Wir haben oft die Macht, etwas zu bewahren, die dennoch nicht so frei wäre, daß sie von keiner anderen Gewalt gehindert werden könnte. Müssen wir darum bei der Bestimmung der Willensfreiheit — „das Vermögen, die Rechtheit des Willens um ihrer selbst willen zu bewahren“ — nicht vielleicht hinzufügen: „ein so freies Vermögen, daß es von keiner Gewalt bezwungen werden kann“?

L.: Wenn das Vermögen, die Rechtheit des Willens um ihrer selbst willen zu bewahren, je ohne die besprochene Freiheit angetroffen werden könnte, so bedürfte es in der Tat des von dir erwähnten Zusatzes. Die gefundene Definition ist aber so vollständig nach Gattung und spezifischen Unterschieden, daß sie nicht mehr und nicht weniger umgreift als die von uns erfragte Freiheit. Daher kann vernünftigerweise weder eine Ergänzung noch eine Einschränkung gefordert werden. „Vermögen“ ist der Gattungsbegriff zu „Freiheit“. Die Beifügung „zu bewahren“ unterscheidet sie von allem übrigen Vermögen — etwa zu lachen oder zu gehen. Durch den Zusatz „Rechtheit“ haben wir sie von dem Vermögen abgesetzt, zum Beispiel Gold — oder was immer nicht Rechtheit ist — zu bewahren. Die Hinzufügung „des Willens“ grenzt die Freiheit vom Vermögen zur Bewahrung einer Rechtheit ab, wie sie sonstwo angetroffen wird — zum Beispiel die Rechtheit (*sc.* Geradheit) des Stabes[15] oder die Rechtheit der Annahme[16]. Durch die Bestimmung „um ihrer selbst willen“ ist Freiheit von dem Vermögen unterschieden, die Rechtheit des Willens wegen etwas anderem zu bewahren — etwa um des Geldes willen oder aus bloß natürlicher Veranlagung.

aut naturaliter. Servat enim naturaliter canis rectitudinem voluntatis, cum amat catulos suos aut dominum suum sibi benefacientem. Quoniam igitur nihil est in hac definitione, quod non sit necessarium ad concludendam libertatem arbitrii rationalis voluntatis et ad alia excludenda, et sufficienter illa includitur et alia excluduntur: nec abundans utique nec indigens est haec nostra definitio. Itane tibi videtur?

D.: Mihi utique perfecta videtur.

M.: Dic ergo si quid vis amplius de libertate hac, propter quam imputatur illam habenti, sive faciat bonum sive faciat malum. De hac enim sola nunc noster est sermo.

Capitulum XIV 226

Divisio eiusdem libertatis.

D.: Restat nunc ut dividas eandem libertatem. Quamvis enim secundum hanc definitionem communis sit omni rationali naturae, multum tamen differt illa quae dei est ab illis quae rationalis creaturae sunt, et illae ab invicem.

M.: Libertas arbitrii alia est a se, quae nec facta est nec ab alio accepta, quae est solius dei;

alia a deo facta et accepta, quae est angelorum et hominum. Facta autem sive accepta alia est habens rectitudinem quam servet, alia carens.

---

8 videtur *corrupt. T* || 10 M. Dic: *c. XIV incipit N* || 18 rationales *O* creaturae *corrupt. T* || 19 nec *corrupt. T* || 21 quae est *corrupt. T* || 22 autem *om. T* || 23 quam servet *corrupt. T*

Aus natürlicher Veranlagung bewahrt zum Beispiel der Hund die Rechtheit des Willens, wenn er seine Jungen liebt oder seinen Herrn, der ihm Wohltaten erweist. Nichts liegt also in dieser Definition, das nicht notwendig wäre, um die Freiheit der Entscheidung eines vernünftigen Willens abzuschließen und anderes auszuschließen. Sie selbst wird hinreichend einbeschlossen, anderes hinreichend ausgeschlossen; nichts in dieser Begriffsbestimmung ist zuviel oder zuwenig. Ist dir das einsichtig?

Sch.: Ja, völlig.

L.: Hast du sonst noch eine Frage zu dieser Freiheit, derentwegen jeder, der sie besitzt, für gute oder böse Taten zur Verantwortung gezogen wird? Denn nur von dieser Freiheit reden wir hier.

Kapitel 14

Einteilung der Freiheit.

Sch.: Du müßtest jetzt nur noch eine einteilende Übersicht über die Freiheit geben. Ihrer Definition entsprechend ist sie zwar allen Vernunftwesen gemeinsam. Es besteht aber ein großer Unterschied zwischen der Freiheit Gottes und der der vernünftigen Geschöpfe, und dann noch einmal innerhalb der letzteren selbst.

L.: (Hier die gewünschte Einteilung:)

I. Es gibt einmal die Freiheit von sich her, die weder geschaffen noch von einem anderen empfangen ist. Diese hat Gott allein.

II. Zum anderen gibt es die von Gott geschaffene Freiheit, die empfangen wird, nämlich die der Engel und Menschen. Bei der geschaffenen oder empfangenen Freiheit ist zu unterscheiden: eine, die die Rechtheit besitzt, die sie bewahren soll (II–1), und eine, die dieser ermangelt (II–2).

Habens alia tenet separabiliter, alia inseparabiliter.

Illa quidem quae separabiliter tenet, fuit angelorum omnium, antequam boni confirmarentur et mali caderent; et est omnium hominum ante mortem, qui habent eandem rectitudinem.

Quae vero tenet inseparabiliter, est electorum angelorum et hominum. Sed angelorum post ruinam reproborum, et hominum post mortem suam.

Illa autem quae caret rectitudine, alia caret recuperabiliter, alia irrecuperabiliter.

Quae recuperabiliter caret, est tantum in hac vita omnium hominum illa carentium, quamvis illam multi non recuperent.

Quae autem irrecuperabiliter caret, est reproborum angelorum et hominum; sed angelorum post ruinam, et hominum post hanc vitam.

D.: De definitione et de divisione libertatis huius deo annuente sic mihi satisfecisti, ut nihil queam invenire, quod necesse habeam de illis interrogare.

---

1 tenet *corrupt. T* || 3 boni *corrupt. T* || 16 post *corrupt. T* || 18 invenire queam *O* || 19 interrogare: *add.* EXPLICIT TRACTATUS DE LIBERTATE ARBITRII *R* EXPL. TRACT. DE LIBERT. ARB. EDITUS AB ANSELMO ARCHIEPISCOPO CANTUARIEN-

II–1. Im Besitz der Rechtheit kann die Freiheit diese einmal ablöslich (II–1–a), zum anderen unablöslich (II–1–b) festhalten.

II–1–a. Ablöslich war das Festhalten aller Engel, bevor die guten darin befestigt wurden und die bösen fielen, und ist das Festhalten aller Menschen vor dem Tode, die im Besitz der Rechtheit sind.

II–1–b. Unablöslich ist das Festhalten der auserwählten Engel und Menschen, der ersteren nach dem Sturz der verworfenen Engel, der letzteren nach ihrem Tode.

II–2. Die Freiheit kann der Rechtheit ermangeln, einmal wiederherstellbar (II–2–a), zum anderen unwiederbringlich (II–2–b).

II–2–a. Wiederherstellbar ist der Mangel der Rechtheit nur für alle Menschen, die in diesem Leben ihrer verlustig sind, mögen auch viele sie nicht wiedererlangen.

II–2–b. Unwiederbringlich ist der Mangel der Rechtheit für die verworfenen Engel und Menschen, der ersteren nach ihrem Sturz, der letzteren nach diesem Leben.

Sch.: Mit Gottes Beistand hast du mir Definition und Einteilung der Willensfreiheit so hinreichend klargemacht, daß keine berechtigten Fragen mehr bleiben.

SI *B* EXPL. TRACT. De libero arbitrio edit. ab ans. archiep. cant. *N* Expl. tract. de libert. arb. edit. ab ans. cant. archiep. *C* Expl. liber de libero arbitrio *OE* *sine* Explicit *T*

DE CASU DIABOLI

VOM FALL DES TEUFELS

---

1 INCIPIUNT CAPITULA IN TRACTATUM DE CASU DIABOLI EDITUM AB ANSELMO ARCHIEPISCOPO CANTUARIENSI *B* *idem in litt. minusc. N* Incipiunt capitula tractatus de casu diaboli *R*

KAPITEL

1. Auch für die Engel gilt: „Was hast du, das du nicht empfangen hättest?“ (1 Kor 4,7). Von Gott kommt nur das Gute und das Sein. Alles Gute ist ein Seiendes, und alles Seiende ist gut.
2. Es scheint, der Teufel habe darum nicht die Beharrlichkeit empfangen, weil Gott sie ihm nicht gab.
3. Gott gab die Beharrlichkeit aber nicht, weil jener sie nicht annahm.
4. Der Teufel sündigte und wollte sein wie Gott.
5. Die guten Engel konnten vor dem Fall der bösen sündigen.
6. Von der Festigung der guten Engel in ihrem Stand und der Bestätigung der bösen in ihrem Fall.
7. Ist der Wille und seine Hinkehr zu dem, was er nicht soll, selbst das Böse, das böse macht? Warum kann das Vernunftgeschöpf sich nicht aus sich vom Bösen zum Guten kehren, wie es dies vom Guten zum Bösen kann?
8. Der Wille und sein Wandel sind nicht das Böse selbst.
9. Das Böse selbst ist die Ungerechtigkeit — und diese ist nichts.
10. Vom Anschein, daß das Böse etwas sei.
11. Durch die Namen „Böses“ und „Nichts“ wird kein Sein erwiesen, sondern nur ein Als-ob.
12. Der Engel konnte seinen ursprünglichen Willen nicht aus sich haben. Das Wort „Können“ wird vielfach im Hinblick auf die Macht eines anderen verwandt, und „Nicht-Können“ aufgrund des Unvermögens eines anderen.

Inc. cap. in tractatu de casu diaboli *E*   Inc. cap. in libro de casu diaboli *U*   Inc. cap. DE CASU DIABOLI *Q* || 16 per se *om. U*

XIII. Quod accepta sola voluntate beatitudinis nec aliud posset velle nec ipsam non velle; et quidquid vellet non esset iusta vel iniusta voluntas. 232

XIV. Quod similiter sit, si sola accepta sit voluntas rectitudinis; et idcirco utramque voluntatem simul accepit, ut et iustus et beatus esset.

XV. Quod iustitia sit aliquid.

XVI. Quod iniustitia non sit nisi absentia debitae iustitiae.

XVII. Cur desertor angelus non possit redire ad iustitiam.

XVIII. Quomodo malus angelus se fecit iniustum et bonus se iustum; et quod malus sic debet deo gratias pro bonis quae accepit et deseruit, sicut bonus qui servavit accepta.

XIX. Quod voluntas, inquantum est, bonum sit, et nulla res malum sit.

XX. Quomodo deus faciat malas et voluntates et actiones; et quomodo accipiantur ab illo.

XXI. Quod malus angelus non potuit praescire se esse casurum.

XXII. Quod scivit se non debere velle hoc quod volendo peccavit, et debere puniri si peccaret.

XXIII. Quod non debuit scire quia si peccaret puniretur.

XXIV. Quod etiam bonus angelus hoc scire non debuit.

XXV. Quod ille, etiamsi hoc solo dicitur iam non posse peccare, quia nunc hanc habet scientiam ex casu diaboli, tamen illi sit ad gloriam.

---

2 posse *U* || 3 vellet: velle *U* || 4 sit si *om. U* sit accepta *E* || 6 ut et: et ut *BRQ* || 13 bonus se: se *om. B* || 20 se praescire *U* esse *om. U* || 26 etiamsi: si etiam *RNEQ* || 27 habet hanc *E*

13. Hätte der Engel nichts als den Willen zur Seligkeit empfangen, so hätte er weder etwas anderes wollen noch diese nicht wollen können. Was immer er gewollt hätte, sein Wille wäre dann weder gerecht noch ungerecht gewesen.
14. Es liefe auf dasselbe hinaus, hätte er nur den Willen zur Rechtheit empfangen. Darum empfing er beide Willen zugleich, auf daß er sowohl gerecht als auch selig wäre.
15. Die Gerechtigkeit ist etwas.
16. Die Ungerechtigkeit ist nichts als das Fehlen der geschuldeten Gerechtigkeit.
17. Der gefallene Engel kann nicht zur Gerechtigkeit zurückkehren.
18. Der böse Engel machte sich selbst ungerecht und der gute gerecht. Der böse Engel schuldet Gott nicht weniger Dank für das Gute, das er empfing und aufgab, als der gute, der das Empfangene bewahrte.
19. Der Wille, insofern er ist, ist gut. Nichts von dem, was ist, ist ein Übel.
20. Inwiefern macht Gott Wollen und Handeln böse und wird dies von ihm her empfangen?
21. Der böse Engel konnte seinen Fall nicht vorauswissen.
22. Er wußte, daß er nicht wollen sollte, was zu wollen Sünde war, und daß er bestraft werden sollte, falls er sündigte.
23. Er sollte nicht wissen, daß er tatsächlich gestraft würde, falls er sündigte.
24. Auch der gute Engel sollte das nicht wissen.
25. Auch angenommen, der gute Engel wäre unfähig zur Sünde allein aus diesem seinem jetzigen Wissen vom Fall des Teufels her, so würde ihm dies zur Ehre gereichen.

XXVI. Quid horremus audito nomine mali; et quid facit opera quae dicitur iniustitia facere, cum ipsa et malum nihil sit.

XXVII. Unde venit malum in angelum, qui bonus erat.

XXVIII. Quod potestas volendi quod non debuit bona fuit semper, et ipsum velle bonum, quantum ad esse.

6–7 ad esse: *add.* EXPLICIUNT CAPITULA *BR* Expl. cap. *NEU*

26. Unser Erschrecken über das Wort „das Böse". Was verursacht die Werke, die — wie man sagt — die Ungerechtigkeit vollbringt, obwohl sie und das Böse doch nichts sind?
27. Von woher kam das Böse in den Engel, der doch gut war?
28. Sein Vermögen zu wollen, was er nicht sollte, war immer gut, und sogar dieses sein Wollen war gut, sieht man nur auf sein Sein.

Capitulum I

Quod etiam ad angelos dicatur: „quid habes, quod non accepisti"; et a deo non sit nisi bonum et esse; et omne bonum sit essentia, et omnis essentia bonum.

Discipulus: Illud apostoli: „quid habes, quod non accepisti": dicitur hominibus tantum, an et angelis?

Magister: Nulla creatura habet aliquid a se. Quod enim seipsum a se non habet: quomodo a se habet aliquid? Denique si non est aliquid nisi unus qui fecit et quae facta sunt ab uno: clarum est quia nullatenus potest haberi aliquid nisi qui fecit aut quod fecit.

D.: Vere clarum.

M.: Sed neque ipse factor neque quod factum est potest haberi nisi ab ipso factore.

D.: Nec hoc minus clarum.

M.: Ille igitur solus a se habet quidquid habet, et omnia alia non nisi ab illo habent aliquid. Et sicut a se non nisi nihil habent, ita ab illo non nisi aliquid habent.

D.: Non plane video quod ais, quia a deo non habent alia nisi aliquid. Nam quis facit alius, ut multa quae videmus transire de esse ad non esse, non sint quod erant, etiamsi omnino in nihilum non transeunt? Aut quis | facit non esse | 234 quidquid non est, nisi ille qui facit esse omne quod est?

---

1 INCIPIT TRACTATUS DE CASU DIABOLI EDITUS AB ANSELMO ARCHIEPISCOPO CANTUARIENSI *B* Inc. tract. de casu diab. ed. ab ans. archiep. *E* Incipit tractatus cuius supra de casu diaboli *R* Incipit liber domni anselmi de casu diaboli *U* INCIPIT TRACTATUS Q || 2 *numerus I abscis. in* Q || 6 DISC. *om. N* || 13 clarum: est *add. E* || 17 igitur: ergo *U* || 22 non sint: ut non sint *U*

---

[1] *Aliquid* („etwas") wird von Anselm hier oft im strengen Sinn der

VOM FALL DES TEUFELS

Kapitel I

Auch für die Engel gilt: „Was hast du, das du nicht empfangen hättest?" Von Gott kommt nur das Gute und das Sein. Alles Gute ist ein Seiendes, und alles Seiende ist gut.

Schüler: Gilt das Apostelwort: „Was hast du, das du nicht empfangen hättest?" (1 Kor 4,7) nur für die Menschen oder auch für die Engel?

Lehrer: Kein Geschöpf hat etwas von sich her. Hat es nämlich nicht einmal sich selbst von sich her, wie dann sonst etwas? Wenn schließlich nichts ist als der Eine, der schuf, und das, was er schuf, so ist klar, daß auf keine Weise etwas besessen werden kann außer dem, der schuf, und dem, was er schuf.

Sch.: Offensichtlich.

L.: Aber weder der Schöpfer selbst noch das Geschaffene können besessen werden außer vom Schöpfer selbst her.

Sch.: Das ist nicht weniger einleuchtend.

L.: Jener allein hat also von sich her, was immer er hat. Alles andere hat nur von ihm, wenn es etwas hat. Und wie es von sich her nur nichts hat, so von jenem her nur etwas, das ist[1].

Sch.: Das: „es hat von Gott nur etwas, das ist" verstehe ich nicht recht. Denn wer sonst bewirkt, daß vieles, das wir vom Sein zum Nichtsein übergehen sehen, nicht mehr ist, was es war, auch wenn es sich nicht völlig in nichts auflöst? Oder wer bewirkt, daß nicht ist, was auch immer nicht ist, außer jenem, der macht, daß ist, was immer ist? Wenn es

---

transzendentalen Bestimmung „Seiendes" überhaupt verwandt, von dem als Mindestvoraussetzung gilt, daß man fragen kann, was es sei. Vgl. *casu* 11 (unten 168,21f), ferner die Begriffsanalyse in *Ph. Fragm.* (336,11 – 337,7 Southern/Schmitt).

Item. Si non est aliquid nisi ideo quia deus facit, necesse est ut quod non est, idcirco non sit quia ipse non facit. Sicut ergo illa quae sunt ab illo habent esse aliquid: ita quae non sunt vel quae de esse transeunt ad non esse, videntur ab eodem ipso habere esse nihil.

M.: Non solum ille dicitur facere aliquid esse aut aliquid non esse, qui facit ut sit quod non est, aut ut non sit quod est, sed etiam ille qui potest facere ut non sit aliquid et non facit, dicitur facere esse; et qui potest facere ut aliquid sit nec facit, dicitur facere non esse. Quippe non ille tantum dicitur facere aliquem esse nudum aut non esse indutum qui eum despoliat, sed et qui despoliantem cum prohibere possit non prohibet. Sed ille proprie dicitur hoc facere, iste vero improprie. Cum enim iste dicitur quia fecit esse nudum aut non esse indutum, non aliud intelligitur nisi quia cum posset non fecit, ut non esset nudus aut ut maneret indutus.

Hoc modo deus dicitur facere multa quae non facit, ut cum dicitur inducere in tentationem, quoniam non defendit a tentatione cum possit; et facere non esse quod non est, quoniam cum possit non facit esse. At si consideres ea quae sunt cum transeunt ad non esse, non ipse facit ea non esse. Quoniam namque non solum non est aliqua alia essentia nisi illo faciente, sed nec aliquatenus manere potest quod facta est nisi eodem ipso servante: cum ipse desinit servare quod fecit, non ideo id quod erat redit in non esse, quia ipse facit non esse, sed quia cessat facere esse. Nam et cum quasi iratus destruendo aliquid aufert esse: non est ab illo non esse, sed illo tollente velut suum quod praestiterat, quod ab

---

7 aut ut: ut *om. E* || 8 ille etiam *E* || 8–9 ut non sit — potest facere *om. Q* || 23 non est: non *om. U* || 27 facit: ea *add. N*

---

[2] Vgl. *casu* 18 (unten 208, 8–14); *CDH* 2,10 (107,29–31 SCHMITT); *Ph. Fragm.* (337,8–31 SOUTHERN/SCHMITT).

kein „etwas“ gibt, außer weil Gott es schafft, dann muß das, was nicht ist, darum auch nicht sein, weil er es nicht schafft. Wie das, was ist, von ihm hat, daß es etwas ist, so scheint auch das, was nicht ist oder vom Sein zum Nichtsein übergeht, von ihm selbst zu haben, daß es nichts ist.

L.: „Bewirken, daß etwas ist oder nicht ist“, sagt man nicht nur von dem, der tatsächlich zum Sein bringt, was nicht ist, oder zum Nichtsein, was ist. Man wendet diese Rede auch an auf einen, der solches könnte, es aber nicht tut[2]. So sagt man, jemand mache, daß ein anderer nackt und unbekleidet wird, nicht nur von dem, der diesem die Kleider nimmt, sondern auch von einem, der den Täter hindern könnte und es nicht tut. Nur auf den ersteren wendet man diese Rede allerdings im eigentlichen Sinn an. Auf den anderen nur, insofern er, obschon er dies könnte, nicht dafür sorgt, daß der Betroffene nicht nackt werde oder bekleidet bleibe.

In diesem Sinne sagen wir vielfach von Gott, er tue etwas, was er nicht tut, etwa: er führe uns in Versuchung (vgl. Mt 6,13; Lk 11,4), weil er uns nicht vor ihr bewahrt, obwohl er das könnte. Wir sagen, er mache, daß etwas nicht ist, das nicht ist, weil er, obschon er es könnte, nicht macht, daß es ist. Was nun aber den Wandel eines Seienden zum Nichtsein angeht, hier macht nicht er selbst, daß es nicht sei. Der Grund ist folgender: Nicht nur existiert kein anderes Wesen, es sei denn, er selbst habe es geschaffen. Es kann auch nach seinem Geschaffensein auf gar keine Weise Bestand haben, außer er selbst bewahre es im Sein. Wenn er aufhört zu bewahren, was er geschaffen, so kehrt es, das war, ins Nichtsein zurück, nicht weil er selbst macht, daß es nicht sei, sondern weil er aufhört zu machen, daß es sei. Selbst wenn er gleichsam im Zorn etwas zerstört und ihm so das Sein nimmt, stammt dann das Nichtsein nicht von ihm. Vielmehr kehrt — indem er gleichsam das Seinige, das er gewährt hatte, wegnimmt — das von ihm Geschaffene

eo factum servabatur ut esset, redit in non esse, quod non ab illo sed a se, antequam fieret, habebat. Si enim ab aliquo repetas tunicam, quam illi nudo sponte ad tempus praestiteras, non habet a te nuditatem, sed te quod tuum erat tollente redit in id quod erat, antequam a te indueretur. Nempe sicut a summo bono non est nisi bonum, et omne bonum est a summo bono: ita a summa essentia non est nisi essentia, et omnis essen|tia est a summa essentia. Unde | 235 quoniam summum bonum est summa essentia, consequens est ut omne bonum sit essentia, et omnis essentia bonum. Nihil ergo et non esse sicut non est essentia, ita non est bonum. Nihil itaque et non esse non est ab illo, a quo non est nisi bonum et essentia.

D.: Aperte nunc video quia sicut bonum et esse non est nisi a deo, ita non est a deo nisi bonum et esse.

M.: Vide ne ullatenus putes, cum in divinis libris legimus aut cum secundum illos dicimus deum facere malum aut facere non esse, quia negem propter quod dicitur, aut reprehendam quia ita dicitur. Sed non tantum debemus inhaerere improprietati verborum veritatem tegenti, quantum inhiare proprietati veritatis sub multimodo genere locutionum latenti.

D.: Ista non nisi non intelligenti aut calumnioso habes opus dicere.

---

3 repetas *E* || 7 est a: a *om. E*

---

[3] Gerade in diesem Kapitel läßt sich gut erkennen, wie weit ANSELM noch von der Unterscheidung des Aquinaten zwischen *essentia* und *esse* entfernt ist. Vgl. aber den mehr auf „Wesen“ hintendierenden Gebrauch von *essentia* in *conc.* 1,7 (unten 284,22 – 286,2).

und im Sein Erhaltene in das Nichtsein zurück, das es nicht von Gott, sondern von sich her hatte, bevor es ward. Wenn du jemandem, der nackt war, aus freien Stücken für eine gewisse Zeit einen Mantel geborgt hast und verlangst diesen nun von ihm zurück, so hat er seine Blöße ja auch nicht von dir. Indem du dein Eigentum wieder an dich nimmst, kehrt er vielmehr in den Zustand zurück, in dem er sich befand, bevor du ihn bekleidet hattest. Vom höchsten Gut kommt nur Gutes, und alles Gute stammt vom höchsten Gut. So kommt auch vom höchsten Sein nur Sein, und alles Seiende stammt vom höchsten Sein. Da nun das höchste Gut das höchste Sein ist, folgt auch, daß alles Gute seiend und alles Seiende gut ist. Das Nichts und das Nichtsein sind dementsprechend ebensowenig gut, wie sie seiend sind. Sie stammen daher nicht von Gott, von dem nur Gutes und Seiendes kommt.

Sch.: Das ist mir nun klar: Wie es Gutes und Sein[3] nicht gibt, es sei denn von Gott, so stammen von ihm nur Gutes und Sein.

L.: Wenn wir nun in der Heiligen Schrift lesen oder im Anschluß an sie sagen, Gott „schaffe das Böse“ (vgl. Jes 45,7)[4] oder bewirke ein Nichtsein, könntest du auf den Gedanken kommen, man müsse mir aufgrund jener Worte entgegentreten oder mich zurechtweisen, weil (im Anschluß an sie mit Recht) so gesprochen wird. Wir sollen aber nicht so sehr am uneigentlichen Sinn von Worten hängen, die die Wahrheit verdecken, als vielmehr der eigentlichen Wahrheit nachspüren, die in der großen Vielfalt von Redemöglichkeiten verborgen liegt.

Sch.: So etwas brauchtest du nur einem Unverständigen oder einem Rechtsverdreher zu sagen!

---

[4] *(Dominus) faciens pacem et creans malum.*

M.: Redi ad id quod incepisti, et vide si non solum homini, sed et angelo dici potest quia non habet quod non accepit.

D.: Satis patet non minus angelo quam homini convenire.

Capitulum II

Cur videatur diabolus ideo non accepisse perseverantiam, quia deus non dedit.

Constat ergo quia ille angelus qui stetit in veritate, sicut ideo perseveravit quia perseverantiam habuit: ita ideo habuit perseverantiam quia accepit, et ideo accepit quia deus dedit. Consequens est igitur quia ille qui „in veritate non stetit", quemadmodum ideo non perseveravit quia perseverantiam non habuit: sic ideo non habuit perseverantiam quia non accepit, et ideo non accepit quia deus non dedit. Si ergo potes, volo ut ostendas mihi culpam eius, cum ideo non perseveravit quia ille non dedit, quo non dante nihil habere potuit. Certus sum enim, etiamsi non videam, non illum nisi iuste a summe iusto damnatum nec sine culpa iuste illum potuisse damnari.

M.: Unde putas consequi, si bonus angelus ideo accepit perseverantiam quia deus dedit, malum ideo non accepisse quia deus non dedit?

D.: Quia si bono angelo datio est causa acceptionis, puto 236
non-dationem esse malo angelo causam non-acceptionis, et si ponitur non-datio, video necessariam esse causam ut sequatur non-acceptio; et omnes scimus quia cum non accipimus quod volumus, non ideo non datur quia non

---

1 M. Redi: *c. II incipit E* || 4 D. Satis: *c. II incipit N* || 6 *numerus II abscis. Q* || 17 quo non dante: ille *add. U*

L.: Zurück also zu deiner Ausgangsfrage, ob das Apostelwort nur für den Menschen oder auch für den Engel gilt.

Sch.: Dem Engel nicht minder als dem Menschen; das ist nun hinreichend klar.

Kapitel 2

Es scheint, der Teufel habe darum nicht die Beharrlichkeit empfangen, weil Gott sie ihm nicht gab.

Es steht also fest: Der Engel, der in der Wahrheit festen Stand hatte, blieb beständig, weil er die Beharrlichkeit besaß. Er besaß sie, weil er sie empfing, und er empfing sie, weil Gott sie gab. Dann folgt aber, daß jener, der „in der Wahrheit nicht standhielt" (vgl. Joh 8,44), nicht beständig blieb, weil er die Beharrlichkeit nicht besaß, und dies, weil er sie nicht empfing, und schließlich, weil Gott sie nicht gab. Wo liegt dann seine Schuld, wenn er nicht beständig war, da Gott ihm doch keine Beharrlichkeit verlieh und er ohne dessen Gabe nichts zu haben vermochte? Trotz meiner fehlenden Einsicht bin ich aber sicher, daß der Teufel von ihm, dem höchst Gerechten, nur gerecht verdammt wurde, und ohne Schuld nicht gerecht verdammt werden konnte.

L.: Was bringt dich zu dem Schluß, der böse Engel habe die Beharrlichkeit nicht empfangen, weil Gott sie nicht gab, wenn der gute Engel sie empfing, weil Gott sie gab?

Sch.: Wenn für den guten Engel Gottes Geschenk die Ursache des Empfangens ist, so scheint mir für den bösen Engel das Ausbleiben dieses Geschenks der Grund für sein Nicht-Empfangen zu sein. In dem Nichtgegebensein des Geschenks sehe ich eine Ursache, aus der notwendig das Nicht-Empfangen folgt. Es ist ja bekannt, daß, wenn wir nicht bekommen, was wir wollen, nicht deswegen keine

accipimus, sed ideo non accipimus quia non datur. Denique quoscumque legi aut audivi hanc facere quaestionem, hac ratione eam inquantum memini constituunt: quia si bonus angelus ideo accepit quia deus dedit, malus ideo non accepit quia deus non dedit; nec memini me adhuc huius consequentiae solutionem vidisse.

Capitulum III

Quod ideo deus non dedit, quia ille non accepit.

M.: Nulla est ibi consequentia. Potest enim non dare non esse causa non accipiendi, etiamsi dare semper causa esset accipiendi.

D.: Ergo si ponatur non dare, non necesse est sequi non accipere. Quare potest esse accipere, etiamsi non sit dare.

M.: Non ita est.

D.: Exemplo mihi volo ostendas quod dicis.

M.: Si ego porrigo tibi aliquid et tu accipis: non ideo do quia accipis, sed ideo accipis quia do, et est datio causa acceptionis.

D.: Ita est.

M.: Quid si idipsum porrigo alii et non accipit? Illene ideo non accipit quia ego non do?

D.: Potius videtur quia tu ideo non das quia ille non accipit.

M.: Hic igitur non dare non est causa non accipiendi, et tamen si pono me non dedisse, causa est consequendi illum non accepisse. Aliud est namque rem esse causam alterius

---

7 *numerus III abscis. Q* || 9 ibi est *U* ibi: tibi *E* Potest: *c. III incipit U* || 15 volo mihi *E*

Gabe erfolgt, weil wir nicht empfangen. Vielmehr empfangen wir nicht, weil die Gabe ausbleibt. Wo immer ich auf diese Frage gestoßen bin, wurde meiner Erinnerung nach wie folgt argumentiert: Wenn der gute Engel empfing, weil Gott gab, so empfing der Böse nicht, weil Gott nicht gab. Zu diesem Dilemma habe ich bislang noch keine Lösung gefunden.

Kapitel 3

Gott gab die Beharrlichkeit aber nicht, weil jener sie nicht annahm.

L.: Die Folgerung ist nicht zwingend. Nicht-Geben muß nicht immer die Ursache des Nicht-Empfangens sein, auch wenn Geben immer die Ursache des Empfangens wäre.

Sch.: Also: Bei Nicht-Geben folgt nicht notwendig Nicht-Empfangen. Darum kann empfangen werden, auch wenn nicht gegeben wird.

L.: Nein, so nicht.

Sch.: Zeige mir deinen Gedanken doch bitte an einem Beispiel auf.

L.: Ich reiche dir etwas, und du nimmst es an. Dann gebe ich dir nicht, weil du annimmst, sondern du nimmst an, weil ich gebe, und die Gabe ist Ursache der Annahme.

Sch.: Richtig.

L.: Wenn ich nun dasselbe einem anderen reiche, und er nimmt es nicht an; nimmt er dann nicht an, weil ich nicht gebe?

Sch.: Es scheint eher, daß du nicht gibst, weil er nicht annimmt.

L.: Hier ist also nicht das Nicht-Geben die Ursache des Nicht-Annehmens, obschon — gesetzt, ich hätte nicht gegeben — dies eine Ursache mit der Folge seines Nicht-Empfangens gewesen wäre. Man muß zwei Arten von

rei, aliud positionem rei esse causam ut sequatur aliud.
Cum enim incendium non sit causa ignis, sed ignis | incen- 237
dii: positio tamen incendii semper causa est ut sequatur ignem esse. Si enim est incendium, necesse est ignem esse.

D.: Necesse est me sic esse fateri.

M.: Vides ergo ut puto, si tu ideo accepisti quia ego dedi, non tamen idcirco consequi illum qui non accepit, ideo non accepisse quia ego non dedi; et tamen consequi quia si ego non dedi, ille non accepit.

D.: Video, et placet mihi quia video.

M.: An amplius dubitas quia sicut angelus qui stetit ideo accepit perseverantiam quia deus dedit, ita non stanti idcirco deus non dedit quia ille non accepit?

D.: Nondum mihi hoc ostendisti, sed illud tantum sufficienter monstrasti, scilicet non esse consequens ex eo quia bonus angelus ideo accepit quia deus dedit, malum ideo non accepisse quia deus non dedit. Si enim vis asserere deum illi ideo non dedisse quia non accepit, quaero cur non accepit: aut quia non potuit, aut quia non voluit. Nam si non habuit potestatem aut voluntatem accipiendi, deus non dedit. Si enim deus dedisset, pro certo habuisset. Quare si non potuit habere potestatem aut voluntatem accipiendi perseverantiam nisi dante deo: quid peccavit, si non accepit quod deus illi non dedit posse aut velle accipere?

M.: Deus dedit illi voluntatem et potestatem accipiendi perseverantiam.

---

11 M. An amplius: *c. III incipit E*

---

[5] *Accipere* wird hier mit „annehmen" wiedergegeben, wenn es im aktiven, mit „empfangen", wenn es im mehr passiven Sinn gemeint ist.

„Ursache" auseinanderhalten: Einmal etwas, das die eigentliche Ursache eines anderen ist; zum anderen das Gegebensein einer Sache, aus dem etwas anderes folgt. So ist eine Feuersbrunst zwar nicht eigentlich die Ursache des Feuers, sondern umgekehrt. Wenn es aber einmal eine Feuersbrunst gibt, so ist dies immer eine Ursache, aus der Feuer folgt.

Sch.: Da muß ich zustimmen.

L.: Dann wirst du auch meine obige Argumentation verstehen: Daraus, daß du annahmst, weil ich gab, folgt nicht, daß jener andere, der nicht annahm, dies nicht tat, weil ich nicht gab — wenn auch, gesetzt, ich hätte nicht gegeben, das zur Folge gehabt hätte, daß er nicht empfing[5].

Sch.: Ich bin froh, daß ich das nun verstehe.

L.: Ist also noch zweifelhaft, daß einerseits der Engel, der standhielt, die Beharrlichkeit empfing, weil Gott sie gab, und auf der anderen Seite Gott dem, der nicht standhielt, diese Gabe nicht verlieh, weil jener sie nicht annahm?

Sch.: Das hast du mir noch nicht aufgewiesen, hinreichend jedoch nur folgendes: Daraus, daß der gute Engel empfing, weil Gott gab, folgt nicht, daß der böse darum nicht empfing, weil Gott nicht gab. Hinsichtlich deiner Behauptung, Gott habe dem bösen Engel deshalb nicht die Beharrlichkeit verliehen, weil er sie nicht annahm, bleibt noch die Frage: Nahm er nicht an, weil er nicht konnte, oder weil er nicht wollte? Denn hatte er nicht das Vermögen oder den Willen zur Annahme, so hat Gott es ihm nicht gegeben. Hätte dieser es ihm gegeben, so hätte er es sicher gehabt. Konnte er daher nur aufgrund der Gabe Gottes das Vermögen oder den Willen haben, die Beharrlichkeit anzunehmen, inwiefern sündigte er dann, wenn er nicht annahm, was annehmen zu können oder zu wollen Gott ihm nicht gegeben hatte?

L.: Gott gab ihm den Willen und das Vermögen, die Beharrlichkeit anzunehmen.

D.: Accepit igitur quod deus dedit, et habuit quod accepit.

M.: Vere accepit et habuit.

D.: Accepit ergo et habuit perseverantiam.

M.: Non accepit et ideo non habuit.

D.: Nonne dixisti deum illi dedisse et illum accepisse voluntatem et potestatem accipiendi perseverantiam?

M.: Dixi; sed non dixi deum illi dedisse accipere perseverantiam, sed tantum velle et posse perseverantiam accipere.

D.: Ergo si voluit et potuit, accepit perseverantiam.

M.: Non est necessarium consequens.

D.: Non video cur, nisi mihi ostendas.

M.: Incepisti umquam aliquid cum voluntate et potestate perficiendi, quod tamen voluntate ante finem rei mutata non perfecisti?

D.: Saepe.

M.: Voluisti igitur et potuisti perseverare in quo non 238
perseverasti.

D.: Volui utique, sed non perseveravi in voluntate, et ideo non perseveravi in actione.

M.: Quare non perseverasti in voluntate?

D.: Quia non volui.

M.: Nonne quamdiu voluisti perseverare in actione, voluisti perseverare in ipsa voluntate?

D.: Non possum negare.

M.: Cur ergo dicis te non voluisse perseverare in illa?

D.: Iterum responderem quia perseverare volui, sed non perseveravi in hac voluntate, nisi rem viderem in infinitum procedere, te semper idem ipsum interrogante et me eadem respondente.

---

28 sed: et ideo *U*

Sch.: Er empfing also, was Gott ihm gab, und besaß, was er empfangen?

L.: Ja, er empfing und besaß.

Sch.: Also empfing und besaß er die Beharrlichkeit?

L.: Nein, die empfing und besaß er nicht.

Sch.: Sagtest du nicht gerade: Gott gab ihm und er empfing den Willen und das Vermögen, die Beharrlichkeit anzunehmen?

L.: In der Tat; aber nicht: Gott gab ihm, die Beharrlichkeit anzunehmen, sondern nur das Wollen und Können dazu.

Sch.: Dann nahm er doch die Beharrlichkeit an, wenn er wollte und konnte!

L.: Das folgt nicht notwendig.

Sch.: Zeige mir das bitte, sonst verstehe ich es nicht.

L.: Hast du schon einmal etwas angefangen, mit dem Willen und dem Vermögen, es zu vollenden, und es dann doch nicht zu Ende gebracht, weil dein Wille sich vor Abschluß der Sache gewandelt hatte?

Sch.: Schon oft.

L.: Dann wolltest und konntest du also in einer Sache ausharren, wo du dann doch nicht beharrlich geblieben bist.

Sch.: Gewiß wollte ich. Aber ich blieb nicht bei diesem Willen und daher auch nicht beim Handeln.

L.: Warum beharrtest du nicht in deinem Willen?

Sch.: Weil ich nicht wollte.

L.: Solange du beim Handeln durchhalten wolltest, wolltest du da nicht auch im Willen durchhalten?

Sch.: Unbestreitbar.

L.: Warum sagst du dann: Ich wollte nicht in meinem Willen durchhalten?

Sch.: Ich würde wieder antworten: „Ich wollte durchhalten, aber ich hielt nicht in diesem Willen durch." Aber ich sehe, wie so die Sache ins Unendliche weiterläuft. Du fragst und ich antworte immer dasselbe.

M.: Non ergo debes dicere: ideo non volui perseverare in voluntate, quia non volui perseverare in voluntate huius voluntatis; sed cum quaeritur quare non perseverasti in actione in qua voluisti et potuisti perseverare, respondere potes quia non perseverasti in voluntate. Quod si iterum quaeritur quare non perseverasti in voluntate, alia causa reddenda est, unde scilicet contigerit defectus illius voluntatis, quam quia non perseverasti velle voluntatem. Non enim aliud respondendo ostendis quam idipsum quod quaeritur, id est non perseverasti in voluntate perseverandi in actione.

D.: Video quia non videbam quid dicerem.

M.: Dic ergo uno verbo quid sit perseverare, quantum res exigit, in faciendo aliquid.

D.: Perficere. Nam perseverare in scribendo aliquid dicimus „perscribere", in ducendo „perducere".

M.: Dicamus igitur similiter, etiamsi non sit in usu, quod perseverare in voluntate sit „pervelle".

D.: Ita fiat.

M.: Cum ergo non perfecisti quod voluisti et potuisti: cur non perfecisti?

D.: Quia non pervolui.

M.: Ita ergo dic quia diabolus qui accepit velle et posse accipere perseverantiam et velle et posse perseverare, ideo non accepit nec perseveravit quia non pervoluit.

---

18 in voluntate *om.* Q

---

[6] Der Schüler nennt *perficere* als Antwort auf die Frage nach dem *perseverare in faciendo* und beruft sich auf *perscribere* und *perducere* als Beispiele für ein *perseverare in scribendo* bzw. *in ducendo*. Da hierfür im Deutschen die genauen Äquivalente fehlen, wählen wir analoge Beispiele.

L.: Also darfst du nicht sagen: „Ich wollte nicht in meinem Willen durchhalten, weil ich nicht im Willen dieses Willens durchhalten wollte." Vielmehr kannst du auf die Frage: „Warum hieltst du nicht in dem Handeln durch, in dem du durchhalten wolltest und konntest?" antworten: „Ich hielt nicht in meinem Willen durch." Wenn dann weitergefragt wird: „Warum bliebst du nicht bei deinem Willen?" mußt du statt der Antwort: „Weil ich nicht beim Wollen dieses Willens blieb" einen anderen Grund angeben, auf den der Mangel dieses Willens zurückzuführen ist. Sonst sagst du nur noch einmal das, was schon in der Frage enthalten ist.

Sch.: Ich sehe, daß ich nicht wußte, was ich sagen sollte.

L.: Dann sage jetzt mit einem Wort, was heißt: im Ausführen von etwas durchhalten, insoweit dies von der Sache gefordert ist?

Sch.: Durchführen. Wir sprechen ja auch von „durch-leiden", wenn wir beim Erleiden von etwas ausharren, und von „durch-halten" im Hinblick auf ein beharrliches Halten[6].

L.: Dann wollen wir also analog — wenn auch dem Sprachgebrauch zuwider — vom Durchharren im Willen als von einem „Durch-wollen"[7] reden.

Sch.: Gut.

L.: Wenn du also nicht durchgeführt hast, was du wolltest und konntest, warum hast du es nicht durchgeführt?

Sch.: Weil ich nicht „durchgewollt" habe.

L.: Also hat der Teufel, der das Wollen und das Vermögen empfing, die Beharrlichkeit anzunehmen, wie auch das Wollen und Vermögen, beharrlich zu sein, darum die Beharrlichkeit nicht angenommen und ist nicht beharrlich gewesen, weil er nicht „durchgewollt" hat.

---

[7] *Pervelle* findet sich bereits bei AUGUSTINUS, *lib. arb.* 2, 11,30 (CCL 29,258), jedoch noch nicht in dem hier von ANSELM geprägten Sinn.

D.: Iterum quaero quare non pervoluit. Cum enim dicis 239
quia quod voluit non pervoluit, tale est ac si dicas: Quod voluit prius, postea non voluit. Quando ergo non voluit quod prius voluit: quare non voluit, nisi quia non habuit voluntatem? Non dico voluntatem quam prius habuit cum voluit, sed quam non habuit cum non voluit. Hanc autem voluntatem quare non habuit, nisi quia non accepit? Quare autem non accepit, nisi quia deus non dedit?

M.: Iterum dico quia non ideo non accepit quia deus non dedit, sed ideo deus non dedit quia ille non accepit.

D.: Hoc ostende.

M.: Sponte dimisit voluntatem quam habebat, et sicut accepit habere quousque habuit, ita potuit accipere semper tenere quod deseruit; sed quia deseruit non accepit. Quod ergo ideo non accepit tenere quia deseruit, non ideo non accepit quia deus non dedit, sed deus ideo non dedit quia ille non accepit.

D.: Quis non videat quia non ideo non voluit tenere quia deseruit, sed ideo deseruit quia non voluit tenere? Semper namque tenenti prius est non velle tenere quam velle deserere. Ideo enim vult aliquis deserere quod tenet, quia non vult tenere. Quaero igitur quare tenere non voluit quod tenebat, nisi quia deus non dedit velle.

M.: Non semper prius est non velle tenere quam velle deserere.

D.: Quando non sit ostende mihi.

M.: Quando aliquam rem propter se non vis tenere sed deserere, ut carbonem ignitum positum in nuda manu: tunc forsitan prius est non velle tenere quam velle deserere, et

---

13 potuit accipere: accepit posse *U*

Sch.: Hier frage ich nun wieder: Warum hat er nicht „durchgewollt"? Die Aussage: „Was er wollte, hat er nicht durchgewollt", läuft ja auf jene hinaus: „Was er zunächst wollte, hat er später nicht gewollt." Warum wollte er aber dann nicht mehr, es sei denn mangels Willen? Ich meine nicht jenen, den er früher hatte, als er wollte, sondern den Willen, den er nicht hatte, als er nicht (mehr) wollte. Konnte ihm dieser nicht einzig deswegen fehlen, weil er ihn nicht empfing? Warum aber empfing er nicht, es sei denn, Gott gab nicht?

L.: Darauf sage ich nun wieder: Nicht deswegen empfing er nicht, weil Gott nicht gab, sondern Gott gab nicht, weil er nicht empfing (*sc.* annahm).

Sch.: Inwiefern?

L.: Er ließ den Willen, den er besaß, aus freien Stücken fahren. Wie er zu besitzen empfing, solange er besaß, so konnte er auch empfangen, immer festzuhalten, was er losließ. Doch weil er losließ, empfing er nicht. Daß er nicht festzuhalten empfing, geschah also nicht, weil Gott nicht gab, sondern Gott gab nicht, weil er nicht empfing.

Sch.: Es ist klar, daß er losließ, weil er nicht festhalten wollte — und nicht etwa nicht festhalten wollte, weil er losließ. Denn jeder, der etwas festhält, muß erst nicht mehr festhalten wollen, bevor er es loslassen will. Jemand will also loslassen, was er festhält, weil er es nicht mehr festhalten will. Dann lautet meine Frage aber: Aus welchem anderen Grund wollte der Teufel nicht festhalten, was er hielt, es sei denn, Gott hätte ihm dieses Wollen nicht gegeben?

L.: Das Nicht-festhalten-Wollen geht nicht immer dem Loslassen-Wollen voraus.

Sch.: Wann denn nicht?

L.: Es gibt wohl den Fall, wo das Nicht-festhalten-Wollen dem Loslassen-Wollen vorausgeht und du daher loslassen, weil nicht mehr festhalten willst. Dann nämlich, wenn du etwas um seiner selbst willen nicht festhalten, sondern loslassen willst — zum Beispiel eine glühende Kohle in der

ideo vis deserere, quia non vis tenere. Prius enim quam teneas non vis tenere, velle autem deserere non potes nisi cum tenes. Cum autem tenes quod non nisi propter aliud non vis tenere, nec nisi propter aliud vis deserere, et magis vis aliud quod non potes habere nisi deseras quod tenes: tunc velle deserere prius est quam non velle tenere. Avarus namque cum vult tenere nummum et mavult panem quem nequit habere nisi nummum det, prius vult dare, id est deserere nummum, quam non velit tenere. Non enim illum ideo vult dare quia non vult tenere, sed ideo non vult tenere, quia ut panem habeat necesse habet dare. Nam et antequam habeat, vult habere et tenere, | et cum habet nequaquam non | 240
vult tenere, quamdiu non habet necesse deserere.

D.: Verum est.

M.: Non ergo semper est prius non velle tenere quam velle deserere, sed aliquando prius est velle deserere.

D.: Non possum negare.

M.: Dico ergo quia non ideo non voluit cum debuit et quod debuit, quia voluntas defecit deo dare deficiente, sed quia ipse volendo quod non debuit, bonam voluntatem expulit mala superveniente. Quapropter non ideo non habuit bonam voluntatem perseverantem aut non accepit quia deus non dedit, sed ideo deus non dedit, quia ille volendo quod non debuit eam deseruit, et deserendo non tenuit.

D.: Intelligo quod dicis.

1–2 Prius — tenere *om. E* || 18 ergo *om. U*

nackten Hand. Es gibt aber auch den anderen Fall, wo du etwas bei dir hast, das du nur wegen etwas anderem nicht festhalten und auch nur darum loslassen willst. Wenn du dann etwas anderes lieber hast, das du nur haben kannst, wenn du losläßt, was du festhältst, so geht in dieser Situation das Loslassen-Wollen dem Nicht-festhalten-Wollen voraus. Ein Geizhals etwa, der sein Geld behalten will, aber Brot noch lieber hat, welches er ohne Bezahlung nicht haben kann, will zunächst bezahlen, das heißt, sein Geld hergeben, und dann erst es nicht mehr festhalten. Er will das Geld hergeben, nicht weil er es nicht mehr behalten will. Vielmehr will er es nicht mehr behalten, weil er es notwendigerweise hergeben muß, um Brot zu bekommen. Bevor er Geld hat, will er es haben und behalten. Wenn er es hat, will er durchaus nicht, daß er es nicht behält, solange er es nicht hergeben muß.

Sch.: Das ist wahr.

L.: Das Nicht-festhalten-Wollen geht also nicht immer dem Loslassen-Wollen voraus. Manchmal ist vielmehr das Gegenteil der Fall.

Sch.: Ich muß dies nun zugeben.

L.: Der Grund dafür, daß der Teufel nicht wollte, als er sollte und was er sollte, liegt also nicht in einem Mangel an Willen, der auf ein Fehlen der göttlichen Gabe zurückzuführen wäre. Er selbst hat vielmehr dadurch, daß er wollte, was er nicht sollte, den guten Willen vertrieben, indem er ihn von einem bösen überkommen ließ. Den guten beharrlichen Willen besaß und empfing er nicht etwa deshalb nicht, weil Gott ihn nicht gab. Gott gab ihn vielmehr nicht, weil jener diesen Willen im Wollen dessen, was er nicht sollte, losließ und bei diesem Loslassen nicht festhielt.

Sch.: Das habe ich nun verstanden.

Capitulum IV

Quomodo ille peccavit et voluit esse similis deo.

M.: Dubitas adhuc diabolum non ideo voluisse deserere quod habebat quia non voluit tenere, sed ideo non voluisse tenere quia voluit deserere?

D.: Non dubito sic esse posse, sed nondum me fecisti certum sic esse. Prius ergo ostende quid voluit habere quod non habebat, ut vellet deserere quod tenebat, sicut in avaro monstrasti; deinde si nihil contradici poterit, ita esse me non dubitare fatebor.

M.: Peccasse illum non dubitas, quoniam a iusto deo non potuit iniuste damnari; sed quaeris quomodo peccavit.

D.: Ita est.

M.: Si iustitiam perseveranter servasset, nec peccasset umquam nec miser esset.

D.: Ita credimus.

M.: Iustitiam vero nullus servat nisi volendo quod debet, 241
neque deserit nisi volendo quod non debet.

D.: Nulli dubium.

M.: Volendo igitur aliquid quod velle tunc non debebat, deseruit iustitiam, et sic peccavit.

D.: Ita sequitur, sed quaero quid voluit.

M.: Quidquid habebat, debebat velle.

D.: Vere debebat velle quod a deo acceperat, nec hoc volendo peccavit.

M.: Voluit igitur aliquid quod non habebat nec tunc velle debebat, sicut Eva voluit esse similis diis, priusquam deus hoc vellet.

D.: Nec hoc ita sequi negare queo.

---

3 non ideo non voluisse *N* || 14 servaret, non peccasset *U*

---

[8] Vgl. Gen 3,5 Vg.: … *eritis sicut dii.*

Kapitel 4

Der Teufel sündigte und wollte sein wie Gott.

L.: Hast du noch Zweifel daran, daß der Teufel nicht deshalb loslassen wollte, was er besaß, weil er es nicht (mehr) festhalten wollte, sondern darum nicht (mehr) festhalten wollte, weil er loslassen wollte?

Sch.: Das kann zweifellos so sein. Du hast mir aber noch keine Gewißheit verschafft, daß es auch wirklich so ist. Zeige mir daher zuerst, was der Teufel haben wollte und nicht besaß, so daß er loslassen wollte, was er festhielt — wie im Beispiel mit dem Geizhals.

L.: *Daß* der Teufel sündigte, wird dir nicht fraglich sein — denn vom gerechten Gott konnte er nicht ungerecht verdammt werden —; sondern nur, *auf welche Weise* er sündigte.

Sch.: Genau.

L.: Hätte er die Gerechtigkeit beharrlich bewahrt, so wäre er nie der Sünde noch dem Elend verfallen.

Sch.: Dies sagt unser Glaube.

L.: Nun bewahrt aber nur der die Gerechtigkeit, der will, was er soll, und es verläßt sie nur der, der will, was er nicht soll.

Sch.: Zweifellos.

L.: Der Teufel verließ also die Gerechtigkeit und fiel in Sünde, indem er etwas wollte, was er damals nicht wollen sollte.

Sch.: Das folgt daraus. Was aber wollte er?

L.: Er *sollte* wollen, was immer er besaß.

Sch.: In der Tat sollte er wollen, was er von Gott empfangen hatte, und in diesem Wollen sündigte er nicht.

L.: Er wollte also etwas, das er nicht besaß und damals nicht wollen sollte, wie Eva göttergleich sein wollte[8], ehe Gott dies wollte.

Sch.: Auch das ist völlig schlüssig.

M.: Nihil autem velle poterat nisi iustitiam aut commodum. Ex commodis enim constat beatitudo, quam vult omnis rationalis natura.

D.: In nobis hoc possumus cognoscere, qui nihil volumus nisi quod iustum aut commodum putamus.

M.: Iustitiam vero volendo peccare non potuit.

D.: Verum est.

M.: Peccavit ergo volendo aliquod commodum, quod nec habebat nec tunc velle debuit, quod tamen ad augmentum illi beatitudinis esse poterat.

D.: Palam est quoniam aliter non potuit.

M.: Cernis, ut puto, quia plus aliquid quam acceperat inordinate volendo voluntatem suam extra iustitiam extendit.

D.: Aperte nunc video quia peccavit et volendo quod non debuit et non volendo quod debuit. Et palam est quia non ideo voluit plus quam debuit quia noluit tenere iustitiam, sed ideo iustitiam non tenuit quia aliud voluit, quod volendo illam deseruit, sicut in avaro de nummo et pane monstrasti.

M.: At cum hoc voluit quod deus illum velle nolebat, voluit inordinate similis esse deo.

D.: Si deus non potest cogitari nisi ita solus, ut nihil illi simile cogitari possit: quomodo potuit diabolus velle quod non potuit cogitare? Non | enim ita obtunsae mentis erat, | 24
ut nihil aliud deo simile cogitari posse nesciret.

M.: Etiamsi noluit omnino esse par dei, sed aliquid minus deo contra voluntatem dei: hoc ipso voluit esse

---

17 quia voluit *R* || 19 de pane et nummo *U* || 25 enim *om. E*

---

[9] *Commodum* (das „Zukömmliche“, „Nützliche“, „Vorteilhafte“) steht hier zum Gerechtsein in einem analogen Verhältnis wie bei KANT das „Wohl“ zu dem „Guten“ (vgl. KANT, *Kritik der praktischen Vernunft* [1. Aufl.] 104 f).

L.: Er konnte nun nichts anderes wollen als die Gerechtigkeit oder das Angenehme — in letzterem besteht ja die Seligkeit, nach der jedes Vernunftwesen verlangt.

Sch.: Das können wir an uns selbst erkennen. Wir wollen nichts, als was wir für gerecht oder angenehm halten.

L.: Im Wollen der Gerechtigkeit konnte er nicht sündigen.

Sch.: Richtig.

L.: Seine Sünde muß also darin liegen, daß er etwas Angenehmes[9] wollte, das er weder besaß noch damals wollen durfte, das ihm jedoch zur Mehrung seiner Seligkeit gereichen konnte.

Sch.: Nur so kann es offenbar sein.

L.: Dann muß er also wohl, indem er in ungeordneter Weise mehr wollte, als er erhalten hatte, seinen Willen außerhalb der Gerechtigkeit erstreckt haben.

Sch.: Ich sehe nun klar: Er sündigte, indem er wollte, was er nicht sollte, und indem er nicht wollte, was er sollte. Und ganz offenbar wollte er nicht insofern mehr, als er sollte, weil er etwa nicht die Gerechtigkeit hätte festhalten wollen. Vielmehr hielt er darum nicht an der Gerechtigkeit fest, weil ihn nach etwas anderem verlangte und er, indem er dies wollte, die Gerechtigkeit fahrenließ — wie du das an dem Beispiel mit dem Geizhals gezeigt hast.

L.: Der Teufel wollte etwas, was er nach Gottes Willen nicht wollen sollte: Er wollte in ungeordneter Weise Gott gleich sein.

Sch.: Gott kann nur als ein einziger gedacht werden, so daß nichts ihm Gleiches gedacht werden kann. Wie konnte dann der Teufel wollen, was er nicht denken konnte? Er hatte doch keinen so stumpfen Geist, daß er nicht gewußt hätte, daß nichts anderes gedacht werden kann, das Gott gleich wäre.

L.: Selbst wenn er nicht durchaus Gott gleich sein wollte, sondern gegen den Willen Gottes etwas, das geringer als Gott ist: Schon in diesem bloßen Wollen setzte er sich in

inordinate similis deo, quia propria voluntate, quae nulli subdita fuit, voluit aliquid. Solius enim dei esse debet sic voluntate propria velle aliquid, ut superiorem non sequatur voluntatem.

D.: Ita est.

M.: Non solum autem voluit esse aequalis deo quia praesumpsit habere propriam voluntatem, sed etiam maior voluit esse volendo quod deus illum velle nolebat, quoniam voluntatem suam supra dei voluntatem posuit.

D.: Satis liquet.

M.: Iam igitur tibi manifestum esse puto ex rationibus supra positis diabolum sponte dimisisse velle quod debebat et iuste amisisse quod habebat, quia sponte et iniuste voluit quod non habebat et velle non debebat.

D.: Nihil puto manifestius.

M.: Quamvis igitur bonus angelus ideo accepit perseverantiam quia deus dedit, malus tamen non ideo non accepit quia deus non dedit; sed deus ideo non dedit quia ille non accepit, et ideo non accepit quia accipere noluit.

D.: Mihi quidem ita satisfacis ad ea quae quaero, ut nec in iis quae proponis, nec in ipsa consequentia conclusionum tuarum ullam videam meo sensu titubare veritatem.

---

1 similis: esse *add. U* || 6 esse aequalis deo voluit *U* || 9 voluntatem dei *B* || 21 in his *U*

ungeordneter Weise Gott gleich, weil er aus eigenem[10], niemandem untergeordnetem Willen etwas wollte. Denn Gott allein steht es zu, so etwas aus eigenem Willen zu wollen, daß er dabei keinem höheren Willen folgt.

Sch.: Richtig.

L.: Der Teufel wollte aber nicht nur Gott gleich sein, indem er sich einen völlig autarken Eigenwillen anmaßte. Indem er wollte, was zu wollen gegen Gottes Willen war, wollte er sogar noch größer sein als Gott, hat er doch seinen Willen über den Willen Gottes gesetzt.

Sch.: Deutlich genug.

L.: Dann dürfte aus den vorgenannten Gründen klar sein, daß der Teufel aus eigenem Antrieb aufgab zu wollen, was er sollte, und zu Recht verlor, was er besaß. Denn aus freien Stücken und ungerechterweise wollte er, was er nicht besaß und nicht wollen sollte.

Sch.: Nichts scheint mir klarer.

L.: Der gute Engel also empfing die Beharrlichkeit, weil Gott sie ihm gab. Der böse aber empfing sie nicht darum nicht, weil Gott sie nicht gab. Sondern Gott gab nicht, weil er nicht annahm; und er nahm nicht an, weil er nicht annehmen wollte.

Sch.: Du hast meine Fragen so überzeugend beantwortet, daß ich nichts sehe, was die Wahrheit deiner Argumentation in mir zum Wanken bringen könnte.

---

[10] Vgl. ANSELM, *inc.* 10 (27,1–16 SCHMITT); *CDH* 2,9 (105,22–24 SCHMITT); *conc.* 3,14 (unten 358,15).

Capitulum V

Quod boni angeli ante casum malorum peccare potuerunt.

M.: Putasne bonos angelos similiter potuisse peccare, antequam mali caderent?

D.: Puto, sed ratione comprehendere vellem.

M.: Hoc certum habes quia si non potuerunt peccare, non potestate | sed necessitate servaverunt iustitiam. Quare | 243 non magis meruerunt gratiam a deo quia steterunt aliis cadentibus, quam quia servaverunt rationalitatem quam perdere nequiverunt. Sed nec iusti recte, si bene consideres, dicerentur.

D.: Sic monstrat ratio.

M.: Illi ergo qui ceciderunt si non peccassent cum possent, tanto meliores essent quam isti, quanto et vere iusti essent et gratiam a deo mererentur. Unde sequitur quia aut electi homines meliores et maiores erunt angelis bonis, aut reprobi angeli perfecte non restaurabuntur, quoniam non tales erunt homines qui pro illis assumentur, quales illi futuri crant.

D.: Haec duo penitus neganda existimo.

M.: Potuerunt igitur boni angeli peccare ante casum malorum, nec aliter quam sicut ostensum est de illis qui peccaverunt.

D.: Aliter esse posse non video.

---

18 assumuntur *U*

Kapitel 5

Die guten Engel konnten vor dem Fall der bösen sündigen.

L.: Meinst du, daß vor dem Fall der bösen Engel nicht auch die guten Engel gleicherweise sündigen konnten?

Sch.: Ich meine schon; doch möchte ich es aus Gründen der Vernunft erfassen.

L.: Hätten sie nicht sündigen können, so hätten sie die Gerechtigkeit nicht aus (eigenem) Vermögen, sondern aus Notwendigkeit bewahrt. Dafür hätten sie, die da standhielten, wo die anderen fielen, von Gott nicht mehr Gnade verdient, als weil sie die Vernunftfähigkeit bewahrten, die sie nicht verlieren konnten. Dann wäre es aber, wohl betrachtet, nicht recht, sie gerecht zu nennen.

Sch.: So sagt die Vernunft.

L.: Hätten die gefallenen Engel nicht gesündigt — als sie dies noch vermochten —, dann wären sie also in demselben Grade besser als die guten gewesen, wie sie wahrhaft gerecht gewesen wären und Gnade von Gott verdient hätten. Demzufolge würden entweder die erwählten Menschen besser und größer als die guten Engel sein oder die (Zahl der) verworfenen Engel würde(n) nicht völlig wiederhergestellt[11], weil die Menschen, die einst an ihrer Statt angenommen werden, nicht so sein würden, wie jene hätten werden sollen.

Sch.: Beides scheint mir unbestreitbar.

L.: Es konnten also die guten Engel vor dem Fall der bösen sündigen, und zwar genauso, wie es für die, die gesündigt haben, erwiesen ist.

Sch.: Ich sehe keine andere Möglichkeit.

---

[11] Vgl. *casu* 23 (unten 228,15 – 230,3); *CDH* 1,16–18 (74,8 – 84,3 Schmitt).

Capitulum VI

Quomodo boni confirmati sunt in statu suo et mali in casu.

M.: Illi itaque angeli qui magis voluerunt iustitiam quam habebant, quam illud plus quod non habebant: bonum quod quasi propter iustitiam, quantum ad voluntatem pertinuit, perdiderunt, iustitia retribuente acceperunt, et de illo quod habebant in vera securitate permanserunt. Quapropter adeo sunt provecti, ut sint adepti quidquid velle potuerunt, nec iam videant quid plus velle possint; et propter hoc peccare nequeunt. Illi vero angeli qui maluerunt illud plus quod nondum deus illis dare volebat, quam stare in iustitia in qua facti erant: eadem iustitia iudicante et illud propter quod illam contempserunt nequaquam obtinuerunt, et quod tenebant bonum amiserunt. Sic ergo distincti sunt angeli, ut adhaerentes iustitiae nullum bonum velle possint quo non gaudeant, et deserentes illam nullum velle queant quo non careant.

D.: Nihil iustius aut pulchrius hac distinctione. Sed si posses dicere, | vellem audire cuiusmodi commodum illud | 244
fuit, quod et boni angeli iuste nolendo sic profecerunt et mali iniuste concupiscendo sic defecerunt.

M.: Quid illud fuerit non video; sed quidquid fuerit, sufficit scire quia fuit aliquid ad quod crescere potuerunt,

---

17 careant: gaudeant *U*

Kapitel 6

Von der Festigung der guten Engel in ihrem Stand und der Bestätigung der bösen in ihrem Fall.

L.: Die Engel, die die Gerechtigkeit, die sie besaßen, mehr wollten als jenes „Darüber-hinaus“, das sie nicht besaßen, verloren gleichsam um der Gerechtigkeit willen — im Hinblick jedenfalls auf ihren Willen — ein Gut. Dies empfingen sie nun von der Gerechtigkeit zurück; und was das Gute angeht, das sie bereits besaßen, so durften sie dessen von nun an wahrhaft sicher sein. Damit sind sie nun so weit erhoben, daß sie erlangt haben, was immer sie nur wollen konnten, und nicht sehen, was sie darüber hinaus noch wollen könnten. Sie können daher nicht mehr sündigen. Auf der anderen Seite die Engel, die jenes „Darüber-hinaus“, das Gott ihnen noch nicht geben wollte, mehr wollten, als in der Gerechtigkeit standzuhalten, in der sie geschaffen waren: Aufgrund des Schiedsspruchs ebendieser Gerechtigkeit erhielten sie durchaus nicht das, um dessentwillen sie diese verachteten; und sie verloren das Gute, das sie in ihrem Besitz hatten. Dies ist nun also die Kluft zwischen den Engeln: Die der Gerechtigkeit anhangen, vermöchten überhaupt kein Gut zu wollen, dessen sie nicht schon froh wären. Die die Gerechtigkeit verlassen haben, könnten nichts wollen, an dem sie nicht bereits Mangel litten.

Sch.: Eine überaus gerechte und herrliche Unterscheidung! Aber könntest du noch etwas darüber sagen, was für ein „Angenehmes“ das gewesen sein mag, das die guten Engel zufolge ihres gerechten Nichtverlangens erhielten und die bösen aufgrund ihres ungerechten Begehrens verscherzten?

L.: Ich weiß nicht, was dies war. Was immer es aber gewesen sein mag, es genügt zu wissen, daß es etwas war, auf das hin sie zu wachsen vermochten. Es war etwas, das

quod non acceperunt quando creati sunt, ut ad illud suo merito proficerent.

D.: Et nobis nunc sufficiat hucusque de hoc investigare.

CAPITULUM VII

Quaestio an voluntas et eius conversio ad quod non debet, sit ipsum malum quod malos facit; et cur non possit rationalis creatura per se de malo converti ad bonum, sicut potest de bono ad malum.

Sed nescio quid sit, ut cum me spero iam ad finem quaestionis pertingere, tunc magis videam velut de radicibus succisarum quaestionum alias pullulantes consurgere. Ecce enim cum manifestissime videam perversum angelum nulla ratione potuisse devenire in immoderatam boni indigentiam nisi propter immoderatam concupiscentiam: non parum me movet unde ipsam inordinatam habuit voluntatem. Si enim bona fuit, propter bonam voluntatem cecidit de tanto bono in tantum malum. Item si bona fuit, deus eam illi dedit, quia non nisi nihil habuit a se. Si ergo voluit quod deus dedit velle: quid peccavit? Aut si a se habuit hanc voluntatem, habuit aliquod bonum quod non accepit. Quod si mala est et aliquid est, iterum occurrit quia non nisi a deo est, a quo est omne quod aliquid est; et similiter quaeri potest quid peccavit habendo voluntatem quam deus dedit, aut quomodo potuit deus dare malam voluntatem. Si vero haec mala voluntas ab ipso diabolo fuit et aliquid est: habuit a se aliquid, et non est omnis essentia bona, nec malum erit nihil sicut solemus dicere, siquidem

---

3 D. Et nobis: *c. VIII incipit E* || 4 *numerus VII deest R*

---

[12] *Conversio* wird im folgenden auch mit „Wandel" wiedergegeben.

sie nicht schon erhielten, da sie geschaffen wurden. Sie sollten vielmehr aus eigenem Verdienst dazu gelangen.

Sch.: Das muß uns nun in dieser Frage genug sein.

KAPITEL 7

Ist der Wille und seine Hinkehr[12] *zu dem, was er nicht soll, selbst das Böse, das böse macht? Warum kann das Vernunftgeschöpf sich nicht aus sich vom Bösen zum Guten kehren, wie es dies vom Guten zum Bösen kann?*

Aber seltsam. Wo ich mich schon am Ende der Frage hoffte, da sehe ich nun eher, wie aus abgeschnittenen Wurzeln neue Fragen hervortreiben. Es ist mir zwar durchaus klar, daß der verderbte Engel nur darum in grenzenloses Elend geriet, weil ihn grenzenlose Begierde trieb. Woher hatte er dann aber diesen ungeordneten Willen? War dieser gut, so ist er durch einen guten Willen aus soviel Heil in soviel Unheil gestürzt. War der Wille gut, so hat er ihn zudem von Gott empfangen; denn von sich hatte er absolut nichts. Wenn er also wollte, wie Gott ihm zu wollen gegeben hatte, inwiefern sündigte er dann? Hatte er diesen Willen aber aus sich, so hatte er etwas Gutes, das er nicht empfangen. War anderseits der Wille böse und ist der böse Wille ein „Etwas“[13], dann entsteht keine geringere Schwierigkeit. Er konnte nur von Gott sein, von dem alles ist, was etwas ist. Es erhebt sich die analoge Frage: Inwiefern sündigte der Teufel, da er den Willen hatte, den Gott ihm gegeben? Oder: Wie konnte Gott einen bösen Willen verleihen? Stammte dieser böse Wille aber aus dem Teufel selbst und ist ein solcher Wille ein „Etwas“, so hatte er doch etwas aus sich. Dann ist nicht alles Seiende gut, und das Böse ist nicht nichts — wie man doch lehrt —, insofern der

---

[13] Vgl. oben 128 Anm. 1.

mala voluntas essentia est. Aut si mala voluntas nihil est, propter nihil et ideo sine causa tam graviter damnatus est. Quod autem dico de voluntate, hoc ipsum dici potest de concupiscentia sive | desiderio, quoniam et concupiscentia I 245
et desiderium voluntas est; et sicut est bona et mala voluntas, ita est bona et mala concupiscentia et bonum et malum desiderium.

Quod si dicitur quia voluntas aliqua essentia et ideo bonum est aliquid, sed conversa ad hoc quod debet velle fit bona voluntas, ad id vero quod non debet conversa dicitur voluntas mala: quidquid dixi de voluntate, video posse dici de ipsa conversione voluntatis. Movet enim me multum unde ipsam perversam habuit diabolus voluntatis conversionem, et cetera quae de voluntate modo dixi. Est adhuc aliud quod valde miror cum considero hanc voluntatis conversionem: cur videlicet deus talem fecerit illam naturam quam tanta excellentia sublimaverat, ut de eo quod debuit velle, posset convertere voluntatem suam ad id quod non debuit, sed de eo quod non debet, non possit ad id quod debet; cum multo magis videatur potestatem debuisse talis creatura a tali factore accipere faciendi bonum ad quod facta est, quam faciendi malum ad quod vitandum est facta. Quod etiam in nostra natura quaeri potest, quoniam credimus nullum hominem posse bonam habere voluntatem nisi dante deo, malam vero semper habere posse sola permissione dei.

---

9 ad hoc: ad id *U* || 12 de ipsa bona voluntatis conversione *U* || 21 factori *Q*

böse Wille ein Seiendes ist. Ist der böse Wille hingegen tatsächlich nichts, dann wurde der Teufel wegen nichts und damit ohne Grund so elend verdammt. Was ich hier über den Willen gesagt habe, würde ebenso aber auch von der Begierde oder dem Verlangen gelten; denn auch diese sind ein(e) Wille(nsäußerung). Wie es einen guten und einen bösen Willen gibt, so auch eine gute und eine böse Begierde und ein gutes und ein böses Verlangen.

Auf den Gegeneinwand, der Wille selbst sei zwar etwas Seiendes und daher etwas Gutes, seine Hinwendung zu dem, was er wollen soll, mache ihn jedoch erst zum guten, und zu dem, was er nicht soll, entsprechend zum bösen Willen, ließe sich das über den Willen Gesagte wohl ebensogut für diesen seinen jeweiligen Wandel geltend machen. Diese Frage bewegt mich nämlich besonders, woher der Teufel einen solchen verderbten Willenswandel und all das soeben über den Willen Ausgeführte hatte. Noch etwas anderes setzt mich sehr in Erstaunen, wenn ich über diesen Willenswandel nachdenke. Gott schuf dieses Wesen, das er so hoch auszeichnete, dergestalt, daß es seinen Willen von dem, was es wollen sollte, zu dem hinkehren konnte, was es nicht sollte, nicht aber umgekehrt (mehr) von dem, was es nicht soll, zu dem, was es soll. Warum dies, da ein solches Geschöpf einem solchen Schöpfer doch offensichtlich mehr Dank schuldet für die Fähigkeit, das Gute zu tun, wozu es geschaffen wurde, als das Böse, das zu meiden es ins Sein kam? Diese Frage ließe sich übrigens auch auf die menschliche Natur ausweiten. Unserem Glauben nach kann ja der Mensch einen guten Willen nur haben, wenn Gott ihn gewährt. Einen bösen Willen aber kann er durch die bloße Zulassung Gottes immer besitzen.

Capitulum VIII

Quod voluntas aut conversio eius non sit ipsum malum.

M.: Nec voluntatem nec conversionem voluntatis puto negari posse aliquid esse. Nam etsi non sunt substantiae, non tamen probari potest eas non esse essentias, quoniam multae sunt essentiae praeter illam quae proprie dicitur substantia.

Denique bona voluntas non magis est aliquid quam mala voluntas, nec est ista magis malum quam illa bonum. Non enim magis est aliquid voluntas quae vult dare misericorditer, quam illa quae vult rapere violenter; nec magis haec malum quam illa bonum est. Ergo si mala voluntas est ipsum malum quo malus aliquis dicitur, erit et | bona | 246
voluntas ipsum bonum quo fit bonus aliquis. Sed mala voluntas erit nihil, si est ipsum malum quod credimus esse nihil. Bona igitur voluntas nihil erit, quoniam ipsa non magis est aliquid quam mala voluntas. Quare bonum ipsum quod bonos facit non poterimus negare nihil esse, quoniam ipsum est bona voluntas quae nihil erit. Sed falsum esse nullus ambigit bonam voluntatem sive bonum ipsum esse nihil. Itaque mala voluntas non est ipsum malum quod malos facit, sicut nec bona voluntas est ipsum bonum quod bonos facit.

Hoc ipsum quod dixi de voluntate, potest etiam considerari in conversione voluntatis. Non enim magis est aliquid conversio illa quae convertit voluntatem de rapina ad tribuendum, quam est illa quae convertit eandem voluntatem de largitate ad avaritiam. Et cetera, quae de voluntate paulo ante dixi.

D.: Mihi quoque hoc ipsum videtur quod asseris.

---

9 nec magis est ista *Q* || 25–26 aliquid *om. E* || 27–28 voluntatem eandem *Q*

Kapitel 8

Der Wille und sein Wandel sind nicht das Böse selbst.

L.: Meiner Ansicht nach läßt sich nicht bestreiten, daß sowohl der Wille als auch sein Wandel etwas sind. Sie sind zwar kein selbständig Seiendes. Daß sie aber nicht etwas Seiendes wären, läßt sich nicht beweisen; denn es gibt vieles Seiende über das hinaus, was im eigentlichen Sinn „Substanz“ genannt wird.

Zudem ist ein böser Wille nicht weniger ein „Etwas“ als der gute Wille und nicht mehr ein Böses als der gute Wille ein Gutes. Der Wille etwa, der auf gewaltsamen Raub aus ist, ist nicht weniger ein „Etwas“ als jener, der zu einer barmherzigen Gabe bereit ist, und ist nicht mehr ein Böses als jener ein Gutes. Wenn daher der böse Wille das Böse selbst wäre, aufgrund dessen jemand böse genannt wird, so müßte auch der gute Wille das Gute sein, wodurch einer gut wird. Der böse Wille würde aber nichts sein, wenn er das Böse selbst wäre, das unserem Glauben nach nichts ist. So müßte auch der gute Wille nichts sein, denn er ist ja nicht mehr ein „Etwas“ als der böse Wille. Dann wäre aber auch das Gute selbst, das gut macht, unbestreitbar nichts, weil es ja in dem guten Willen bestünde, der nichts wäre. Doch das ist ohne jeden Zweifel verkehrt, daß der gute Wille oder gar das Gute selbst nichts wären. Also ist der böse Wille nicht das Böse selbst, das böse macht, wie der gute Wille nicht das Gute ist, wodurch wir gut sind.

Dasselbe gilt nun aber auch im Hinblick auf den Willenswandel. Denn der Wandel, der einen Willen vom Rauben zum Schenken kehrt, ist nicht mehr ein „Etwas“ als jener, der diesen Willen von Freigebigkeit zu Geiz wendet. Entsprechendes gälte von dem übrigen, was ich gerade über den Willen gesagt habe.

Sch.: Ich möchte mich dem anschließen.

M.: Neque ergo voluntas mala neque prava voluntatis conversio est ipsum malum quo angelus vel homo fit malus, quod nihil esse dicimus; nec bona voluntas aut bona voluntatis conversio est bonum quo boni fiunt.

Capitulum IX

Quod iniustitia sit ipsum malum et sit nihil.

D.: Quid ergo dicemus ipsum malum quod malos facit, et quid ipsum bonum quod bonos facit?

M.: Iustitiam credere debemus esse ipsum bonum quo sunt boni, id est iusti et angeli et homines, et quo ipsa voluntas bona sive iusta dicitur; iniustitiam vero ipsum malum esse, quod nihil aliud dicimus quam boni privationem, quod malos et malam voluntatem facit, et ideo eandem iniustitiam non aliud esse asserimus quam privationem iustitiae. Quamdiu enim voluntas primum data rationali naturae et simul in ipsa datione ab ipso datore conversa, immo non conversa sed facta recta ad hoc quod velle debuit, stetit in ipsa rectitudine quam dicimus veritatem sive iustitiam in qua facta est: iusta fuit. Cum vero avertit se ab eo quod debuit et convertit ad id quod non debuit: non stetit in originali ut ita dicam | [247] rectitudine in qua facta est. Quam cum deseruit magnum aliquid perdidit et, nihil pro ea nisi privationem eius quae nullam habet essentiam, quam iniustitiam nominamus, suscepit.

9 M. Iustitiam: *c. IX incipit E* || 15 datae *E*

[14] Anselm formuliert *rectitudo originalis* offenbar in bewußtem Anklang an *peccatum originale*, die „Ur-“ oder, wie wir unangemessener

L.: Weder der böse Wille noch der verderbte Willenswandel sind also das Böse selbst, wodurch Engel oder Mensch böse werden, das Böse, von dem wir sagen, daß es nichts ist. Und der gute Wille und gute Willenswandel sind auch nicht das Gute, wodurch sie gut werden.

Kapitel 9

Das Böse selbst ist die Ungerechtigkeit — und diese ist nichts.

Sch.: Was ist denn nun das Böse selbst, das böse, und das Gute selbst, das gut werden läßt?

L.: Die Gerechtigkeit, so sollen wir glauben, ist das Gute selbst, wodurch Engel und Menschen gut, das heißt gerecht sind, und der Wille gut oder gerecht heißt; die Ungerechtigkeit aber ist das Böse selbst, das wir nichts anderes als das Fortfallen des Guten nennen. Sie ist das, was böse macht und den Willen böse werden läßt, und darum ist in ihr nichts anderes zu sehen als das Fortfallen der Gerechtigkeit. Als ursprünglich dem Vernunftwesen ein Wille verliehen wurde, da wurde mit dieser Gabe zugleich der Wille vom Geber hingewendet, oder besser: recht geschaffen auf das hin, was er wollen sollte. Solange der Wille nun in dieser Rechtheit, in der er geschaffen wurde — sie heißt Wahrheit oder Gerechtigkeit —, fest stand, war er gerecht. Als er sich aber abkehrte von dem, was er sollte, und dem zuwendete, was er nicht sollte, da hatte er keinen Stand mehr in jener — wie ich mich ausdrücken möchte — „Ur-Rechtheit“[14], in der er geschaffen wurde. Da er sie verließ, verlor er dieses große „Etwas“ und handelte sich dafür nichts ein außer ihrem Fortfallen, das kein Sein hat und Ungerechtigkeit heißt.

übersetzen, „Erbsünde“.

Capitulum X

Quomodo malum videatur esse aliquid.

D.: Quod dicis malum esse privationem boni concedo; sed nihilominus video bonum privationem esse mali. Et sicut percipio in privatione mali aliquid aliud fieri quod „bonum“ dicimus, ita animadverto in privatione boni aliud aliquid fieri quod „malum“ nominamus. Quapropter licet quibusdam argumentis malum nihil esse probetur — ut quoniam malum non nisi vitium est sive corruptio, quae nullo modo sunt nisi in aliqua essentia, et quanto magis ibi sunt, tanto magis illam redigunt in nihilum, et si eadem essentia omnino deveniat ad nihil, vitium quoque et corruptio inveniuntur nihil —, licet inquam sic aut alio modo probetur nihil esse malum: non potest animus meus nisi sola fide acquiescere, si non illud mihi auferatur quod mihi econtra probat malum non nisi aliquid esse.

Nam cum auditur nomen „mali“, frustra horrerent corda nostra quod in huius nominis significatione intelligunt, si nihil significatur hoc nomine. Item. Si vox haec, scilicet „malum“, nomen est, utique significativum est. Si autem significativum est, significat. Sed non nisi aliquid significat. Quomodo ergo malum est nihil, si quod significat nomen eius est aliquid? Denique cum manente iustitia tanta videatur tranquillitas, tanta quies, ut in multis nihil aliud videatur iustitia quam quiescere a malo, sicuti est castitas et patientia; recedente autem iustitia tam diversus, tam labo-

---

5 in *om. U* || 13 inquam *om. Q* || 16 e contrario *U* || 17 horrent *U*

Kapitel 10

Vom Anschein, daß das Böse etwas sei.

Sch.: Zugegeben, das Böse ist das Fortfallen des Guten. Aber ich finde, daß ebenso das Gute das Wegfallen des Bösen ist. Und wie ich beim Fortfall des Bösen etwas anderes entstehen sehe, das wir „gut“ nennen, so beim Fortfall des Guten etwas, das „böse“ heißt. Mir sind zwar Argumente dafür bekannt, daß das Böse nichts sei, zum Beispiel: Das Böse ist nichts als ein Schaden und eine Verderbnis, die nur an einem Seienden bestehen können. Je mehr sie an diesem anzutreffen sind, desto mehr bringen sie es zum Nichtsein. Wenn das betroffene Seiende aber völlig zu Nichts geworden ist, so werden auch der Schaden und die Verderbnis als nichts befunden. Trotz solcher Argumente vermag mein Geist — außer im Glauben allein — nicht zur Ruhe zu kommen, wenn mir auf der anderen Seite nicht jene Argumente weggeräumt werden, nach dem das Böse tatsächlich ein „Etwas“ wäre.

Wenn immer das Wort „(das) Böse“ fällt, schrickt unser Herz zusammen wegen der Bedeutung, die es mit diesem Wort verbindet. Das wäre ganz umsonst, wenn es für nichts stünde. Wenn der Laut „(das) Böse“ einen Namen[15] darstellt, so muß er eine Bedeutung haben. Wenn er eine Bedeutung hat, so deutet er an. Er kann aber nur ein „Etwas“ anzeigen. Wie ist denn das Böse nichts, wenn das, was dieser Name anzeigt, ein „Etwas“ ist? Schließlich: Wo die Gerechtigkeit wohnt, da ist ein solcher Friede, eine solche Ruhe wahrzunehmen, daß in vielem die Gerechtigkeit als nichts anderes erscheint als ein Ruhen von dem Bösen — wie etwa bei der Keuschheit und der Geduld. Wo die Gerechtigkeit aber schwindet, da wird der Geist durch

---

[15] „Name“ (lat.: *nomen*) im weiteren Sinne von „Bezeichnung“ oder „Wort (für etwas)“.

riosus tamque multiplex occupet animum affectus, qui velut crudelis dominus miserum homunculum cogat tot turpium et laboriosorum operum cura sollicitum esse et ipsis operibus tam graviter laborare: mirum est, si poterit ostendi nihil haec omnia operari.

Capitulum XI 248

Quod malum et nihil non possint probari per nomen suum esse aliquid, sed quasi aliquid.

M.: Puto quia non ita es insanus ut dicas nihil esse aliquid, cum tamen negare non possis nihil esse nomen. Quapropter si nihil non potes probare esse aliquid per nomen nihili: quomodo aestimas te probare malum esse aliquid per nomen mali?

D.: Nil agit exemplum quod litem lite resolvit. Nam et hoc ipsum nihil nescio quid sit. Quapropter quoniam de malo quaestio est in manibus quod dicis esse nihil: si vis me docere quid intelligam esse malum, doce me prius quid intelligam esse nihil, deinde ad alia quibus praeter nomen mali me dixi moveri de eo ut aliquid esse videatur respondebis.

M.: Cum nequaquam differant nihil esse et non aliquid esse: quomodo dici potest quid sit quod non est aliquid?

D.: Si non est aliquid quod hoc nomine significatur, non significat aliquid. Si vero non significat aliquid, non est nomen. Sed utique nomen est. Quamquam igitur nullus dicat nihil esse aliquid, sed semper nihil esse nihil cogamur

---

11 esse aliquid *om. R* || 21 M. Cum: *hic c. XI incipit E* || 26 cogatur *U*

so vielfältige Mühen in Beschlag genommen, als ob ein grausamer Herr einem armen Menschen die schimpflichste und härteste Fron aufzwinge und dieser sich nun damit elendig herumschlagen müsse. Es wäre schon erstaunlich, wenn sich zeigen ließe, dies alles wäre die Wirkung von nichts.

Kapitel 11

Durch die Namen „Böses" und „Nichts" wird kein Sein erwiesen, sondern nur ein Als-ob.

L.: Du wirst kaum so töricht sein anzunehmen, das Nichts sei ein „Etwas", obschon du nicht abstreiten kannst, daß „Nichts" ein Name ist. Wenn du daher durch den Namen für „Nichts" nicht beweisen kannst, daß das Nichts etwas sei, wie meinst du das denn im Hinblick auf das Böse durch den Namen „das Böse" zu vermögen?

Sch.: Dein Beispiel hilft mir nicht weiter, weil es einen strittigen Punkt lediglich durch einen anderen ersetzt. Denn auch im Hinblick auf das Nichts weiß ich nicht, was es sei. Willst du mich also lehren, als was ich das Böse verstehen soll — das ist ja hier unsere Frage —, und sagst du, das Böse sei nichts, so lehre mich zunächst, was ich unter dem Nichts zu verstehen habe. Danach solltest du auf das andere zu sprechen kommen, was — abgesehen von dem Namen für das Böse — mich zu der Annahme verleitet, daß das Böse etwas sei.

L.: „Nichts sein" ist dasselbe wie „nicht etwas sein". Wie kann man dann fragen, „was (dies) sei", das nicht etwas ist?

Sch.: Wenn das nicht etwas ist, was durch den Namen „Nichts" zum Ausdruck kommt, so drückt er nicht etwas aus. Wenn er aber nicht etwas zum Ausdruck bringt, ist er kein Name. Doch das ist er. Niemand sagt zwar, das Nichts sei etwas, sondern es gilt unbedingt, daß das Nichts nichts

fateri: nemo tamen potest nomen nihili significativum esse diffiteri. Verum si hoc ipsum nomen non significat nihil sed aliquid, id quod significatur videtur non posse esse nihil sed magis aliquid. Si ergo quod significatur non est nihil sed aliquid: qualiter verum erit ut significetur per hoc nomen quod est nihil? Quippe si vere nihil dicitur, vere nihil est, et idcirco non est aliquid. Quare si quod significatur hoc nomine non est nihil sed aliquid, quemadmodum consequentia videtur ostendere: falso et incongrue hoc nomine vocatur. At econtra si secundum iudicium omnium id quod nominatur nihil, vere est nihil et nequaquam est aliquid: usquamne videtur aliquid consequentius, quam ut hoc ipsum nomen nihil significet, id est non significet aliquid? Quid itaque est quia hoc nomen, videlicet nihil, non significat nihil sed aliquid, et non significat aliquid sed nihil?

M.: Forsitan non repugnant significare nihil et aliquid.

D.: Si non repugnant: aut ista vox diversa consideratione 249
significat nihil et aliquid, aut invenienda res est aliqua quae sit aliquid et nihil.

M.: Quid si utrumque inveniri potest: et diversa scilicet significationis consideratio in hoc nomine, et eandem rem esse aliquid et nihil?

D.: Utrumque vellem cognoscere.

M.: Constat quoniam haec vox, scilicet „nihil“, quantum ad significationem nullatenus differt ab eo quod dico „non-aliquid“. Nihil quoque hoc apertius, quam quod haec vox, scilicet „non-aliquid“, omnem rem penitus et omne quod

---

6 est[1] *om.* *Q* || 24 quoniam: quia *E*

ist. Dennoch kann aber keiner dem Namen für das Nichts absprechen, daß er etwas zum Ausdruck bringt. Wenn nun dieser Name nicht nichts, sondern tatsächlich etwas zum Ausdruck bringt, dann scheint das, was darin zum Ausdruck kommt, nicht nichts sein zu können, vielmehr etwas. Wenn aber das, was zum Ausdruck kommt, nicht nichts, sondern etwas ist, wie kann dann wahr sein, daß durch diesen Namen das zum Ausdruck kommt, was nichts ist? Denn wenn es wahrheitsgemäß „Nichts“ genannt wird, dann ist es auch wahrhaft nichts, und nicht ein „Etwas“. Kommt aber durch diesen Namen nicht nichts, sondern etwas zum Ausdruck — dies scheint ja zu folgen —, so wird er verkehrt und unangemessen auf das Nichts angewandt. Wenn auf der anderen Seite nach allgemeinem Urteil das, was Nichts genannt wird, wahrhaft nichts und durchaus nicht etwas ist, ergibt sich dann nicht notwendig die Konsequenz, daß dieser Name „Nichts“ nichts, das heißt überhaupt kein „Etwas“ zum Ausdruck bringt? Wie ist dies nur möglich, daß der Name „Nichts“ zum einen nicht nichts, sondern etwas bedeutet, zum anderen aber nicht „etwas“ bedeutet, sondern „nichts“?

L.: Vielleicht besteht kein Widerspruch darin, nichts und doch etwas zum Ausdruck zu bringen.

Sch.: Dann müßte entweder das Wort „Nichts“ in verschiedener Hinsicht einmal die Bedeutung von „nichts“, ein andermal von „etwas“ haben. Oder aber die gesuchte Sache müßte eine solche sein, daß sie etwas und nichts wäre.

L.: Wenn nun beides zuträfe: eine verschiedene Hinsicht in der Bedeutung dieses Namens, und: „etwas“ und „nichts“ sind dieselbe Sache?

Sch.: Dann möchte ich beides erkennen!

L.: Anstelle des Wortes „Nichts“ kann man zweifellos, was seine Bedeutung angeht, ebensogut sagen: „Nicht-etwas“. Denn ganz offensichtlich bestimmt dieses Wort „Nicht-etwas“ durch seine Bedeutung, daß eine jede Sache

est aliquid intellectu removendum, nec omnino ullam rem aut penitus quod aliquid sit in intellectu retinendum sua significatione constituit. Sed quoniam remotio alicuius rei significari nullatenus potest nisi cum significatione eius ipsius cuius significatur remotio — nullus enim intelligit quid significet „non-homo" nisi intelligendo quid sit homo —: necesse est ut haec vox quae est „non-aliquid", destruendo id quod est aliquid significet aliquid. Quoniam vero auferendo omne quod est aliquid, nullam significat essentiam quam in audientis intellectu retinendam constituat: idcirco „non-aliquid" vox nullam rem aut quod sit aliquid significat.

Igitur haec vox „non-aliquid" his diversis rationibus aliquatenus significat rem et aliquid, et nullatenus significat rem aut aliquid. Significat enim removendo, et non significat constituendo. Hac ratione „nihil" nomen, quod perimit omne quod est aliquid: et destruendo non significat nihil sed aliquid, et constituendo non significat aliquid sed nihil. Quapropter non est necesse nihil esse aliquid, ideo quia nomen eius significat aliquid quolibet modo; sed potius necesse est nihil esse nihil, quia nomen eius | significat | 250
aliquid hoc modo. Hoc itaque modo non repugnat malum nihil esse et „mali" nomen esse significativum, si sic aliquid perimendo significat ut nullius rei sit constitutivum.

D.: Nequeo negare nomen „nihili" secundum praedictam a te rationem aliquo modo significare aliquid; sed satis

---

19 est *om. Q*

---

16 Vgl. ANSELM, *Ph. Fragm.* (336,19–34 SOUTHERN/SCHMITT).

und alles, was etwas ist, völlig aus dem Verstand zu entfernen, und durchaus keine Sache und, was immer nur etwas ist, im Verstande zu behalten sei. Nun kann allerdings (1) die Beseitigung einer Sache nur so zum Ausdruck gebracht werden, indem man auf ebendasselbe hindeutet, dessen Beseitigung zum Ausdruck kommen soll. Keiner versteht zum Beispiel die Bedeutung von „Nicht-Mensch" ohne ein Verständnis dessen, was „Mensch" heißt. Darum muß unausweichlich das Wort „Nicht-etwas", indem es das, was etwas ist, ausschließt, auf etwas hinweisen. Insofern das Wort „Nicht-etwas" aber (2) im Ausschließen von allem, was etwas ist, auf kein Seiendes weist, hinsichtlich dessen es bestimmte, der Hörer habe es im Verstande zu behalten, bringt es eine Sache oder, daß etwas sei, nicht zum Ausdruck.

So weist das Wort „Nicht-etwas" unter der erstgenannten Perspektive (1) in einem gewissen Sinne auf eine Sache und ein Etwas hin, unter der zweitgenannten (2) aber keineswegs. Es weist darauf hin, indem es (Sein) ausschließt (1). Es weist nicht darauf hin, indem es (ein Etwas) bestimmt (2)[16]. Aus ebendiesem Grund bringt der Name „Nichts", der alles vernichtet, was etwas ist, im Beseitigen nicht nichts, sondern etwas zum Ausdruck (1), im Bestimmen hingegen drückt er nicht etwas, sondern nichts aus (2). Das hat nicht notwendig zur Konsequenz, daß das Nichts etwas sei, weil sein Name in einer gewissen Weise auf etwas hinweist. Es folgt daraus vielmehr mit Notwendigkeit, daß das Nichts nichts ist, weil sein Name auf etwas in dieser Weise (das heißt: im Beseitigen von Sein) hinweist. Aus demselben Grund besteht kein Widerspruch darin, daß das Böse nichts ist und doch der Name „Böses" eine Bedeutung hat, wenn er im Beseitigen etwas so zum Ausdruck bringt, daß es keine Sache (als seiend) bestimmt.

Sch.: Ich kann nicht bestreiten, daß der Name für „Nichts" dem von dir vorgetragenen Argument zufolge auf eine gewisse Weise etwas zum Ausdruck bringt. Doch

notum est quia illud aliquid quod isto modo hoc nomine significatur, non nominatur „nihil", nec cum audimus hoc nomen accipimus illud pro ea re quam ita significat. Illud igitur quaero pro quo hoc nomen ponitur, et quod intelligimus cum ipsum nomen audimus: illud inquam quaero quid sit. Illud enim hoc nomen proprie significat; et idcirco nomen est quia eius significativum est, non quia supradicto modo negando significat aliquid. Eius quippe nomen est pro cuius significatione inter nomina computatur, et illud vocatur „nihil". Illud quaero quomodo sit aliquid, si proprie vocatur „nihil"; aut qualiter sit nihil, si nomen significativum eius significat aliquid; aut quomodo idem sit aliquid et nihil. Illud idem quaero de nomine „mali", et de eo quod significat et quod „malum" nominatur.

M.: Recte quaeris, quia licet supraposita ratione malum et nihil significent aliquid, tamen quod significatur non est malum aut nihil. Sed est alia ratio qua significant aliquid et quod significatur est aliquid; sed non vere aliquid, sed quasi aliquid.

Multa quippe dicuntur secundum formam, quae non sunt secundum rem. Ut „timere" secundum formam vocis dicitur activum, cum sit passivum secundum rem. Ita quoque „caecitas" dicitur aliquid secundum formam loquendi, cum non sit aliquid secundum rem. Sicut enim de aliquo dicimus quia habet visum et visus est in eo: ita dicimus quia habet caecitatem et caecitas est in eo, cum haec non sit aliquid sed potius non-aliquid; et hanc habere non sit

5 nomen *om. N* || 16 significent: significatur *U* || 16 non est: non nisi *U*

[17] Vgl. ANSELM, *gram.* 18 (164,9–14 SCHMITT).

bekanntermaßen wird jenes Etwas, das so mit diesem Namen zum Ausdruck kommt, nicht „nichts" genannt. Und wenn wir diesen Namen hören, beziehen wir ihn auch nicht auf das, was er so zum Ausdruck bringt. Ich frage also nach dem, wofür der Name „Nichts" steht, und was wir verstehen, wenn wir ihn hören; das heißt, ich frage, was dies sei. Dies ist nämlich die eigentliche Bedeutung jenes Namens, und nur darum ist er ein Name, weil er dies bedeutet — nicht weil er auf die genannte Weise im Ausschließen (von etwas doch) auf etwas hinweist. Davon ist nämlich etwas ein Name, zu dessen Bezeichnung es dem Namen zugeordnet wird; und dies wird „nichts" genannt. In bezug darauf frage ich nun, wie es etwas sei, wenn es zu Recht „nichts" genannt wird; oder, inwiefern es nichts sei, wenn der Name, der es bezeichnen soll, doch immerhin für etwas steht; oder schließlich, wie „etwas" und „nichts" dasselbe sein können. Dieselbe Frage möchte ich hinsichtlich des Namens „das Böse" stellen, im Hinblick darauf, wofür seine Bedeutung steht, und was wir „das Böse" nennen.

L.: Deine Frage besteht zu Recht. Denn wenn auch nach dem von mir zunächst angeführten Argument das Böse und das Nichts etwas zum Ausdruck bringen, so ist doch, was so zum Ausdruck kommt, nicht das Böse oder das Nichts. Aber es gibt noch einen weiteren Grund, demzufolge sie auf etwas hinweisen und das, was damit zum Ausdruck kommt, etwas ist — nicht allerdings wahrhaft etwas, sondern nur ein „Als-ob".

Vieles wird nur der Form, nicht der Sache nach bezeichnet[17]. Zum Beispiel ist „fürchten" der Wortform nach aktiv, dem Sachgehalt nach aber passiv. So wird auch mit „Blindheit" der sprachlichen Form nach etwas bezeichnet, wo es doch der Sache nach nicht ein Etwas ist. Wie wir von einem sagen, er habe das Augenlicht und dieses sei in ihm, so sagen wir auch, jemand habe Blindheit und Blindheit sei in ihm, obschon dies doch nicht etwas, vielmehr ein „Nichtetwas" ist, und so etwas zu haben nicht den Besitz von

habere aliquid, immo eo carere quod est aliquid. Caecitas namque non est aliud quam non-visus aut absentia visus, ubi visus debet esse. Non-visus vero vel absentia visus non magis est aliquid ubi debet esse visus, quam ubi non debet esse. Quare caecitas non magis est aliquid in oculo quia ibi debet esse visus, quam non-visus vel absentia visus in lapide ubi visus non debet esse. Multa quoque alia similiter | I 251 dicuntur aliquid secundum formam loquendi, quae non sunt aliquid, quoniam sic loquimur de illis sicut de rebus existentibus.

Hoc igitur modo malum et nihil significant aliquid; et quod significatur est aliquid non secundum rem, sed secundum formam loquendi. Nihil enim non aliud significat quam non-aliquid, aut absentiam eorum quae sunt aliquid. Et malum non est aliud quam non-bonum, aut absentia boni ubi debet aut expedit esse bonum. Quod autem non est aliud quam absentia eius quod est aliquid, utique non est aliquid. Malum igitur vere est nihil et nihil non est aliquid; et tamen quodam modo sunt aliquid, quia sic loquimur de his quasi sint aliquid, cum dicimus: nihil vel malum fecit, aut: nihil vel malum est quod fecit; sicut dicimus: aliquid vel bonum fecit, aut: aliquid vel bonum est quod fecit. Hinc est quod cum negamus omnino aliquid esse quod dicit aliquis, ita dicimus: Hoc quod dicis, nihil est. Nam „hoc“ et „quod“ proprie non dicuntur nisi de eo quod est aliquid; et cum ita dicuntur sicut modo dixi, non dicuntur eo quod sit aliquid, sed quod quasi aliquid dicitur.

---

9 sicut: quasi *U* || 16 aut ubi expedit *U* || 27 dicuntur de eo *Q*

etwas bedeutet, sondern den Mangel an dem, was etwas ist. Blindheit ist ja nichts anderes als Nicht-Sehen oder das Fehlen des Augenlichts, wo es sein sollte. Das Nicht-Sehen oder das Fehlen des Augenlichts sind aber nicht mehr ein „Etwas“, wo Augenlicht sein sollte, als wo es nicht gefordert ist. So ist Blindheit nicht mehr ein „Etwas“ in dem Auge, insofern dort die Sehkraft sein sollte, als das Nicht-Sehen oder das Fehlen des Augenlichts bei einem Stein, wo Sehkraft nicht gefordert ist. So wird noch vieles andere ganz ähnlich der Sprachform nach als ein „Etwas“ bezeichnet, was nicht ein Etwas ist, weil wir in solchen Fällen wie von bestehenden Sachen reden.

In dieser Weise bringen nun auch „(das) Böse“ und „nichts“ etwas zum Ausdruck. Das, was hier zum Ausdruck kommt, ist etwas nicht der Sache, sondern nur der Form des Redens nach. „Nichts“ hat nämlich lediglich die Bedeutung von „nicht-etwas“ oder „Fehlen dessen, was etwas ist“; und „das Böse“ ist nichts als „nicht-gut“, oder „Fehlen des Guten, wo es sein soll oder förderlich wäre“. Was aber nur das Fehlen dessen ist, was etwas ist, ist sicherlich nicht ein „Etwas“. Das Böse ist also wahrhaftig nichts, und das Nichts ist nicht ein „Etwas“. Und dennoch sind sie in gewisser Weise etwas, insofern wir darüber sprechen, als ob sie etwas wären. Etwa in dem Satz: „Er hat nichts — oder etwas Böses — vollbracht.“ Oder: „Was er vollbracht hat, ist nichts — oder etwas Böses.“ Genauso bilden wir ja Sätze wie: „Er hat etwas — oder etwas Gutes — vollbracht.“ Oder: „Was er vollbracht hat, ist (in der Tat) etwas — oder etwas Gutes.“ Wenn wir schließlich bestreiten wollen, daß das, was jemand gesagt hat, überhaupt etwas darstellt, so sagen wir: „Das, was du da sagst, ist nichts!“ Die Worte „das“ und „was“ werden ja im eigentlichen Sinn nur dafür gebraucht, was etwas ist. Wenn sie daher in der von mir angegebenen Weise verwandt werden, dann nicht in dem Sinne, daß sie sich auf ein wirkliches „Etwas“ bezögen, sondern lediglich auf ein „Als-ob“.

D.: De ratione nominis „mali“ qua me putabam posse probare malum esse aliquid, satisfecisti.

Capitulum XII

Quod angelus non potuit a se habere voluntatem primam; et quod multa dicuntur posse aliena potestate et non posse aliena impotentia.

Restat nunc ut me ad alia quae mihi malum esse aliquid persuadere nituntur, quid respondere valeam edoceas.

M.: Ut veritatem rei enucleare possimus, longius ali- 252
quantulum nos exordiri oportet. Sed et opus est ut tu ea quae dicam non sis contentus singula tantum intelligere, sed omnia simul memoria quasi sub uno intuitu colligere.

D.: Ego quidem intentus ero quantum potero. Verumtamen si in aliquo tardior quam velis exstitero, non te me exspectare pigeat, prout videris tarditatem meam expetere.

M.: Ponamus ergo deum nunc facere angelum quem velit facere beatum, et non simul totum sed per partes, et hactenus iam esse factum, ut iam sit aptus ad habendum voluntatem sed nondum velit aliquid.

D.: Pone quod vis, et expone quod quaero.

M.: An ergo putas quod ipse angelus per se possit velle aliquid?

---

1 D. De ratione: *c. XII incipit N* || 9 enuncleare *B*

Sch.: Das genügt mir im Hinblick auf mein Argument, wonach mir aufgrund des bloßen Namens beweisbar schien, daß das Böse etwas sei.

Kapitel 12

Der Engel konnte seinen ursprünglichen Willen nicht aus sich haben. Das Wort „Können" wird vielfach im Hinblick auf die Macht eines anderen verwandt, und „Nicht-Können" aufgrund des Unvermögens eines anderen.

Jetzt solltest du mich noch über die anderen Punkte aufklären, nach denen mir das Böse etwas zu sein schien, damit ich auch auf diese verfänglichen Fragen Rede und Antwort stehen kann.

L.: Um der Wahrheit in dieser Frage auf den Grund zu kommen, müssen wir jetzt ein wenig weiter ausholen. Es ist dabei aber wichtig, daß du das Auszuführende nicht lediglich in seinen Einzelteilen verstehst, sondern alles zusammen gleichsam in einem einzigen erinnernden Blick behältst.

Sch.: Ich will meine ganze Aufmerksamkeit darauf verwenden. Wenn ich aber manchmal schwerfälliger sein werde, als du erwartest, dann laß dich durch meine Schwerfälligkeit bitte nicht verdrießen.

L.: Nehmen wir an, Gott schüfe jetzt einen Engel, den er selig machen wollte, aber nicht vollständig mit einem Mal, sondern Stück für Stück. Bislang sei er so weit geschaffen, daß er bereits fähig sei, einen Willen zu haben, aber noch nichts wolle.

Sch.: Setze, was immer du willst, aber setze mir auch meine Fragen auseinander!

L.: Meinst du also, jener Engel könne durch sich etwas wollen?

D.: Non bene video quod dicis „per se". Quod enim sicut supra iam dixisti de omni creatura, nihil habet quod non accepit, nihil potest per se.

M.: „Per se" dico: per hoc quod iam habet. Ut qui habet pedes et quae sufficiunt ad potentiam ambulandi, potest ambulare per se. Qui autem habet pedes et non habet incolumitatem pedum, non potest ambulare per se. Hoc itaque modo quaero an ille angelus qui iam aptus est ad volendum et nondum quicquam vult, per se possit velle aliquid.

D.: Puto quia potest, si aliquando vult.

M.: Non respondes ad interrogationem meam.

D.: Quomodo?

M.: Ego quaero de nihil volente et de potestate quae praecedit rem; et tu respondes de volente et de potestate quae fit cum re. Nam omne quod est, eo ipso quia est potest esse. Non autem omne quod est, potuit esse priusquam esset. Cum ergo quaero utrum ille qui nihil vult possit velle, quaero potestatem ante voluntatem, qua se possit movere ad voluntatem. Tu vero cum respondes quia si vult potest, dicis potestatem quae fit cum ipsa voluntate. Necesse enim est, si vult ut possit velle.

D.: Scio duas esse potestates, unam quae nondum est in re, alteram quae iam est in re. Sed et hoc non possum nescire quia quidquid ita potest esse ut iam sit: si aliquando non fuit, potuit prius esse. Si enim | non potuisset, numquam | 253 esset. Bene ergo aestimo me respondisse, quia qui ideo potest velle quia iam vult, necesse est prius eum potuisse quam vellet.

---

1 Quod: Qui *U* || 6–7 Qui autem — per se *om. U* || 16–17 quae fit cum re — potest esse *om. Q* || 24 Sed nec hoc non *N* || 27 aestimo me respondisse: me respondisse dico *U*

---

[18] Vgl. Kapitel 1 (oben 128–135).

Sch.: Ich verstehe noch nicht recht, was du mit „durch sich“ meinst. Von dem her, was du oben über alles Geschaffene ausgeführt hast[18] — es hat nichts, was es nicht empfangen hätte —, vermag er nichts durch sich.

L.: Unter „durch sich“ verstehe ich: durch das, was er schon besitzt. Wer zum Beispiel Füße hat, und zwar solche, die zum Gehvermögen ausreichen, kann durch sich gehen. Wer hingegen Füße hat, aber keine unversehrten, der kann nicht durch sich gehen. So frage ich entsprechend: Könnte jener Engel, der schon fähig zum Wollen ist, aber bislang noch nichts will, durch sich etwas wollen?

Sch.: Ja schon, wenn er je will.

L.: Das ist keine Antwort auf meine Frage.

Sch.: Inwiefern nicht?

L.: Meine Frage bezieht sich auf einen, der (noch) nicht will, und das Vermögen, welches der Sache vorausgeht; deine Antwort auf einen, der will, und das Vermögen, das mit der Sache einhergeht. Denn alles, was ist, hat mit diesem Wirklichsein zugleich auch das Vermögen zu sein. Aber nicht alles, was ist, hatte das Vermögen zu sein, bevor es war. Wenn ich also frage: „Könnte jener wollen, der (bislang überhaupt noch) nicht will?“, so ist nach dem Vermögen vor dem Willen gefragt, durch das er sich zum Willen(sakt) bewegen könnte. Deine Antwort: „Wenn er will, so kann er“, bezieht sich auf das Vermögen, das mit dem Willen(sakt) selbst einhergeht. Wenn er will, so hat er mit Notwendigkeit das Vermögen zu wollen.

Sch.: Ich kenne zwei Arten von Vermögen, eines, das noch nicht verwirklicht ist, und eines, das es schon ist. Ganz sicher weiß ich aber auch, daß alles, was so sein kann, daß es jetzt ist, vorher sein konnte, falls es einmal nicht war. Hätte es das nämlich nicht gekonnt, so wäre es niemals gewesen. Meine Antwort scheint mir daher richtig. Denn, wer darum wollen kann, weil er jetzt will, konnte mit Notwendigkeit schon vor seinem tatsächlichen Wollen wollen.

M.: Putas quia quod nihil est omnino nihil habet, et ideo nullam habet potestatem, et sine potestate omnino nihil potest?

D.: Hoc non possum negare.

M.: Aestimo quia mundus antequam fieret nihil erat.

D.: Verum dicis.

M.: Ergo omnino nihil potuit antequam esset.

D.: Ita sequitur.

M.: Non ergo potuit esse antequam esset.

D.: Et ego dico: Si non potuit esse, impossibile fuit ut esset aliquando.

M.: Et possibile et impossibile erat antequam esset. Ei quidem in cuius potestate non erat ut esset, erat impossibile; sed deo in cuius potestate erat ut fieret, erat possibile. Quia ergo deus prius potuit facere mundum quam fieret, ideo est mundus, non quia ipse mundus potuit prius esse.

D.: Rationi contradicere non possum, sed usus loquendi non consentit.

M.: Non est mirum. Multa namque in communi locutione dicuntur improprie; sed cum oportet medullam veritatis inquirere, necesse est improprietatem perturbantem quantum res expetit et possibile est secernere. Ex qua improprietate loquendi fit ut saepissime dicamus rem posse, non quod illa possit, sed quoniam alia res potest; et rem quae potest non posse, quoniam alia res non potest. Ut si dico: liber potest scribi a me: utique liber nihil potest, sed ego possum scribere librum. Et cum dicimus, iste non potest vinci ab illo, non aliud intelligimus quam: ille non potest vincere istum.

---

27 Iste *Q*

---

[19] Vgl. ANSELM, *Ph. Fragm.* (341,7–32 SOUTHERN/SCHMITT).
[20] Vgl. oben 72 Anm. 3 zu *lib* 2.

L.: Was nichts ist und überhaupt nichts hat, hat dies nicht auch kein Vermögen und vermag es ohne Vermögen nicht überhaupt nichts[19]?

Sch.: Unbestreitbar.

L.: Meiner Ansicht nach war die Welt, ehe sie ward, nichts.

Sch.: Damit sagst du die Wahrheit.

L.: Also vermochte sie durchaus nichts, bevor sie war.

Sch.: Das ist folgerichtig.

L.: Sie konnte also nicht sein, bevor sie war.

Sch.: Ich sage aber: Wenn sie nicht sein konnte, dann war es unmöglich, daß sie je wäre.

L.: Bevor sie war, war sie möglich und unmöglich zugleich. (Von) ihr (selbst her gesehen), in deren Vermögen es nicht lag, daß sie wäre, war sie unmöglich. (Für) Gott aber, in dessen Macht lag, daß sie werde, war sie möglich. Weil Gott die Welt schaffen konnte, ehe sie ward, deshalb existiert sie — nicht weil die Welt selbst vorher hätte sein können.

Sch.: Deinem Argument kann ich nichts entgegensetzen, doch widerspricht ihm der Sprachgebrauch.

L.: Kein Wunder. Der allgemeine Sprachgebrauch drückt ja vieles auf uneigentliche Weise aus. Wenn es aber gilt, in das Innerste der Wahrheit vorzudringen, dann tut es not, solche Verwirrung stiftenden, unangemessenen Redeweisen — soweit erforderlich und möglich — auszuscheiden. Aufgrund einer derartigen Ungenauigkeit des Redens sagen wir häufig, eine Sache oder eine Person könne (etwas), nicht weil sie selbst könnte, sondern weil eine andere dies vermag[20]. Wenn ich zum Beispiel sage: „Ein Buch kann von mir geschrieben werden“, so vermag das Buch durchaus nichts; vielmehr kann ich ein Buch schreiben. Und wenn es heißt, dieser könne von jenem nicht besiegt werden, so meint man ja nur, jener könne diesen besiegen.

Hinc est quod dicimus deum non posse aliquid sibi adversum aut perversum, quoniam sic est potens in beatitudine et iustitia, immo quoniam beatitudo et iustitia non sunt in illo diversa sed unum bonum, sic est omnipotens in simplici bono, ut nulla res possit quod noceat summo bono. Ideo namque non potest corrumpi nec mentiri. Ita ergo quidquid non est, | antequam sit sua potestate non potest | 254 esse; sed si potest alia res facere ut sit, hoc modo aliena potestate potest esse.

Quamvis autem pluribus modis dividi possit potentia vel impotentia, hoc tantum nunc tibi sufficiat, quia multa dicuntur posse non sua sed aliena potestate, et multa non posse non sua sed aliena impotentia. De propria igitur potestate loquor cum quaero de angelo, quem novum posuimus fieri, et hactenus iam esse factum ut iam aptus sit ad habendam voluntatem sed nihil adhuc velit: an ipse possit per se velle aliquid, et de ipsa mihi responde.

D.: Si iam sic aptus est ad voluntatem ut nihil aliud illi desit quam velle, non video cur per se non possit. Quicumque enim aptus est ad videndum et clausis oculis in luce positus nihil videt, potest videre per se. Quare ergo nonvolens similiter non velit per se, sicut non-videns potest per se videre?

M.: Quia ille non-videns habet visum et voluntatem qua potest movere visum. Nos vero de illo qui nullam habet voluntatem loquimur. Quare responde mihi si qua res seipsam movet de non velle ad velle, utrum sic ipsa se velit movere.

---

25 Nos: Nc̃ *(in rasura)* R

---

[21] Vgl. ANSELM, *prosl.* 7 (105,9–17 SCHMITT); *CDH* 1,12 (70,18–20 SCHMITT) und unten 255 Anm. 2 zu *conc.*

So auch die Redeweise, Gott könne nichts tun, was ihm zuwider oder schlecht ist. Gemeint ist: Gott ist so machtvoll in seiner Seligkeit und Gerechtigkeit; genauer — weil Seligkeit und Gerechtigkeit in ihm nicht unterschieden, sondern ein einziges Gut sind —: er ist so allmächtig in seinem einfachen Gutsein, daß nichts zu sein vermag, das diesem höchsten Gut schaden könnte. Darum zum Beispiel „kann er nicht" vergehen oder lügen[21]. Was immer also nicht ist, kann, bevor es ist, aus eigenem Vermögen nicht sein. Wenn aber ein anderes zu bewerkstelligen vermag, daß es sei, dann kann es auf diese Weise aufgrund eines anderen Vermögens sein.

Es lassen sich zwar noch weitere Unterscheidungen zwischen Vermögen und Unvermögen treffen. Im Augenblick möge diese aber genügen, daß man vielem ein „Können" nicht aufgrund von eigenem, sondern von fremdem Vermögen zuspricht, und ein „Nicht-Können" nicht aufgrund von eigenem, sondern von fremdem Unvermögen. Um die Frage nach dem *eigenen* Vermögen ging es nun bei dem Engel, von dem wir annahmen, er werde soeben erschaffen. Seinen Werdeprozeß setzten wir so weit an, daß er bereits fähig sei, einen Willen zu haben, aber bislang noch nichts wolle. Offen blieb meine Frage, ob dieser Engel durch sich etwas wollen könne.

Sch.: Wenn er schon so zum Willen fähig ist, daß ihm nur noch das Wollen fehlt, sehe ich nicht, warum er es nicht durch sich könnte. Denn wer die Fähigkeit zum Sehen hat, aber mit geschlossenen Augen im Hellen steht und deshalb nichts sieht, der kann doch „durch sich" sehen. Warum sollte dementsprechend ein Nicht-Wollender nicht durch sich wollen, wie ein Nicht-Sehender durch sich sehen kann?

L.: Weil dieser Nicht-Sehende den Gesichtssinn hat und den Willen, durch den er ihn betätigen kann. Wir sprechen hier jedoch von einem, der keinen Willen hat. Sage mir: wenn etwas sich selbst vom Nicht-Wollen zum Wollen bewegt, will es sich damit selbst bewegen?

D.: Si dixero quia moveatur non volens, consequens erit ut non a se sed ab alio moveatur, nisi forte si quis subito claudit oculos ad ictum venientem, aut si cogitur quis aliquo incommodo ut velit quod prius non volebat. Nescio enim an tunc prius velit se movere ad hanc voluntatem.

M.: Nullus cogitur vel timore vel sensu alicuius incommodi, nec attrahitur amore commodi alicuius ad volendum aliquid, nisi qui prius habet naturalem voluntatem vitandi incommodum aut habendi commodum, qua voluntate se movet ad alias voluntates.

D.: Negare nequeo.

M.: Dic ergo quia quidquid se movet ad volendum, prius vult se ita movere.

D.: Ita est.

M.: Quod ergo nihil vult, nullo modo se potest movere ad volendum.

D.: Non possum contradicere.

M.: Restat igitur ut ille angelus qui iam aptus factus est ad habendum voluntatem, sed tamen nihil vult, non possit habere voluntatem primam a se.

D.: Necesse est me fateri, quia nihil potest per se velle 255
qui nihil vult.

M.: Beatus autem non potest esse, si non vult beatitudinem. Dico autem nunc beatitudinem non beatitudinem cum iustitia, sed quam volunt omnes, etiam iniusti. Omnes quippe volunt bene sibi esse. Excepto namque hoc quod omnis natura bona dicitur, duo bona et duo his contraria

---

23 M. Beatus: *c. XIII incipit E* || 24 autem: enim *U* || 25 etiam *erasum in Q*

Sch.: Wenn ich sage, es werde ohne sein Wollen bewegt, so folgt, daß es nicht von sich, sondern von einem anderen bewegt wird. In dem Fall, wo jemand plötzlich die Augen schließt, weil er etwas auf sich zufliegen sieht, oder wo jemand durch eine Unannehmlichkeit gezwungen wird zu wollen, was er vorher nicht wollte, weiß ich allerdings nicht, ob er sich da nicht vorher zu diesem Willen bewegen will.

L.: Etwas zu wollen gezwungen aus Furcht vor oder der Vorahnung einer Unannehmlichkeit wird jemand ebensowenig wie angezogen durch die Neigung zu etwas Angenehmem, es sei denn, er habe zuvor den natürlichen Willen, Unangenehmes zu meiden und Angenehmes zu haben. Durch diesen Willen bewegt er sich zu den anderen Willen(säußerungen).

Sch.: Das kann ich nicht bestreiten.

L.: Was immer sich also zum Wollen bewegt, will dies sich nicht vorher so bewegen?

Sch.: Doch.

L.: Was also nichts will, kann sich auf keine Weise zum Wollen bewegen.

Sch.: Ohne Zweifel.

L.: Es ergibt sich damit, daß jener Engel, der zwar schon fähig gemacht ist, einen Willen zu haben, aber dennoch nichts will, den ursprünglichen Willen nicht aus sich haben kann.

Sch.: Ich muß zugestehen: Wer nichts will, kann nichts durch sich wollen.

L.: Niemand kann aber glücklich sein, wenn er nicht die Glückseligkeit will. Darunter verstehe ich in diesem Zusammenhang nicht die Glückseligkeit, die mit der Gerechtigkeit einhergeht, sondern jene, die alle wollen, auch die Ungerechten. Alle wollen ja, daß es ihnen gutgehe. Abgesehen von dem Guten, demzufolge alles Seiende gut genannt wird, unterscheidet man nun für gewöhnlich zwei Arten von Gutem und zwei diesen entgegengesetzte

mala usu dicuntur. Unum bonum est quod dicitur iustitia, cui contrarium est malum iniustitia. Alterum bonum est quod mihi videtur posse dici commodum, et huic malum opponitur incommodum. Sed iustitiam quidem non omnes volunt, neque omnes fugiunt iniustitiam. Commodum vero non solum omnis rationalis natura, sed etiam omne quod sentire potest vult, et vitat incommodum. Nam nullus vult nisi quod aliquo modo sibi putat commodum. Hoc igitur modo omnes bene sibi esse volunt, et male sibi esse nolunt. De hac beatitudine nunc dico, quia nullus potest esse beatus qui non vult beatitudinem. Nullus namque beatus potest esse aut habendo quod non vult, aut non habendo quod vult.

D.: Non est negandum.

M.: Nec beatus debet esse qui non vult iustitiam.

D.: Nec hoc minus concedendum.

CAPITULUM XIII

Quod accepta sola voluntate beatitudinis nec aliud posset velle nec ipsam non velle; et quidquid vellet non esset iusta vel iniusta voluntas.

M.: Dicamus ergo deum illi dare primum solam beatitudinis voluntatem, et videamus utrum idcirco quia accepit aliquam voluntatem, iam se possit ipse movere ad volendum aliud quam quod accepit velle.

D.: Prosequere quod incepisti. Ego enim paratus sum 256
intelligere.

2 est malum iniustitia: malum quod est iniustitia *Q* || 15 M. Nec: *c. XIII incipit U* || 16 concedendum: est *add. U* || 23 iam *om. U*

Übel[22]. Die erste heißt Gerechtigkeit — mit Ungerechtigkeit als ihrem Gegenteil. Die zweite Art von Gutem wird man wohl mit „das Angenehme“ bezeichnen können. Diesem steht als Übel das Unangenehme gegenüber. Nicht alle wollen nun zwar die Gerechtigkeit und fliehen die Ungerechtigkeit. Nicht nur die gesamte vernunftbegabte Natur, sondern auch alles, was nur fühlen kann, aber will das Angenehme und meidet das Unangenehme. Denn niemand will, was er nicht auf irgendeine Weise als für sich angenehm erachtet. So wollen alle, daß es ihnen gut-, und nicht, daß es ihnen schlechtgehe. Von dieser Glückseligkeit sage ich nun, daß niemand glücklich sein kann, der die Glückseligkeit nicht will. Denn niemand kann glücklich sein, wenn er hat, was er nicht will, oder nicht hat, was er will.

Sch.: Unbestreitbar.

L.: Glücklich soll aber nicht sein, wer die Gerechtigkeit nicht will.

Sch.: Das gilt nicht weniger.

Kapitel 13

Hätte der Engel nichts als den Willen zur Seligkeit empfangen, so hätte er weder etwas anderes wollen noch diese nicht wollen können. Was immer er gewollt hätte, sein Wille wäre dann weder gerecht noch ungerecht gewesen.

L.: Nehmen wir also an, Gott gab dem Engel zunächst nur den Willen zur Glückseligkeit, und schauen wir nun zu, ob damit, daß er irgendeinen Willen empfing, er sich auch schon dazu bewegen konnte, etwas anderes zu wollen, als was er zu wollen empfangen.

Sch.: Fahre fort. Ich höre aufmerksam zu.

---

[22] Das lateinische *malum* unterscheidet nicht zwischen „Böses“ und „Übel“; vgl. unten 212 Anm. 25.

M.: Constat quia nondum vult aliud quam beatitudinem, quia non aliud accepit velle.

D.: Verum est.

M.: Quaero ergo a te an possit se movere ad aliud volendum.

D.: Nequeo videre quomodo se moveat ad volendum aliud quam beatitudinem, qui aliud non vult. Nam si vult se movere ad aliud volendum, vult aliud.

M.: Sicut ergo nulla voluntate adhuc data nihil poterat per se velle, ita sola voluntate beatitudinis accepta nullam aliam a se potest habere voluntatem.

D.: Ita est.

M.: Nonne si putat prodesse aliquid ad adipiscendum beatitudinem, potest se movere ad volendum illud?

D.: Dubito quid respondeam. Nam si non potest, non video quomodo velit beatitudinem, qui non potest velle quo se posse adipisci beatitudinem putat. Si vero potest, non intelligo quomodo non possit velle aliud.

M.: Qui vult aliquid non propter rem quam videtur velle, sed propter aliud: quid proprie iudicandus est velle, an illud quod dicitur velle, an illud propter quod vult?

D.: Illud utique propter quod videtur velle.

M.: Qui ergo vult aliquid propter beatitudinem, non aliud vult quam beatitudinem. Quare potest et quod putat prodesse ad beatitudinem et solam beatitudinem velle.

D.: Satis est planum.

M.: Quaero adhuc an accepta hac sola voluntate possit non velle beatitudinem.

D.: Non potest utrumque simul et velle et non velle.

---

13 adepescendum *Q* || 19 videtur: ille *add.* *Q* || 20 an illud: an *om.* *U* || 20–21 illud quod dicitur: illud propter quod videtur *U* || 23 ergo: vero *U* aliquid *om.* *U* || 27 hac: ac *N*

L.: Bislang will er nichts anderes als die Glückseligkeit; denn nichts anderes hat er zu wollen empfangen.

Sch.: Richtig.

L.: Meine Frage lautet: Kann er sich dann wohl dazu bewegen, etwas anderes zu wollen?

Sch.: Ich wüßte nicht, wie jemand, der nichts anderes will, sich zum Wollen von etwas anderem als der Glückseligkeit zu bewegen vermöchte. Will er sich nämlich dazu bewegen, etwas anderes zu wollen, so will er etwas anderes.

L.: Das heißt also: Wie er, solange ihm überhaupt noch kein Wille gegeben war, nichts durch sich wollen konnte, so kann er nun, da er den Willen zur Glückseligkeit empfangen hat, von sich aus keinen anderen Willen haben.

Sch.: Genau.

L.: Kann er sich dann nicht wenigstens, wenn ihm etwas zur Erlangung der Glückseligkeit förderlich erscheint, dazu bewegen, dieses zu wollen?

Sch.: Jetzt bin ich in Verlegenheit. Kann er es nämlich nicht, so leuchtet mir nicht ein, wie jemand die Seligkeit will, der nicht wollen kann, was ihm als Mittel dazu erscheint. Kann er es aber, so sehe ich nicht, wieso er nicht etwas anderes zu wollen vermöchte.

L.: Gesetzt, es will jemand etwas nicht wegen der Sache, die er zu wollen scheint, sondern wegen etwas anderem. Wie muß das Urteil darüber lauten, was dieser im eigentlichen Sinn will: das, was er dem ersten Anschein nach will, oder jenes, weswegen er dies will?

Sch.: Das letztere.

L.: Wer etwas wegen der Glückseligkeit will, will also nichts anderes als die Glückseligkeit. Darum kann er das, was er als förderlich für die Glückseligkeit ansieht, wollen und doch nur diese allein wollen.

Sch.: Klar genug.

L.: Kann er nun aufgrund dieses ausschließlich empfangenen Willens auch die Glückseligkeit nicht wollen?

Sch.: Er kann sie nicht zugleich wollen und nicht wollen.

M.: Verum est, sed non hoc quaero. Sed quaero an possit deserere hanc voluntatem, et movere se de velle ad non velle beatitudinem.

D.: Si quidem hoc facit nolens, non ipse facit. Si vero volens, vult aliud quam beatitudinem. Sed non vult aliud. Quare manifestum puto, quia nullatenus potest per se non velle id quod solum accepit velle.

M.: Bene intelligis; sed responde mihi adhuc si potest 257
non velle beatitudinem quanto maiorem eam intelliget, qui nihil nisi beatitudinem vult et non potest non velle beatitudinem.

D.: Si non tanto magis vellet beatitudinem quanto meliorem ac maiorem illam putaret: aut omnino non vellet beatitudinem, aut vellet aliquid aliud propter quod meliorem nollet. Sed dicimus quia illam vult et non aliud.

M.: Vult ergo esse beatus quanto altius hoc esse posse cognoscit.

D.: Procul dubio vult.

M.: Ergo vult esse similis deo.

D.: Nihil apertius.

M.: Quid tibi videtur: an esset iniusta voluntas, si hoc modo vellet esse similis deo?

D.: Nec iustam volo dicere quia vellet quod non conveniret, nec iniustam quia ex necessitate vellet.

M.: At eum qui vult beatitudinem solam, commoda tantum velle posuimus.

D.: Ita est.

M.: Si ergo ille qui nihil vellet nisi commoda non posset habere maiora et veriora: velletne minora quibuscumque uti posset?

---

1 sed: Sed *Q* hoc non *QU* || 2 hanc deserere *E* || 19 deo? *U* || 28 nisi commoda non: non commoda nisi *N* non *om.* *Q* || 29 veraciora *U*

L.: Richtig. Aber das ist nicht meine Frage, sondern: Kann er diesen Willen verlassen und sich vom Wollen der Glückseligkeit zu ihrem Nicht-Wollen bewegen?

Sch.: Wenn er dies nicht-willentlich tut, so handelt er nicht selbst. Tut er es willentlich, dann will er etwas anderes als die Glückseligkeit. Er will aber nichts anderes. Darum scheint mir ganz klar, daß er durchaus nicht durch sich das nicht-wollen kann, was allein zu wollen er empfing.

L.: Gut, nun aber folgende Frage: Wer nur die Glückseligkeit will und nicht die Glückseligkeit nicht-wollen kann, kann der die Glückseligkeit nicht-wollen in dem Maße, wie er einer höheren Seligkeit ansichtig wird?

Sch.: Wenn er die Glückseligkeit nicht nach dem Grade wollte, wie sie ihm jeweils besser und größer erscheint, so würde er sie entweder überhaupt nicht wollen oder etwas anderes, weswegen er die je größere Seligkeit nicht wollte. Doch wir stellten ja fest, daß er diese und nichts anderes will.

L.: Er will also glückselig sein nach dem höchsten Grade, den er jeweils zu erkennen vermag.

Sch.: Zweifellos.

L.: Also will er Gott gleich sein.

Sch.: Ganz offensichtlich.

L.: Wenn er auf diese Weise Gott gleich sein wollte, wäre sein Wille dann wohl ungerecht?

Sch.: Ich würde seinen Willen nicht gerecht nennen, weil er etwas wollte, was ihm nicht zukommt, aber auch nicht ungerecht, weil er mit Notwendigkeit wollte.

L.: Wir haben nun allerdings angenommen, daß jemand, der die Glückseligkeit allein will, nur Angenehmes will.

Sch.: In der Tat.

L.: Wenn dieser nun in höherem und wahrerem Sinne Angenehmes nicht haben könnte, würde er dann nicht die geringeren Annehmlichkeiten wollen, wie immer sie ihm zugänglich sind?

D.: Immo non posset non velle quamlibet infima, si maiora non posset.

M.: Nonne cum vellet commoda infima et immunda quibus irrationalia animalia delectantur, esset eadem voluntas iniusta et vituperabilis?

D.: Quomodo iniusta aut reprehendenda voluntas esset, quia vellet quod non posse non velle accepisset?

M.: Voluntatem tamen ipsam, sive cum vult summa commoda sive cum vult infima, constat esse opus et donum dei, sicut est vita aut sensibilitas, et non esse in ea iustitiam sive iniustitiam.

D.: Non est dubium.

M.: Ergo in quantum essentia est, bonum aliquid est; quantum vero ad iustitiam pertinet sive iniustitiam, nec bona nec mala est.

D.: Nihil clarius.

M.: Sed non debet esse beatus, si non habet iustam 258
voluntatem. Immo non potest esse perfecte nec laudabiliter beatus, qui vult quod nec potest nec debet esse.

D.: Multum patet.

Capitulum XIV

Quod similiter sit, si sola accepta sit voluntas rectitudinis; et idcirco utramque voluntatem simul accepit, ut et iustus et beatus esset.

M.: Consideremus ergo de iustitiae voluntate si daretur eidem angelo velle solum quod eum velle conveniret, an

---

3 cum *om. Q* || 6 iniusta: intuenda iusta *N* || 7 accepit *U* ||

Sch.: So niedrig sie auch wären; er könnte nicht anders, als sie wollen, wenn er höhere nicht zu haben vermöchte.

L.: Wäre dieser Wille dann ungerecht und tadelnswert, wenn er ganz niedrige und unreine Annehmlichkeiten wollte, woran die Lebewesen ohne Vernunft ihre Lust haben?

Sch.: Wieso, da er doch wollte, was er nach der ihm verliehenen Gabe nicht anders als wollen konnte?

L.: Ob dieser Wille nun die höchsten oder die niedrigsten Annehmlichkeiten will; trotz allem ist er gewiß Werk und Geschenk Gottes, wie es das Leben und das Empfindungsvermögen auch sind; und es findet sich in ihm weder Gerechtigkeit noch Ungerechtigkeit.

Sch.: Ohne Zweifel.

L.: Insofern er etwas Seiendes ist, ist er also etwas Gutes. Im Hinblick auf die Frage nach Gerechtigkeit oder Ungerechtigkeit aber ist er weder gut noch böse.

Sch.: Ganz offensichtlich.

L.: Glückselig *soll* aber nur sein, wer einen gerechten Willen hat. Ja es *kann* sogar im Vollsinn und so, daß er lobwürdig wäre, nicht selig sein, wer will, was er nicht sein kann und soll.

Sch.: Dies liegt klar zutage.

Kapitel 14

Es liefe auf dasselbe hinaus, hätte er nur den Willen zur Rechtheit empfangen. Darum empfing er beide Willen zugleich, auf daß er sowohl gerecht als auch selig wäre.

L.: Nehmen wir nun im Hinblick auf die Frage nach dem Willen zur Gerechtigkeit an, dem Engel sei gegeben worden, nur das zu wollen, was zu wollen ihm zukam. Konnte

8 ipsa *N*

posset aliud velle, aut si posset non velle per se quod accepisset velle.

D.: Omnino quod vidimus in voluntate beatitudinis, necesse est evenire in hac quoque voluntate.

M.: Ergo nec iustam nec iniustam haberet voluntatem. Sicut enim ibi non esset voluntas iniusta si vellet inconvenientia, quoniam hoc non posset non velle: ita hic si vellet convenientia non idcirco esset iusta voluntas, quoniam sic hoc accepisset ut non posset aliter velle.

D.: Ita est.

M.: Quoniam ergo nec solummodo volendo beatitudinem, nec solummodo volendo quod convenit cum ex necessitate sic velit, iustus vel iniustus potest appellari, nec potest nec debet esse beatus nisi velit et nisi iuste velit: necesse est ut sic faciat deus utramque voluntatem in illo convenire, ut et beatus esse velit et iuste velit. Quatenus addita iustitia sic temperet voluntatem beatitudinis, ut et resecet voluntatis excessum et excedendi non amputet potestatem. Ut cum per hoc quia volet beatus esse modum possit excedere, per hoc quia iuste volet non velit excedere, et sic iustam habens beatitudinis voluntatem possit et debeat esse beatus. Qui non volendo quod non debet velle cum tamen possit, mereatur ut quod velle non debet numquam velle possit, et semper tenendo iustitiam per moderatam voluntatem nullo modo indigeat; aut si deseruerit iustitiam per immoderatam voluntatem, omni modo indigeat.

D.: Nihil convenientius cogitari potest.

---

3 videmus *U*

er dann etwas anderes wollen oder durch sich nicht-wollen, was er zu wollen empfing?

Sch.: Auch bei diesem Willen kommen wir genau zu demselben Ergebnis wie bei dem zur Glückseligkeit.

L.: Er würde also weder einen gerechten noch einen ungerechten Willen haben. Dort gab es keinen ungerechten Willen beim Wollen von dem, was ihm nicht zukam, weil er nur so zu wollen vermochte. Hier wäre beim Wollen dessen, was ihm zukommt, der Wille nicht schon darum gerecht; denn dies ist ihm ja so gegeben, daß er nicht anders wollen kann.

Sch.: Genau.

L.: Weil der Engel also weder aufgrund des Wollens von Glückseligkeit allein, noch aufgrund des ausschließlichen notwendigen Wollens dessen, was ihm zukommt, gerecht oder ungerecht genannt werden kann, aber auch nur selig sein kann und soll, wenn er dies will, und zwar gerecht will, so mußte Gott unabdingbar beide Willen in ihm so zusammenkommen lassen, daß er glücklich sein und dies auf gerechte Weise wollte. Die hinzugefügte Gerechtigkeit sollte daher so den Willen zur Glückseligkeit im rechten Maß halten, daß sie den Exzeß des Willens vermied, doch ohne Beschneidung seines Vermögens zu überschreiten. Darum ging es, daß er im Wollen, glücklich zu sein, zwar das Maß überschreiten *konnte,* im gerechten Wollen es aber nicht überschreiten *wollte* und so schließlich im Besitz eines gerechten Willens zur Glückseligkeit wirklich selig sein konnte und sollte. Durch Nicht-Wollen dessen, was er nicht wollen soll, obschon er es könnte, sollte er verdienen, das, was er nicht wollen soll, niemals wollen zu können, und im beständigen Festhalten der Gerechtigkeit durch einen im Maß gehaltenen Willen sollte er auf keine Weise Mangel leiden. Wenn er jedoch die Gerechtigkeit durch einen ungemäßigten Willen verließe, so sollte er auf jede Weise Mangel leiden.

Sch.: Nichts Angemesseneres läßt sich denken!

M.: Memento quia cum superius considerabamus solam beatitudinis voluntatem sine hac meta quam addidimus, ut sub deo se cohibeat, dicebamus non esse in ea iustitiam vel iniustitiam quidquid vellet. 259

D.: Bene memini.

Capitulum XV

Quod iustitia sit aliquid.

M.: An putas aliquid esse quod additum eidem voluntati temperat illam, ne plus velit quam velle oportet et expedit?

D.: Nullus intelligens nihil hoc esse putabit.

M.: Hoc credo satis animadvertis non aliud esse quam iustitiam.

D.: Nihil aliud cogitari potest.

M.: Certum igitur est iustitiam esse aliquid.

D.: Immo valde bonum aliquid.

Capitulum XVI

Quod iniustitia non sit nisi absentia debitae iustitiae.

M.: Antequam acciperet hanc iustitiam: voluntas illa debebat velle et non velle secundum iustitiam?

D.: Non debebat quod ideo non habebat, quia non acceperat.

M.: Postquam autem accepit non dubitas debere, nisi aliqua violentia amittat.

---

1 M. Memento: c. *XV incipit NE* || 5 D. Bene: *c. XV incipit U*

L.: Erinnere dich daran, daß wir bei der obigen Erörterung des ausschließlichen Willens zur Glückseligkeit — ohne dieses nun hinzugefügte Ziel, daß er sich Gott untergeordnet halte — sagten, Gerechtigkeit oder Ungerechtigkeit seien nicht in ihm, was auch immer er wolle.

Sch.: Ich halte dies wohl im Gedächtnis.

Kapitel 15

Die Gerechtigkeit ist etwas.

L.: Ist das, was seinem Willen hinzugefügt wurde und ihn im Maß hält, damit er nicht mehr will, als was zu wollen gefordert und förderlich ist, nun wohl ein „Etwas"?

Sch.: Kein klarer Kopf wird es für nichts erachten!

L.: Du erkennst wohl aber auch nicht weniger klar, daß dies nichts anderes als die Gerechtigkeit ist?

Sch.: Als nichts anderes kann es verstanden werden.

L.: Mit Sicherheit ist also die Gerechtigkeit ein „Etwas".

Sch.: Ja, und zwar ein äußerst gutes Etwas!

Kapitel 16

Die Ungerechtigkeit ist nichts als das Fehlen der geschuldeten Gerechtigkeit.

L.: Stand der erwähnte Wille, bevor er diese Gerechtigkeit empfing, unter der Verpflichtung, der Gerechtigkeit gemäß zu wollen und nicht zu wollen?

Sch.: Er konnte nicht durch das Sollen von etwas gebunden sein, das er nicht besaß, weil er es ja noch nicht empfangen hatte.

L.: Nachdem er aber die Gerechtigkeit empfangen hatte, stand er doch zweifellos unter diesem Sollen; es sei denn, er würde sie durch eine Gewalteinwirkung verlieren.

D.: Semper eam huic debito alligatam puto, sive teneat quod accepit sive sponte deserat.

M.: Recte iudicas. Sed quid si voluntas eadem iustitiam tam utiliter et tam sapienter additam sibi nulla indigentia et nulla violentia cogente deserat, utendo sponte sua potestate, id est plus volendo quam debeat? An remanebit aliquid aliud cum ipsa voluntate, quam quod prius considerabamus ante additamentum iustitiae?

D.: Quoniam nihil aliud est additum quam iustitia, separata iustitia nihil aliud certum est remanere quam quod prius erat, nisi quia debitricem | eam fecit accepta iustitia, | 260 et quasi quaedam pulchra vestigia sui reliquit derelicta eadem iustitia. Eo enim ipso quo debitrix permanet iustitiae, monstratur honestate iustitiae fuisse decorata. Sed et hoc satis iustum est ut quod semel accepit iustitiam, semper eam debeat, nisi violenter amiserit. Et certe multum dignior natura probatur, quae vel aliquando habuisse et semper debere ut habeat tam honestum bonum convincitur, quam quae hoc ipsum nec habere nec debere aliquando cognoscitur.

M.: Bene consideras. Sed adde huic tuae sententiae, quia quanto natura quae hoc habuit et debet monstratur laudabilior: tanto persona quae non habet quod debet convincitur vituperabilior.

D.: Vehementer assentior.

M.: Discerne mihi bene, quid ibi monstret naturam laudabilem et quid faciat personam vituperabilem.

---

3 M. Recte: *c. XVI incipit E* || 16 debeat: habeat *U* || 21 huic: adhuc *U* || 22 natura quae hoc: natura quaelibet *U*

---

[23] Für „schulden" und „sollen" steht im Lateinischen dasselbe Wort: *debere.*

Sch.: Meiner Ansicht nach war er immer an dieses Sollen gebunden, ob er nun festhielt oder aus freien Stücken verließ, was er empfangen.

L.: Richtig. Was aber, wenn dieser Wille die ihm so nutzbringend und weise hinzugegebene Gerechtigkeit ohne Not und zwingende Gewalt verläßt, im freien Gebrauch seiner Macht, genauer, indem er mehr will, als er soll: Wird dann über das hinaus, was wir oben, vor der Hinzugabe der Gerechtigkeit, erwogen haben, noch irgend etwas in diesem Willen verbleiben?

Sch.: Da nichts anderes hinzugegeben wurde als die Gerechtigkeit, wird nach dem Fortfallen der Gerechtigkeit gewiß nichts anderes verbleiben, als was vorher dort war — außer daß die empfangene Gerechtigkeit den Willen zum Schuldner[23] gemacht hat. Die verlassene Gerechtigkeit läßt gleichsam so etwas wie schöne Spuren ihrer selbst zurück. Schon aufgrund dessen, daß er Schuldner der Gerechtigkeit bleibt, zeigt sich an ihm, daß er einst mit der Ehre der Gerechtigkeit geschmückt war. Auch dies aber ist durchaus gerecht, daß, was einmal die Gerechtigkeit empfing, diese immer schuldig bleibt, es sei denn, sie wäre auf gewaltsame Weise verlorengegangen. Und sicherlich erweist sich ein Wesen, das offensichtlich ein so ehrenvolles Gut einst besaß und zu dessen Besitz stets verpflichtet bleibt, von weitaus größerer Würde als eines, das erkennen läßt, dieses Gut nie besessen zu haben und darum zu seinem Besitz auch nicht verpflichtet zu sein.

L.: Sehr gut, aber du müßtest noch hinzufügen: In dem Maße, wie dieses *Wesen*, das die Gerechtigkeit besaß und sie schuldig bleibt, sich als größeren Lobes würdig erweist, in demselben Maße zeigt sich die *Person,* die jenes hohe Gut nicht besitzt und es doch weiter schuldet, als um so tadelnswerter.

Sch.: Unbedingt!

L.: Was erweist nun das Wesen als lobenswert, und was macht die Person tadelnswert?

D.: Habuisse vel debere monstrat naturalem dignitatem, et non habere facit personalem inhonestatem. Debere enim factum est ab eo qui dedit, non habere vero factum est ab ipso qui deseruit. Ideo namque debet quia accepit, ideo vero non habet, quia dereliquit.

M.: Non ergo reprehendis in ipsa voluntate quae non stetit in iustitia debere iustitiam, sed non habere iustitiam.

D.: Omnino nihil aliud ibi reprehendo quam absentiam iustitiae, sive non habere iustitiam. Nam sicut iam dixi debere decorat, non habere vero deturpat; et quo magis illud decet, eo magis istud dedecet; immo non ob aliud illam voluntatem deturpat ex propria culpa non habere, quam quia illam decorat ex bonitate dantis debere habere.

M.: Nonne iam voluntatem ipsam quae non habet iustitiam quam debet habere, iudicas iniustam, et in illa esse iniustitiam?

D.: Quis non ita iudicet?

M.: Si non esset iniusta nec esset in illa iniustitia, puto quia nihil in illa reprehenderes.

D.: Nihil omnino.

M.: Ergo nihil aliud in illa reprehendis quam iniustitiam, et quia iniusta est.

D.: Non possum quicquam aliud in ea reprehendere.

M.: Si igitur nihil aliud ibi reprehendis quam absentiam 261
iustitiae et illam non habere iustitiam, sicut paulo ante dixisti, et iterum verum est quia nihil aliud in ea reprehendis quam in illa esse iniustitiam, sive illam esse iniustam: palam est quia non aliud in illa est iniustitia aut esse iniustam, quam absentia iustitiae aut non habere iustitiam.

D.: Nullo modo possunt haec esse diversa.

---

13 illam: nullam *Q* || 21 in illa reprehendis *om. U* || 24 igitur: ergo *U*

Sch.: Im Besitz der Gerechtigkeit gewesen und sie auch weiter schuldig zu sein erweist die wesenhafte Würde. Sie nicht zu besitzen macht die persönliche Unehrenhaftigkeit aus. Die Verpflichtung zur Gerechtigkeit stammt nämlich von dem, der sie verliehen, ihr Nichtbesitz hingegen von dem, der sie verlassen hat. Er schuldet sie, weil er sie empfangen, er besitzt sie nicht, weil er sie aufgegeben hat.

L.: An jenem Willen, der nicht in der Gerechtigkeit standhielt, rügst du also nicht das Schulden, vielmehr das Nicht-Haben von Gerechtigkeit.

Sch.: Ja, durchaus nur das Fehlen oder Nicht-Haben von Gerechtigkeit. Denn, wie gesagt, die Verpflichtung dazu macht schön, ihr Nichtbesitz dagegen häßlich. Je mehr die erstere zur Zierde gereicht, um so mehr der letztere zur Schande. Der Grund dafür, daß der Nichtbesitz aus eigener Schuld den Willen häßlich macht, ist sogar kein anderer als der, daß es diesem Willen zur Zierde gereicht, aus der Güte des Gebers her den Besitz jener Gabe zu schulden.

L.: Deinem Urteil nach ist also der Wille, der die Gerechtigkeit nicht hat, die er haben soll, ungerecht, und es ist in ihm Ungerechtigkeit?

Sch.: Genau.

L.: Wenn er nicht ungerecht wäre, noch Ungerechtigkeit in ihm, fändest du an ihm wohl nichts zu tadeln?

Sch.: Nein, durchaus nicht.

L.: Nur die Ungerechtigkeit in ihm und daß er ungerecht ist, tadelst du also?

Sch.: Nichts anderes.

L.: Wenn du an diesem Willen also nur das Fehlen der Gerechtigkeit und den Nichtbesitz der Gerechtigkeit rügst — wie eben gesagt — und anderseits nur, daß Ungerechtigkeit in ihm oder er ungerecht ist, dann ist offensichtlich die Ungerechtigkeit in ihm oder sein Ungerecht-Sein nichts anderes als das Fehlen oder der Nichtbesitz der Gerechtigkeit.

Sch.: Das muß ein und dasselbe sein.

M.: Sicut igitur absentia iustitiae et non habere iustitiam nullam essentiam habet: ita iniustitia et esse iniustum nullum habet esse, et idcirco non est aliquid sed nihil.

D.: Non est consequentius aliquid.

M.: Memento etiam iam constare quia recedente iustitia excepto debito iustitiae, nihil aliud illi remansit quam quod habebat ante susceptam iustitiam.

D.: Constat utique.

M.: At iniusta non erat nec iniustitiam habebat, antequam haberet iustitiam.

D.: Non.

M.: Ergo aut recedente iustitia non est in illa iniustitia nec est iniusta, aut nihil est iniustitia vel esse iniustum.

D.: Non potest videri aliquid magis necessarium.

M.: At iniustitiam illam habere et esse iniustam post desertam iustitiam concessisti.

D.: Immo non possum non videre.

M.: Nihil igitur est iniustitia vel esse iniustum.

D.: Credentem me fecisti scire quod nesciens credebam.

M.: Aestimo etiam iam te cognoscere, cum iniustitia non sit aliud quam absentia iustitiae, nec iniustum esse aliud quam non habere iustitiam: cur non ante datam sed post derelictam iustitiam eadem absentia iustitiae vocetur iniustitia, et non habere iustitiam sit iniustum esse, et sit utrumque reprehensibile. Non enim propter aliud nisi quia non dedecet abesse iustitiam, nisi ubi debet esse. Sicut enim virum qui nondum debet habere barbam non dedecet non

---

9 non erat: nisi *add.* Q

L.: Wie das Fehlen und der Nichtbesitz der Gerechtigkeit kein Sein hat, so hat daher auch die Ungerechtigkeit und das Ungerecht-Sein kein Sein, ist damit also nicht ein „Etwas", sondern nichts.

Sch.: Ganz folgerichtig.

L.: Nun erinnere dich auch daran, daß beim Fortfall der Gerechtigkeit außer der Verpflichtung zur Gerechtigkeit dem Willen nichts anderes verblieb, als was er vor dem Empfang der Gerechtigkeit hatte.

Sch.: Das hatten wir festgestellt.

L.: Bevor er die Gerechtigkeit besaß, war er aber weder ungerecht noch hatte er Ungerechtigkeit.

Sch.: Nein.

L.: Beim Fortfall der Gerechtigkeit ist also entweder im Willen keine Ungerechtigkeit und ist er nicht ungerecht, oder aber die Ungerechtigkeit beziehungsweise das Ungerecht-Sein ist nichts.

Sch.: Dies ist eine unbedingt notwendige Alternative.

L.: Du hattest aber schon zugegeben, daß er nach dem Aufgeben der Gerechtigkeit Ungerechtigkeit habe und ungerecht sei.

Sch.: Ich kann es auch nicht anders sehen.

L.: Die Ungerechtigkeit oder das Ungerecht-Sein ist also nichts.

Sch.: Vom Glauben hast du mich zum Wissen dessen gebracht, was ich bislang glaubte, ohne zu wissen.

L.: Wenn die Ungerechtigkeit nur das Fehlen der Gerechtigkeit ist und Ungerecht-Sein nichts anderes heißt, als die Gerechtigkeit nicht haben, dann wirst du jetzt auch wohl verstehen, warum nicht schon vor der Gabe, sondern erst nach dem Aufgeben der Gerechtigkeit ihr Fehlen Ungerechtigkeit genannt wird, ihr Nichtbesitz als ungerecht gilt und beides zum Vorwurf gereicht: einzig deshalb, weil ihr Fehlen nur dort schändlich ist, wo sie sein soll. Für einen jungen Mann, bei dem man noch keinen Bart erwartet, ist es keine Schande, wenn er ohne Bart dahergeht.

habere, cum vero iam habere debet indecorum | est non | 262
habere: ita naturam quae non debet habere iustitiam non deformat non habere, illam vero quae habere debet dehonestat non habere; et quanto magis debere habere virilem ostendit naturam, tanto magis non habere foedat virilem figuram.

D.: Sufficienter video iniustitiam non esse nisi absentiam iustitiae, ubi debet esse iustitia.

Capitulum XVII

Cur desertor angelus non possit redire ad iustitiam.

M.: Cum posuimus solam voluntatem beatitudinis praefato angelo dari, vidimus eum nihil potuisse velle aliud.

D.: Aperte vidimus quod dicis.

M.: An modo derelicta iustitia et remanente illa sola voluntate quae prius fuerat beatitudinis: potest idem desertor redire ad voluntatem iustitiae per se, ad quam non potuit antequam daretur venire?

D.: Sed modo multo minus. Tunc enim conditione naturae non poterat habere, nunc vero merito quoque culpae non debet habere.

M.: Nullo igitur modo potest a se habere iustitiam cum non habet iustitiam, quia nec antequam eam accipiat nec postquam deserit.

D.: Non debet aliquid habere a se.

---

7 D. Sufficienter: *c. XVII incipit U* || 23 deseruit *U*

Kommt er aber in das Alter, wo er einen haben sollte, dann sieht er ohne Bart nicht gut aus. So macht auch ein Wesen, dem der Besitz von Gerechtigkeit nicht zugedacht ist, ihr Nichtbesitz nicht häßlich. Ein Wesen aber, das Gerechtigkeit haben soll, gerät in Unehre, wenn es sie nicht hat. Je mehr an einem sichtbar wird, daß ihm die Natur eines Mannes zugedacht ist, um so mehr entstellt es ihn, wenn er nicht das Aussehen eines Mannes hat.

Sch.: Ich sehe jetzt klar genug: Die Ungerechtigkeit ist nichts als das Fehlen der Gerechtigkeit, wo sie sein sollte.

Kapitel 17

Der gefallene Engel kann nicht zur Gerechtigkeit zurückkehren.

L.: Als wir annahmen, dem Engel sei allein der Wille zur Glückseligkeit gegeben worden, sahen wir, daß er nichts anderes wollen konnte.

Sch.: Genau.

L.: Kann nun — im Zustand der aufgegebenen Gerechtigkeit und beim Zurückbleiben allein jenes früheren Willens zur Glückseligkeit — der gefallene Engel durch sich zum Willen zur Gerechtigkeit zurückkehren, zu dem er erst gelangen konnte, als ihm dies gegeben wurde?

Sch.: Jetzt noch weniger. Damals konnte er diesen Willen aufgrund einer Naturbedingung nicht haben, nun aber soll er ihn darüber hinaus aufgrund seiner Schuld nicht haben.

L.: Auf keine Weise kann er also die Gerechtigkeit von sich haben, wenn er sie nicht besitzt, weder vor ihrer Annahme noch nach ihrer Aufgabe.

Sch.: Von sich soll er nichts haben.

CAPITULUM XVIII 263

Quomodo malus angelus se fecit iniustum et bonus se iustum; et quod malus sic debet deo gratias pro bonis quae accepit et deseruit, sicut bonus qui servavit accepta.

M.: Nonne aliquo modo vel cum haberet potuit ipse sibi dare iustitiam?

D.: Quomodo potuisset?

M.: Pluribus modis dicimus „facere". Dicimus enim „facere" aliquid, cum esse facimus rem, et cum possumus facere ut non sit et non facimus. Hoc itaque modo potuit ipse dare iustitiam sibi, quia potuit sibi auferre eam et potuit non auferre, quomodo ille qui stetit in veritate in qua factus est, non fecit cum potuit ut eam non haberet, et ita ipse sibi eam dedit, et totum hoc a deo accepit. Ab eo enim acceperunt ambo habere et posse tenere et posse deserere. Hoc ultimum ideo deus dedit, ut possent sibi dare aliquo modo iustitiam. Si enim eam nullo modo sibi possent auferre, nullo modo sibi possent dare. Qui ergo hoc modo sibi eam dedit, hoc ipsum a deo accepit ut sibi eam daret.

D.: Video quia non auferendo potuerunt sibi dare iustitiam; sed alter sibi dedit, alter sibi abstulit.

M.: Vides igitur deo parem eos debere gratiam quantum ad bonitatem ipsius, nec diabolum ideo minus debere deo

---

22 quantam *R*

Kapitel 18

Der böse Engel machte sich selbst ungerecht und der gute gerecht. Der böse Engel schuldet Gott nicht weniger Dank für das Gute, das er empfing und aufgab, als der gute, der das Empfangene bewahrte.

L.: Konnte der Engel dann nicht wenigstens, als er die Gerechtigkeit besaß, sie sich in einer gewissen Weise geben?

Sch.: Wie hätte er das vermocht?

L.: Wir gebrauchen das Wort „machen" auf verschiedene Weise[24]. So sagt man etwa, wir „machen" etwas, wenn wir machen, daß etwas geschieht, und wenn wir machen können, daß es nicht geschieht, und es doch nicht tun. In diesem Sinn konnte der Engel sich selbst die Gerechtigkeit geben, insofern es in seinem Vermögen lag, sie sich wegzunehmen und nicht wegzunehmen. Der in der Wahrheit, in welcher er geschaffen war, standhielt, machte auf diese Weise ja — als er dies vermochte — *nicht,* daß er sie nicht mehr besaß, und gab sie sich in diesem Sinne — obwohl er dies alles von Gott empfing. Beide empfingen ja von Gott die Möglichkeit, die Wahrheit festzuhalten und sie aufzugeben. Die letztgenannte Fähigkeit gab Gott ihnen darum, daß sie sich auf gewisse Weise die Gerechtigkeit geben könnten. Denn hätten sie sich diese auf keine Weise wegzunehmen vermocht, so auch nicht zu geben. Der sich die Gerechtigkeit nun auf diese Weise gab, empfing allerdings ebendiese Fähigkeit von Gott.

Sch.: Ich verstehe: Durch Nicht-Wegnehmen konnten sich beide die Gerechtigkeit geben. Der eine aber gab sie sich, der andere nahm sie sich.

L.: Sie schulden Gott also gleichen Dank für seine Güte. Der Teufel ist nicht etwa darum weniger verpflichtet, Gott

---

[24] Vgl. oben 130 Anm. 2.

reddere quod dei est, quia sibi abstulit quod deus dedit et noluit accipere quod deus obtulit?

D.: Video.

M.: Semper igitur debet deo gratias agere malus angelus pro beatitudine quam sibi abstulit, sicut bonus pro ea quam sibi ipse dedit.

D.: Verissimum est.

M.: Aestimo quia animadvertis deum nullo modo posse facere iniustum, nisi iniustum non faciendo iustum cum possit. Nam ante acceptam iustitiam nullus est iustus vel iniustus, et nullus post acceptam iustitiam fit iniustus nisi sponte deserta iustitia. Sicut igitur bonus angelus se fecit iustum non auferendo sibi iustitiam cum potuit: ita deus malum angelum facit iniustum non reddendo illi iustitiam cum possit.

D.: Facile cognoscitur.

Capitulum XIX 264

Quod voluntas, inquantum est, bonum sit, et nulla res malum sit.

M.: Redeamus ad considerationem voluntatis et reminiscamur quod consideravimus, voluntatem scilicet beatitudinis quidquid velit non esse malum sed esse bonum aliquid, antequam accipiat iustitiam. Unde consequitur, quia cum deserit acceptam iustitiam, si eadem essentia est quae prius erat, bonum est aliquid quantum ad hoc quod est; quantum vero ad hoc quia iustitia non est in illa quae fuit, dicitur

---

8 posse *om. U* || 13 iustitiam *om. Q* || 14 illi *om. Q* || 23 con-

zu geben, was Gottes ist, weil er sich selbst wegnahm, was Gott ihm gegeben, und nicht annehmen wollte, was Gott ihm anbot.

Sch.: Das leuchtet mir ein.

L.: Auch der böse Engel hat also Gott immer zu danken für die Glückseligkeit, deren er sich selbst beraubte, wie der gute für jene, die er sich selbst gab.

Sch.: Durchaus.

L.: Du siehst also wohl, daß Gott auf keine Weise einen ungerecht machen kann außer dadurch, daß er den ungerechten nicht gerecht macht, obschon er dies könnte. Vor dem Empfang der Gerechtigkeit ist niemand gerecht oder ungerecht. Nach ihrem Empfang wird jemand ungerecht nur dadurch, daß er die Gerechtigkeit aus freien Stücken verläßt. Wie der gute Engel sich gerecht machte, indem er sich die Gerechtigkeit nicht fortnahm, als er dies konnte, so macht Gott den bösen Engel ungerecht, indem er ihm die Gerechtigkeit nicht zurückgibt, obwohl er dies könnte.

Sch.: Das läßt sich leicht verstehen.

Kapitel 19

Der Wille, insofern er ist, ist gut. Nichts von dem, was ist, ist ein Übel.

L.: Kehren wir zur Betrachtung des Willens zurück. Wir stellten fest, daß der Wille zur Glückseligkeit vor dem Empfang der Gerechtigkeit kein Übel, sondern etwas Gutes ist — was auch immer er will. Demzufolge ist der Wille auch nach Aufgabe der empfangenen Gerechtigkeit, wenn er nur dasselbe Seiende ist, das er früher war, etwas Gutes, insofern er *ist.* Insofern in ihm aber nicht mehr, wie früher,

---

sequitur: sequitur *U* || 24 si eadem essentia est: eadem essentia *U*

mala et iniusta. Nam si velle esse similem deo malum esset, filius dei non vellet esse similis patri. Aut si velle quaslibet infimas voluptates esset malum, mala diceretur voluntas brutorum animalium. Sed nec voluntas filii dei est mala quia est iusta, nec voluntas irrationalis mala dicitur quia non est iniusta.

Unde sequitur nullam voluntatem esse malum sed esse bonum inquantum est, quia opus dei est; nec nisi inquantum est iniusta malam esse. Et quoniam nulla res dicitur mala nisi mala voluntas aut propter malam voluntatem — ut malus homo et mala actio —: nihil est apertius quam nullam rem esse malum, nec aliud esse malum quam absentiam iustitiae derelictae in voluntate, aut in aliqua re propter malam voluntatem.

Capitulum XX

Quomodo deus faciat malas et voluntates et actiones; et quomodo accipiantur ab illo.

D.: Sic tua disputatio veris et necessariis apertisque rationibus concatenatur, ut nulla ratione quod dicis dissolvi posse videam, nisi quia video aliquid consequi quod nec dici debere credo, nec quomodo non | sit si vera sunt quae | 265

11–12 quam nullam rem: quam *om.* Q || 21 quomodo non: non *om.* U

---

[25] Mit dieser Behauptung sprengt Anselm den mit der lateinischen Sprache vorgegebenen Horizont: *Nulla res dicitur mala nisi* … Es wird doch auch anderes ein Übel genannt, das sich nicht auf eine böse Tat zurückführen läßt! Anselm versucht geradezu, die lateinische Sprache auf einen Sinn umzubiegen, den Kant in ihr vermißt (vgl. Kant, *Kritik*

die Gerechtigkeit ist, heißt er böse und ungerecht. Wäre nämlich Gott gleich sein zu wollen böse (an sich), dann würde der Sohn Gottes dem Vater nicht gleich sein wollen. Und wäre anderseits (an sich) böse, niedere Lüste welcher Art auch immer zu wollen, dann müßte man den Willen der Tiere böse nennen. Aber der Wille des Gottessohnes ist nicht böse, sondern gerecht; und der nicht mit Vernunft ausgestattete Wille heißt nicht böse, weil er nicht ungerecht ist.

Kein Wille ist also ein Übel, sondern ein Gutes, insofern er ist — weil er Werk Gottes ist —; und böse ist er nur, insofern er ungerecht ist. Und weil nichts böse genannt wird außer einem bösen Willen oder wegen eines bösen Willens — wie ein böser Mensch oder eine böse Handlung —, so ist ganz offensichtlich nichts ein Übel, und das Übel nichts anderes als das Fehlen der aufgegebenen Gerechtigkeit im Willen oder in irgendeiner Gegebenheit wegen eines bösen Willens[25].

Kapitel 20

Inwiefern macht Gott Wollen und Handeln böse und wird dies von ihm her empfangen?

Sch.: Deine Erörterung ist so schlüssig begründet, daß sie unwiderlegbar sein dürfte. Allerdings scheint sich mir daraus eine Konsequenz zu ergeben, die einerseits meinem Glauben nach nicht gezogen werden darf, von der ich anderseits aber nicht sehe, wie sie sich vermeiden läßt,

---

der praktischen Vernunft [1. Aufl.] 104f). Andererseits — *... nullam rem esse malum ... quam ...* — stellt er die hohe Forderung, nichts als letztlich „von Übel" zu betrachten, als was aus Ungerechtigkeit erfließt. Es fallen damit Würfel im Hinblick auf die Problematik der „Theodizee". Vgl. aber *conc.* 1,7 (unten 282,27–284,1) mit *casu* 26 (unten 238,24 bis 240,5).

dicis, non video. Nam si velle esse similem deo non nihil nec malum sed quiddam bonum est, non nisi ab eo a quo est omne quod est haberi potuit. Si ergo angelus non habuit quod non accepit: quod habuit, ab illo accepit a quo habuit. Quid autem ab illo accepit quod ille non dedit? Quare si habuit velle esse similem deo, ideo habuit quia deus dedit.

M.: Quid mirum si, quemadmodum deus dicitur inducere in tentationem quando non liberat ab ea, ita fatemur eum dare malam voluntatem non prohibendo eam cum potest, praesertim cum potestas volendi quidlibet non nisi ab illo sit?

D.: Hoc modo non videtur esse inconveniens.

M.: Si ergo datio non est sine acceptione: quemadmodum non inusitate dicitur dare et qui sponte concedit et qui non approbando permittit, ita non incongrue dicitur accipere et qui concessa suscipit et qui illicita praesumit.

D.: Nec incongruum nec inusitatum mihi videtur quod dicis.

M.: Quid ergo dicimus contra veritatem, si dicimus cum diabolus voluit quod non debuit, hoc illum a deo et accepisse quia deus permisit, et non accepisse quia ille non consensit?

D.: Nihil hic videtur repugnare veritati.

M.: Cum igitur diabolus convertit voluntatem ad quod non debuit: et ipsum velle et ipsa conversio fuit aliquid, et tamen non nisi a deo et de dei aliquid habuit, quoniam nec

---

16 non praesumit *U* || 22 consensit: concessit *U* || 24 igitur: ergo *R*

---

[26] Vgl. *casu* 1 (oben 130, 19–21).
[27] Der Text bei SCHMITT lautet: ... *et tamen non nisi a deo et de dei aliquid habuit.* HOPKINS/RICHARDSON griffen in ihrer Ausgabe von 1967 zunächst ausdrücklich auf MIGNE zurück *(et de dei voluntate ...)* und übersetzten: „from God and by the will of God". In ihrer Ausgabe

wenn wahr ist, was du sagst. Wenn nämlich das Gott-gleich-sein-Wollen weder nichts noch ein Böses, vielmehr ein gewisses Gutes ist, so kann es nur von dem stammen, von dem alles ist, was da ist. Wenn also der Engel nichts hatte, was er nicht empfangen hätte, so empfing er das, was er besaß, von dem, von dem her er es hatte. Was könnte er aber von Gott empfangen haben, was dieser nicht gegeben hätte? Wenn er daher das Wollen besaß, Gott gleich zu sein, so hatte er es, weil Gott es ihm gegeben.

L.: Kein Wunder, heißt es doch auch, Gott führe in Versuchung — da, wo er nicht davon befreit[26]. In demselben Sinne sagen wir, er gebe einen bösen Willen, wenn er ihn nicht verhindert, obschon er dies kann — zumal doch das Vermögen zu jedwedem Wollen nur von ihm stammt.

Sch.: So gesehen, scheint die genannte Konsequenz nicht unzulässig.

L.: Wenn sich nun ein Geben nie ohne ein Nehmen findet, so spricht man ebensowenig unangemessen von einem „Nehmen" — nicht nur, wenn jemand etwas ihm Gewährtes annimmt, sondern auch, wenn er sich Unerlaubtes herausnimmt — wie von einem „Geben", sowohl, wenn jemand freiwillig etwas gewährt, als auch, wenn er etwas ohne Billigung zuläßt.

Sch.: Das scheint auch mir so.

L.: Können wir also nicht wahrheitsgemäß sagen: Als der Teufel wollte, was er nicht sollte, empfing er dies von Gott, insofern Gott es zuließ; er empfing es hinwieder nicht von ihm, insofern Gott es nicht billigte?

Sch.: Ich meine unbedingt.

L.: Als der Teufel nun seinen Willen dem zuwandte, dem er sich nicht zukehren sollte, da waren dieses Wollen und dieser Willenswandel ein „Etwas". Dennoch hatte er dieses „Etwas" nur von Gott[27]. Denn er vermochte nicht, etwas

---

von 1976 fehlt dieser Hinweis und wird die Übersetzung angeboten: „from God and (by permission) of God".

velle aliquid nec movere potuit voluntatem nisi illo permittente, qui facit omnes naturas substantiales et accidentales, universales et individuas. Inquantum enim voluntas et conversio sive motus voluntatis est aliquid, bonum est et dei est. Inquantum vero iustitia caret sine qua esse non debet, non simpliciter malum sed aliquid malum est; et quod malum est, non dei sed volentis sive moventis voluntatem est. Simplex quippe malum est iniustitia, quoniam non est aliud quam malum quod nihil est. Aliquid vero malum est natura in qua est iniustitia, quia est aliquid et aliud quam iniustitia, quae malum et nihil est. Quare quod | aliquid est, | 266 a deo fit et dei est; quod vero nihil est, id est malum, ab iniusto fit et eius est.

D.: Quod quidem deus rerum naturas omnium faciat fatendum est; quod vero singulas actiones perversarum voluntatum velut ipsum pravum motum voluntatis quo ipsa mala voluntas se movet, faciat: quis concedat?

M.: Quid mirum si dicimus deum facere singulas actiones quae fiunt mala voluntate, cum fateamur eum facere singulas substantias quae fiunt iniusta voluntate et inhonesta actione?

D.: Non habeo quid contra dicam. Quippe nec negare possum vere aliquid esse quamlibet actionem, nec fateri volo non fieri a deo quod vere aliquam habet essentiam. Neque ista tua ratio ullo modo accusat deum aut excusat diabolum, sed omnino deum excusat et diabolum accusat.

---

4 bonum est: est *om. U* || 9 Aliquid: Aliud *(in rasura) B* || 15 quod: Quod *BN*

zu wollen oder den Willen zu bewegen, ohne daß Gott es zuließ — er, der jedes Wesen schafft, das selbständige wie das, was sich an diesem findet, Gattungen und Einzelwesen. Insofern nämlich der Wille und sein Wandel oder seine Bewegung etwas ist, ist er ein Gutes und von Gott. Insofern ihm aber die Gerechtigkeit fehlt, ohne die er nicht sein soll, ist er zwar nicht einfachhin das Böse, jedoch etwas Böses; und was böse ist, gehört nicht Gott, sondern dem Wollenden zu, das heißt dem, der den Willen bewegt. Das Böse schlechthin ist die Ungerechtigkeit; denn sie ist nichts anderes als das Böse, welches nichts ist. „Etwas Böses" hingegen ist das Wesen, in dem die Ungerechtigkeit ist, weil es ein „Etwas" und etwas anderes ist als die Ungerechtigkeit, die das Böse und damit nichts ist. Insofern es ein „Etwas" ist, stammt es von Gott und ist sein. Insofern es aber nichts, das heißt ein Böses ist, stammt es vom Ungerechten und gehört ihm zu.

Sch.: Gewiß schafft Gott das Wesen aller Dinge. Wer wird aber zugestehen, daß er auch die einzelnen Handlungen eines verkehrten Willens beziehungsweise die schlechte Willensbewegung bewirkt, durch die sich der böse Wille selbst bewegt?

L.: Warum nicht? Sagen wir doch auch, er bewirke die einzelnen Handlungen, die durch einen bösen Willen entstehen, indem wir seinem Wirken die einzelnen Dinge zusprechen, die durch einen ungerechten Willen und eine unehrenhafte Handlung zustande kommen.

Sch.: Ich weiß dem nichts entgegenzusetzen. Denn ich kann weder bestreiten, daß jede Handlung wirklich etwas ist, noch will ich behaupten, daß, was wahrhaft irgendwie Sein hat, nicht von Gott gemacht sei. Deine Argumentation spricht auch in keiner Weise Gott Schuld zu und dem Teufel ab. Im Gegenteil, sie erweist Gott völlig von Schuld frei und gibt diese ganz dem Teufel.

CAPITULUM XXI

Quod malus angelus non potuit praescire se esse casurum.

Sed vellem scire utrum idem desertor angelus ista de se praesciverit.

M.: Cum quaeris utrum ille angelus qui non stetit in veritate praescierit se casurum, discernendum est de qua scientia dicas. Nam si de illa scientia quaeritur quae non est, nisi cum certa ratione aliquid intelligitur, omnino respondeo non posse sciri quod potest non esse. Quod enim non esse potest, nequaquam esse certa potest colligi ratione. Quapropter constat nullatenus illum quivisse praescire casum suum, quem necesse non erat esse futurum. Ponamus enim non fuisse futurum casum illum. An ergo putas potuisse praesciri si futurus non erat?

D.: Videtur nec posse praesciri quod potest futurum non esse, nec posse non esse futurum quod praescitur. Sed reminiscor nunc illius famosissimae quaestionis de praescientia divina et libero arbitrio. Quamvis enim tanta auctoritate asseratur et tanta teneatur utilitate, ut nullatenus propter ullam humanam rationem dubitandum sit divinam praescientiam et liberum arbitrium invicem sibi consentire; tamen quantum ad rationis considerationem quae videtur spectat, insociabiliter videntur dissentire. Unde | videmus [| 267] in hac quaestione nonnullos sic in unam partem vergentes ut alteram omnino deserant, unda infidelitatis submergente perire; multos vero velut contrariis ventis hinc inde contra invicem sustentando quassantibus periclitari. Cum ergo

---

5 M. Cum quaeris: c. *XXI incipit E* || 7 Nam si de illa: Cum queris *(expunctum) U* non: nondum *U* || 15 potest: poterat *U* || 25 altera *Q* || 26 contra *om. U*

Kapitel 21

Der böse Engel konnte seinen Fall nicht vorauswissen.

Ich möchte aber gern erfahren, ob der abgefallene Engel dies alles über ihn selbst vorauswußte.

L.: Bei der Frage, ob jener Engel, der nicht in der Wahrheit standhielt, seinen Fall vorauswußte, muß man unterscheiden, um was für ein Wissen es geht. Geht es nämlich um jenes Wissen, das nur gegeben ist, wenn etwas aus einem sicheren Vernunftgrund erkannt wird, so ist zu sagen: ein solches Wissen kann es durchaus nicht geben von etwas, das auch nicht sein kann. Denn das Sein von etwas, das auch nicht sein kann, läßt sich auf keinen Fall aus einem sicheren Vernunftgrund erschließen. Darum konnte jener keineswegs seinen Fall vorauswissen, der ja nicht notwendig eintreten mußte. Gesetzt, dieser Fall wäre nicht zukünftig gewesen, hätte er dann wohl vorausgewußt werden können, wenn er doch nicht stattfinden würde?

Sch.: In der Tat scheint ein Vorauswissen von etwas, das auch nicht sein kann, nicht möglich zu sein, und ebensowenig, daß etwas nicht eintritt, was vorausgewußt wird. Das erinnert mich aber nun an die berühmte, vieldiskutierte Frage nach dem Vorherwissen Gottes und der Willensfreiheit. Das Gewicht der Autorität der Tradition, an der immer festgehalten wurde, verbietet zwar, daß aufgrund menschlicher Überlegung ein Zweifel an der Vereinbarkeit von göttlichem Vorherwissen und menschlicher Freiheit aufkommt, und dennoch führt die Reflexion immer wieder an den Punkt, wo sie unvereinbar scheinen. Daher sieht man in dieser Frage einige sich so nach der einen Seite hin neigen und die andere außer acht lassen, daß sie in einer Woge des Unglaubens untergehen. Viele aber befinden sich in großer Not, wie in einander entgegenstehenden Winden, die den, der ihnen standzuhalten sucht, mächtig hin und

constet divinam praescientiam esse omnium quae fiunt libero arbitrio, nec aliquid horum sit ex necessitate: nihilominus videtur posse non esse futurum quod praescitur.

M.: Breviter interim hoc respondeo. Praescientia dei non proprie dicitur praescientia. Cui enim semper omnia sunt praesentia, non habet futurorum praescientiam, sed praesentium scientiam. Cum ergo alia sit ratio de praescientia futurae quam de praesentis rei scientia, non est necesse divinam praescientiam et illam de qua quaerimus eandem habere consequentiam.

D.: Assentior.

M.: Redeamus ad illam quae in manibus erat quaestionem.

D.: Placet quod dicis, sed eo pacto ut cum de illa cuius mentionem feci quaesiero, mihi respondere quod deus inde tibi dignabitur ostendere non renuas. Valde namque necessaria est eius solutio, si iam ab aliquo facta est aut si fiat. Fateor enim nondum alicubi excepta divina auctoritate cui indubitanter credo, me legisse rationem quae mihi sufficeret ad eiusdem solutionis intellectum.

M.: Cum ad illam veniemus, si forte venerimus, erit sicut deus dabit; nunc autem quoniam supra posita ratione patet apostatam angelum non potuisse praescire ruinam suam ea praescientia quam rei sequitur necessitas, accipe adhuc aliam rationem, quae non solum praescientia sed et aestimatione aut qualibet suspicione suum eum praesensisse casum excludit.

D.: Hoc exspecto.

---

28 exspecto: expeto *QU*

---

[28] In seinem letzten Werk rechnet sich ANSELM selbst zu solchen, die bei dieser Frage zeitweise gleichsam auf den Wellen hin und her schwankten *(fluctuare): conc.* 3,14 (unten 358,20 – 360,1).

[29] Vgl. ANSELM, *mon.* 63 (73,8–10 SCHMITT); *conc.* 1,5 (unten 268 bis 275 bes. 270,13–16).

her schütteln[28]. Obschon also feststeht, daß es ein göttliches Vorherwissen von allem gibt, was aus freiem Willen geschieht, und nichts davon aus Notwendigkeit geschieht, hat es dennoch den Anschein, daß das, was vorhergewußt wird, auch nicht stattfinden könnte.

L.: Ich will hier nur kurz auf dieses Problem eingehen. Gottes Vorherwissen wird nicht im eigentlichen Sinn „Vorherwissen“ genannt[29]. Wem nämlich immer alles gegenwärtig ist, der hat kein Vorherwissen von Zukünftigem, sondern ein Wissen des Gegenwärtigen. Da die Begriffe „Vorherwissen eines Zukünftigen“ und „Wissen eines Gegenwärtigen“ also voneinander verschieden sind, muß sich aus dem göttlichen „Vorherwissen“ und dem, was hier zur Frage steht, nicht dieselbe Konsequenz ergeben.

Sch.: Ich stimme dem zu.

L.: Zurück also zu der angeschnittenen Frage.

Sch.: Gern, aber mit der Bitte, du möchtest, wenn ich auf das soeben erwähnte Dilemma zu sprechen komme, mir nicht vorenthalten, was Gott dir in dieser Frage an Einsicht gewährt. Seine Lösung tut nämlich sehr not — wenn eine solche überhaupt schon gefunden wurde oder werden kann. Ich selbst muß jedenfalls gestehen, daß ich außerhalb dessen, was mit göttlicher Autorität gesagt ist — dem schenke ich ohne jeden Zweifel Glauben —, noch auf keinen vernünftigen Grund gestoßen bin, der mir hinreichend Einsicht zur Lösung böte.

L.: Wenn wir — hoffentlich einmal — auf diese Frage zu sprechen kommen, wird es so sein, wie Gott es gibt. Da nun aber aus dem oben dargelegten Grunde feststeht, daß der abgefallene Engel sein Verderben nicht mit jenem Vorherwissen vorausschauen konnte, aus dem etwas mit Notwendigkeit hervorgeht, möchte ich dir noch ein weiteres Argument vorlegen, das ausschließt, daß jener seinen Fall nicht nur mit eigentlichem Wissen, sondern auch durch irgendeine Vermutung oder einen Verdacht vorausgewußt hätte.

Sch.: Ich bin darauf gespannt.

M.: Si adhuc in bona voluntate stans praesciebat se casurum, aut volebat ut ita fieret, aut non volebat.

D.: Unum horum verum esse necesse est.

M.: Sed si cum praescientia voluntatem habebat aliquan- 268
do cadendi, iam ipsa mala voluntate ceciderat.

D.: Patet quod dicis.

M.: Non ergo volendo cadere prius scivit se casurum quam cecidit.

D.: Non potest aliquid obici conclusioni tuae.

M.: At si praesciebat se casurum et nolebat, tantum miser erat dolendo quantum stare volebat.

D.: Negari non potest.

M.: At tanto iustior erat quanto magis volebat stare; et quo erat iustior, eo debebat esse felicior.

D.: Non potest negari.

M.: Ergo si nolendo praesciebat se casurum, tanto erat miserior quanto debebat esse felicior; quod non convenit.

D.: Ita quidem consequi negare nequeo, sed hoc saepe non solum sine inconvenientia, sed et laudabiliter et superna gratia fieri cognoscitur. Multotiens enim — ut pauca de incommodis iustorum commemorem —, quanto quis iustior est, tanto maiori compassionis dolore de alieno casu afficitur. Saepe etiam eum qui maiorem habet in iustitia constantiam, videmus ab iniustis immaniorem pati persecutionis instantiam.

M.: Non est eadem ratio in hominibus et in illo angelo. Hominum enim natura propter peccatum primi parentis

---

16 praesciebat: sciebat *Q* || 22 compassione dolere *U* || 24 ab iniustis immaniorem ab iniustis pati *Q* || 27 natura *om. N*

L.: Wenn er, der bislang in einem guten Willen Stand hatte, vorauswußte, daß er fallen würde, so wollte er entweder, daß dies geschähe, oder er wollte es nicht.

Sch.: Diese Alternative ist zwingend.

L.: Hatte er aber irgendwann einmal mit diesem Vorauswissen den Willen zum Abfallen, dann war er bereits durch diesen bösen Willen gefallen.

Sch.: Offensichtlich.

L.: Nicht, indem er fallen wollte, wußte er also früher von seinem Fall, als er tatsächlich fiel.

Sch.: Gegen diese Folgerung läßt sich nichts einwenden.

L.: Wußte er seinen Fall aber voraus, ohne diesen zu wollen, so war er in dem Maße elend vor Trauer, als er standhalten wollte.

Sch.: Unbestreitbar.

L.: Dann war er aber auch um so gerechter, je mehr er festbleiben wollte. Und je gerechter er war, desto mehr sollte er glücklich sein.

Sch.: Auch das ist nicht zu bestreiten.

L.: Wußte er seinen Fall also voraus, ohne ihn zu wollen, dann war er in demselben Maße elender, als er glücklicher zu sein verdiente. Das aber geht nicht an.

Sch.: Ich kann nicht abstreiten, daß dies folgt. Aber das kommt doch oft vor, und zwar nicht nur, ohne daß wir darin eine Unangemessenheit fänden, sondern so, daß wir dies sogar für lobenswert halten und auf die göttliche Gnade zurückführen. Man braucht nur einiges von der Mühsal der Gerechten in Erinnerung zu bringen: Je gerechter einer ist, desto mehr schmerzt ihn das Mitleid über den Fall eines anderen. Häufig genug sehen wir auch den, der größere Standfestigkeit in der Gerechtigkeit beweist, unter der um so hartnäckigeren Verfolgung der Ungerechten leiden.

L.: Die Sache liegt bei den Menschen und jenem Engel sehr verschieden. Die menschliche Natur ist aufgrund der Sünde unseres Urvaters bereits fähig geworden, ungezählte

iam innumerabilium incommodorum facta est passibilis; ex qua passibilitate multis modis gratia nobis operatur incorruptibilitatem. Ille vero nullo adhuc peccato praecedente alicuius mali non meruerat passionem.

D.: Satisfecisti obiectioni meae. Patet quia haec ipsa ratio sicut separat ab ipso malo angelo sui casus praescientiam, ita nihilominus omnem segregat opinionem.

M.: Est et aliud quod mihi satis videtur ostendere nullo modo eum suam ante putavisse futuram praevaricationem. Nempe aut coactam putavisset aut spontaneam. Sed nec ullatenus erat unde se aliquando cogi suspicaretur, nec quamdiu voluit in veritate perseverare, ullo modo putare potuit se sola voluntate illam deserturum. Supra namque iam monstratum est eum, quamdiu rectam voluntatem habuit, in hac ipsa voluntate voluisse | perseverare. Quaprop- | 26
ter volendo tenere perseveranter quod tenebat, nullo modo video unde potuisset vel suspicari nulla alia accedente causa sola se illud deserturum voluntate. Non nego illum scivisse quia posset mutare voluntatem quam tenebat, sed dico illum non potuisse putare quia aliquando omni alia cessante causa sponte mutaret voluntatem, quam perseveranter tenere volebat.

D.: Qui diligenter intelligit quod dicis, patenter videt quia nullo modo scire vel putare potuit angelus malus se facturum quod male fecit.

---

4 mali non: mali *BRNQU* || 9 futuram *om. Q* || 12 perseverare in voluntate *E* || 19 quam tenebat *om. U* || 23 D. Qui: *c. XXII incipit E*

Leiden zu erfahren. Aus dieser Leidensfähigkeit erwirkt uns die Gnade auf vielfältige Weise Unvergänglichkeit. Jener Engel jedoch hatte, da bislang noch keine Sünde vorangegangen war, noch nicht verdient, unter irgendeinem Übel zu leiden.

Sch.: Das widerlegt meinen Einwand. Deine Begründung schließt aus, daß der böse Engel ein Vorherwissen und selbst nur irgendeine Ahnung von seinem Fall gehabt haben könnte.

L.: Noch aus einem anderen Grunde scheint mir hinreichend erwiesen, daß er auf keine Weise seinen Fehltritt vorher vermutet hat. Er hätte sich diesen Fehltritt entweder als gezwungen oder als freiwillig vorstellen müssen. Nun gab es aber weder etwas, das ihn mutmaßlich irgendeinmal hätte zwingen können, noch konnte er, solange er in der Wahrheit beharren wollte, irgendwie annehmen, er würde diese je rein aus seinem Willen aufgeben. Oben wurde ja schon erwiesen[30], daß er, solange er den rechten Willen hatte, in diesem Willen beharren wollte. Indem er beharrlich festhalten wollte, was er besaß, wüßte ich nicht, wie er auch nur hätte argwöhnen können, daß er es — ohne Hinzutreten einer anderen Ursache außer seiner selbst — mit Willen aufgeben würde. Ich streite nicht ab, daß er um sein Vermögen zu einer Änderung des Willens, den er besaß, gewußt hat; sage vielmehr: Er konnte nicht annehmen, daß er einmal — ohne allen Einfluß einer anderen Ursache — aus eigenem Antrieb den Willen ändern würde, den er beharrlich festhalten wollte.

Sch.: Bei der nötigen Aufmerksamkeit muß dein Nachweis, daß der böse Engel auf keine Weise die böse Tat, die er einmal begehen würde, wissen oder auch nur annehmen konnte, jedem einsichtig sein.

---

30 Vgl. Kapitel 3 (oben 136–147).

Capitulum XXII

Quod scivit se non debere velle hoc quod volendo peccavit, et debere puniri si peccaret.

Sed et hoc volo ut pariter ostendas, si scivit se non debere velle quod praevaricando voluit.

M.: In hoc dubitare non debes, si supra dicta consideras. Si enim nescisset se non debere velle quod iniuste voluit, ignorasset se debere voluntatem tenere quam deseruit. Quapropter nec iustus esset tenendo, nec iniustus deserendo iustitiam quam nescisset. Immo nec poterat non velle plus quam habebat, si nesciebat se debere esse contentum eo quod acceperat. Denique quoniam ita rationalis erat, ut nulla re prohiberetur uti ratione, non ignorabat quid deberet aut non deberet velle.

D.: Rationem tuam non video posse infirmari, sed tamen quaedam inde mihi videtur oriri quaestio. Si enim sciebat se non debere deserere quod acceperat: utique sciebat nihilominus se debere puniri si desereret. Quomodo ergo sponte potuit velle unde miser esset, qui acceperat inseparabiliter velle ut beatus esset?

---

1 *numerus XXII deest Q* || 7 nescisset: nesciret *U* non scisset *E* ||

Kapitel 22

Er wußte, daß er nicht wollen sollte, was zu wollen Sünde war, und daß er bestraft werden sollte, falls er sündigte.

Aber zeige mir auch bitte auf, ob er wußte, daß er nicht wollen sollte, was er bei seinem Fehltritt wollte.

L.: Daran darfst du nicht zweifeln, wenn du das zuvor Gesagte im Blick behältst. Hätte er nämlich nicht gewußt, daß er nicht wollen sollte, was er dann ungerechterweise wollte, so wäre ihm auch unbekannt geblieben, daß er den Willen festhalten sollte, den er dann aufgab. Sein Festhalten einer Gerechtigkeit, die er nicht kannte, wäre so nicht gerecht, ihr Aufgeben nicht ungerecht gewesen. Ja, er hätte nicht anders denn mehr wollen können, als er besaß, wenn er nicht wußte, daß er mit dem zufrieden sein sollte, was er empfangen hatte. Da schließlich sein Vernunftvermögen dergestalt war, daß er durch nichts im Gebrauch der Vernunft gehindert wurde, konnte ihm nicht unbekannt sein, was er wollen sollte und nicht sollte.

Sch.: Dein Argument scheint mir unanfechtbar, doch dürfte es Anlaß für eine weitere Frage sein. Wußte er nämlich, daß er nicht aufgeben sollte, was er empfangen, dann wußte er gewiß nicht weniger, daß er gestraft werden sollte, falls er sie aufgäbe. Wie konnte er, der doch unabtrennbar davon das Wollen empfangen hatte, glückselig zu sein, dann aus freien Stücken wollen, was ihm solches Elend einbringen würde?

---

15 D. Rationem: *c. XXIII incipit N* Dationem *N* || 18 ergo *om. U*

Capitulum XXIII

Quod non debuit scire quia si peccaret puniretur.

M.: Sicut certum est quia se debere puniri si peccaret ignorare non potuit, ita quia puniretur si peccaret scire non debuit.

D.: Quomodo hoc ignoravit, si ita rationalis erat ut eius 270
rationalitas non impediretur veritatem cognoscere, sicut saepe nostra impeditur gravante corruptibili corpore?

M.: Quia rationalis erat, potuit intelligere quia iuste si peccaret puniretur; sed quoniam „iudicia" dei „abyssus multa" „et investigabiles viae eius", nequivit comprehendere an deus faceret quod iuste facere posset. Sed et si quis dicat quia nullatenus credere potuit deum creaturam suam propter eius culpam damnaturum, quam tanta sua bonitate fecerat — praesertim cum nullum exemplum iustitiae ulciscentis iniustitiam praecessisset, et certus esset numerum in quo illi facti erant qui deo frui deberent tanta sapientia esse praestitutum, ut sicut nihil habebat superfluum ita si minueretur imperfectus esset, nec tam praeclarum opus dei ex aliqua parte permansurum imperfectum, nec ulla ratione scire posset si homo iam factus erat, deum humanam naturam pro angelica aut angelicam pro humana si caderet substituturum, sed potius unamquamque in id ad quod facta erat pro se non pro alia restituturum, aut si factus

---

1 *numerus XXIII deest Q* || 3 peccasset *U* || 16 numerus *U* || 24 erat *om. U* || 24 – *p.* 230,1 nondum factus *E*

---

[31] Vgl. Anselm, *conc. virg.* 2 (141,9–16 Schmitt).

Kapitel 23

Er sollte nicht wissen, daß er tatsächlich gestraft würde, falls er sündigte.

L.: So gewiß er darüber nicht in Unkenntnis sein konnte, daß er gestraft werden *sollte*, falls er sündigte, so sollte er nicht wissen, daß er tatsächlich gestraft werden *würde*, falls er sündigte.

Sch.: Wieso, wenn doch sein Vernunftvermögen dergestalt war, daß es nicht in der Weise an der Erkenntnis der Wahrheit gehindert wurde wie das unsrige, das oft unter der Last eines vergänglichen Leibes Hinderung erfährt[31]?

L.: Vermöge seiner Vernunft konnte er erkennen, daß er gerechterweise der Strafe verfalle, wenn er sündigte. Weil aber Gottes „Gericht ein unendlicher Abgrund" (vgl. Ps 36,7: Vg. Ps 35,7) ist „und seine Wege unerforschlich" (vgl. Röm 11,33) sind, konnte er „nicht begreifen" (vgl. Röm 11,34), ob Gott auch tun werde, was er gerechterweise tun konnte. Man könnte zum Beispiel sagen: „Der Engel konnte keinesfalls glauben, daß Gott sein Geschöpf, das er aus seiner unermeßlichen Güte gebildet, wegen dessen Schuld verdammen würde, zumal noch kein Beispiel der rächenden Gerechtigkeit vorangegangen war. Darüber hinaus war er gewiß, daß Gott die Zahl der Geschöpfe, die sich seiner ewig freuen sollten, mit so großer Weisheit festgesetzt hatte, daß an ihr nichts Überzähliges war und sie bei einer Verminderung also unvollkommen wäre. Ein so herrliches Werk Gottes würde aber nicht in irgendeiner Hinsicht unvollkommen bleiben. Wenn der Mensch schon geschaffen war, so konnte der Engel unmöglich wissen, daß Gott Menschenwesen anstelle von Engelwesen oder Engelwesen anstelle von Menschenwesen setzen würde — sollte es zum Fall kommen. Eher mochte er denken, Gott würde ein jedes Wesen so wiederherstellen, daß es seinem Schöpfungsziel entspräche — je für sich, und nicht anstelle

nondum erat homo, multo minus putare posset ad substitutionem alterius naturae illum esse faciendum —, si inquam haec aliquis dicat: quae inconvenientia inest?

D.: Mihi quidem magis videtur convenientia quam inconvenientia.

M.: Redeamus ad hoc quod dixeram, illum scilicet hanc non debuisse habere scientiam. Si enim scivisset, non posset volens et habens beatitudinem sponte velle unde miser esset. Quare non esset iustus non volendo quod non deberet, quoniam non posset velle. Sed et hac ratione considera utrum scire quod quaeris debuerit. Nam si scisset, aut peccasset aut non.

D.: Unum horum esset.

M.: Si praevisa tanta poena nulla indigentia et nulla re 271
cogente peccasset, tanto magis puniendus esset.

D.: Ita est.

M.: Non ergo haec praescientia illi expediebat.

D.: Vere peccaturo non expediebat praescire poenam.

M.: Quod si non peccasset: aut sola bona non peccasset voluntate, aut timore poenae.

D.: Nihil aliud dici potest.

M.: Sed quoniam peccatum non cavisset solo amore iustitiae, ipso opere monstravit.

D.: Non est dubium.

M.: Si vero timore cavisset, non esset iustus.

D.: Palam est nullo modo eum debuisse scire inditam sibi poenam suum secuturam peccatum.

---

3 haec: hoc *U* || 9–10 deberet: debet *N* || 19 M. *om. N*

des anderen. Noch viel weniger konnte der Engel, wenn der Mensch noch nicht geschaffen war, annehmen, daß er geschaffen würde, um an die Stelle eines anderen Wesens zu treten.“ Was wäre an einer solchen Behauptung etwa ungereimt?

Sch.: Sie erscheint mir eher recht angemessen.

L.: Ich sagte also, der Engel sollte ein Wissen vom tatsächlichen Eintritt der Strafe nicht haben. Hätte er nämlich davon gewußt, so konnte er, der die Glückseligkeit wollte und besaß, nicht aus freien Stücken wollen, was ihn ins Elend stürzen mußte. Dann wäre er aber in seinem Nicht-Wollen dessen, was er nicht sollte, nicht gerecht gewesen, da er es zu wollen nicht vermochte. Doch überlege auch noch, ob er auf der Basis des folgenden Gedankens das in Frage stehende Wissen hätte haben sollen. Im Falle dieses Wissens hätte er entweder gesündigt oder nicht.

Sch.: Ja, es gibt nur diese beiden Möglichkeiten.

L.: Hätte er nun, in Voraussicht einer solchen Strafe, ohne jede Not oder Zwang gesündigt, so hätte er um so mehr Strafe verdient.

Sch.: Richtig.

L.: Dieses Vorherwissen wäre ihm also nicht von Nutzen gewesen.

Sch.: In der Tat nicht.

L.: Hätte er aber nicht gesündigt, dann entweder rein aus gutem Willen oder aus Furcht vor Strafe.

Sch.: Es bleibt nichts anderes.

L.: Daß er die Sünde rein aus Liebe zur Gerechtigkeit nicht gemieden hätte, bewies er nun allerdings durch seine Tat selbst.

Sch.: Zweifellos.

L.: Hätte er sie aber aus Furcht gemieden, so wäre er nicht gerecht gewesen.

Sch.: Dies ist nun klar: Auf keine Weise hätte er ein Wissen davon haben sollen, daß die über ihn verhängte Strafe seiner Sünde tatsächlich folgen würde.

Capitulum XXIV

Quod etiam bonus angelus hoc scire non debuit.

Sed quoniam et eum angelum qui stetit et eum qui non stetit in veritate pari scientia praeditos in prima conditione credimus, non video cur illi negata sit scientia ista, cui tam tenax erat bona voluntas ut sufficeret ad cavendum peccatum.

M.: Non tamen posset nec deberet contemnere poenam quam praescisset.

D.: Sic videtur.

M.: Sicut ergo solus amor iustitiae, ita solum odium poenae sufficeret ad non peccandum.

D.: Nil planius.

M.: Duas igitur habuisset causas non peccandi, unam honestam et utilem, alteram non honestam et inutilem, id est amorem iustitiae et odium | poenae. Nam non honestum | 272
est solo odio poenae non peccare, et ad non peccandum inutile est odium poenae, ubi solus amor iustitiae sufficit.

D.: Non est quod possim obicere.

M.: Quid ergo? Nonne multo nitidius placet eius perseverantia cum illa sola perseverandi causa videtur in illo quae utilis est et honesta, quia spontanea, quam si simul illa sese ostenderet quae inutilis et inhonesta, quia necessaria intelligitur?

D.: Sic patet quod dicis, ut quod paulo ante volebam eum scivisse nunc gaudeam illum nescivisse, nisi quia

---

9 quam: qua *B* || 13 Nihil *E*

Kapitel 24

Auch der gute Engel sollte das nicht wissen.

Wir glauben aber, daß der Engel, der in der Wahrheit festblieb, und der, der nicht in ihr standhielt, in ihrer ursprünglichen Beschaffenheit mit dem gleichen Wissen ausgestattet waren. Warum dem Engel, dessen guter Wille so standfest war, daß er zur Meidung der Sünde ausreichte, jenes Wissen vom Eintreten der Strafe versagt geblieben sei, leuchtet mir allerdings nicht ein.

L.: Wenn ihm die Strafe im vorhinein bekannt gewesen wäre, so hätte er sie weder verachten können noch sollen.

Sch.: So scheint es in der Tat.

L.: Dann hätte aber wie allein die Liebe zur Gerechtigkeit, so auch allein schon die Abneigung vor der Strafe genügt, um ihn von der Sünde abzuhalten.

Sch.: Ganz offensichtlich.

L.: Damit hätte er zwei Gründe zum Nichtsündigen gehabt: einmal einen ehrenhaften und nützlichen, sodann einen unehrenhaften und unnützen — nämlich die Liebe zur Gerechtigkeit und die Abneigung vor der Strafe. Denn es ist unehrenhaft, aus bloßer Abneigung vor der Strafe nicht zu sündigen, und wo die Liebe zur Gerechtigkeit allein ausreicht, um keine Sünde zu begehen, ist die Abneigung vor Strafe überdies unnütz.

Sch.: Dagegen vermag ich nichts einzuwenden.

L.: Ist dann aber seine Beharrlichkeit nicht viel wohlgefälliger, wenn als ihr einziger Grund das Nützliche und Ehrenhafte, nämlich der freiwillige Entschluß, ersichtlich wird, als wenn sich damit zugleich noch ein Grund zeigte, der unnütz und unehrenhaft, weil nämlich notwendig zwingend ist?

Sch.: Das ist so klar, daß ich nun froh über sein Nichtwissen hinsichtlich derselben Sache bin, von der ich noch kurz zuvor wollte, daß er sie gewußt hätte — mit einer

nunc eandem eum negare non possumus habere scientiam, quam ipso angeli peccantis exemplo ignorare non potest.

Capitulum XXV

Quod ille, etiamsi hoc solo dicitur iam non posse peccare, quia nunc hanc habet scientiam ex casu diaboli, tamen illi sit ad gloriam.

M.: Quod nunc uterque, bonus scilicet angelus et malus, certus est quia talem culpam talis sequitur poena: sicut scientia est ambobus diversa, ita est scientiae causa non eadem, et finis dissimilis. Nam quod ille scit ipso sui experimento, hoc iste didicit solo alterius exemplo. Sed ille illo modo quia non perseveravit, iste alio modo quia perseveravit.

Quapropter sicut illi quoniam vituperabiliter non perseveravit scientia sua est ad contumeliam, ita isti quoniam laudabiliter perseveravit scientia sua est ad gloriam. Si ergo iste dicitur hoc solo quia hanc habet scientiam iam peccare non posse: satis patet quia sicut gloriosa est scientia quae ex laudabili perseverantia est comparata, sic ad gloriam est impotentia peccandi quae ex gloriosa scientia est nata. Quemadmodum ergo malus angelus vituperandus est quia non potest ad iustitiam redire, ita iste laudandus est quia non potest abire. Sicut enim ille iam redire non potest quia sola mala voluntate abiit, sic iste iam abire non potest quia sola bona voluntate permansit. Palam igitur est quia sicut

---

16 ita ista isti *N* *(in B* ista *expunctum est)* || 18 quia *om. Q* habet: habere *Q*

Einschränkung allerdings: Es läßt sich ja nicht bestreiten, daß er jetzt dieses Wissen hat, das ihm zufolge des Beispiels des in Sünde gefallenen Engels nicht mehr verborgen sein kann.

Kapitel 25

Auch angenommen, der gute Engel wäre unfähig zur Sünde allein aus diesem seinem jetzigen Wissen vom Fall des Teufels her, so würde ihm dies zur Ehre gereichen.

L.: Was das angeht, daß jetzt der gute wie der böse Engel Gewißheit über die Strafe haben, die eine solche Schuld nach sich zieht, so haben sie beide nicht nur ein verschiedenes Wissen, sondern auch dessen Ursache und Ziel sind nicht die gleichen. Der eine weiß aus eigener Erfahrung, der andere lernte nur aus dessen Beispiel; jener hat das Wissen nach der Weise seines Nicht-Beharrens, dieser nach der seines Beharrens.

Weil der eine tadelnswerterweise nicht beharrlich blieb, wird ihm sein Wissen zur Schande. So gereicht dem anderen sein Wissen zur Ehre, weil er lobenswerterweise beharrlich blieb. Wenn man daher sagt, der gute Engel könne schon allein deshalb, weil er dieses Wissen hat, jetzt nicht mehr sündigen, so ist hinlänglich klar, daß, wie dieses aus lobwürdiger Beharrlichkeit erworbene Wissen der Ehre wert ist, auch die Unfähigkeit zu sündigen zur Ehre gereicht, die solchem der Ehre werten Wissen entsprang. Wie man also den bösen Engel tadeln muß, weil er nicht zur Gerechtigkeit zurückkehren kann, so ist der gute zu loben, weil er sie nicht mehr verlassen kann. Denn jener kann jetzt nicht mehr zurück, weil er allein aufgrund seines bösen Willens die Gerechtigkeit verließ. Dieser aber kann sie jetzt nicht mehr verlassen, weil er allein aufgrund seines guten Willens in ihr verblieb. Dem einen ist die Unmöglichkeit

illi non posse | recuperare quod deseruit est poena peccati, | 273 ita huic non posse deserere quod tenuit est praemium iustitiae.

D.: Valde pulchra esset huius scientiae atque impotentiae ista tua contemplatio, si quemadmodum asseris ideo bono angelo eadem scientia et impotentia quia perseveravit contigissent. Non enim eas adeptus esse videtur quia ipse perseveravit, sed quia desertor non perseveravit.

M.: Si ita est ut dicis, gaudere potest bonus angelus de casu apostatae angeli, utpote cui expediebat ut ille caderet, quoniam adeptus est hanc scientiam, qua nec peccare nec miser esse amplius possit, non quia ipse bene meruit, sed quia alius male meruit. Quae omnia nimia sunt absurditate plena.

D.: Quanto absurdius videtur sicut tu monstras, stanti angelo profuisse casum peccantis, tanto magis necesse est ut ostendas istum non ideo adeptum esse scientiam de qua agitur quia ille peccavit.

M.: Non debes dicere ideo bonum angelum ad scientiam hanc profecisse quia malus peccavit, sed bonum angelum ideo profecisse ad hanc scientiam exemplo cadentis, quia ille peccavit. Si enim neuter peccasset, utrique daturus erat deus eandem scientiam merito perseverantiae alio modo sine alicuius cadentis exemplo. Nullus enim dicet deum non alio modo potuisse angelis suis hanc dare scientiam. Cum ergo ille peccavit, exemplo eius istum docuit quod docturus erat, non impotentia quia alio modo non potuit, sed maiori potentia qua de malo bonum facere potuit, ut

---

1 illi *om. Q* || 11 qua: quam *N* || 22 ille: non *add. U*

wiederzuerlangen, was er verlassen, Strafe für die Sünde. Dem anderen ist die Unmöglichkeit zu verlassen, was er festhielt, Lohn der Gerechtigkeit.

Sch.: Deine Betrachtung über dieses Wissen und diese Unmöglichkeit wäre sehr schön, wenn — wie du behauptest — dies beides dem guten Engel zuteil geworden wäre, weil er beharrlich blieb. Er scheint sie aber nicht erlangt zu haben, weil er selbst beharrlich, sondern weil der abtrünnige Engel nicht beharrlich war.

L.: Wenn es sich so verhält, dann kann sich der gute Engel über den Fall des abtrünnigen freuen. Dessen Fall geschah ihm zum Nutzen; denn dieses Wissen, aufgrund dessen er nun nicht mehr sündigen noch elend sein kann, hat er erlangt nicht durch das eigene gute Verdienst, sondern durch das böse Verschulden des anderen. Und dies alles ist von äußerstem Widersinn.

Sch.: Um so mehr mit deinen Ausführungen der Widersinn der Annahme zutage tritt, daß dem standhaften Engel der Fall des abtrünnigen zum Nutzen gereicht habe, wird nun aber auch der Aufweis notwendig, daß das besagte Wissen dem einen nicht deswegen zugekommen ist, weil der andere sündigte.

L.: Du solltest nicht sagen: „Der gute Engel gelangte zu diesem Wissen, weil der böse sündigte", sondern: „Der gute Engel gelangte zu diesem Wissen über das Beispiel dessen, der fiel, weil er sündigte." Hätte nämlich keiner gesündigt, so würde Gott beiden dieses Wissen aufgrund des Verdienstes der Beharrlichkeit auf eine andere Weise, ohne das Beispiel eines, der fiel, vermittelt haben. Niemand wird ja behaupten, Gott habe seinen Engeln dieses Wissen nicht auf eine andere Weise geben können. Als der eine nun sündigte, hat Gott den anderen an seinem Beispiel gelehrt, was er ihn auch sonst gelehrt hätte, nicht aus dem Unvermögen, dies auf keine andere Weise vermitteln zu können, sondern aus seiner größeren Macht, in der er selbst aus dem Bösen Gutes machen konnte, damit nicht einmal das Böse

nec malum inordinatum in regno omnipotentis sapientiae remaneret.

D.: Placet mihi valde quod dicis.

M.: Patet itaque si bonus angelus hoc solo peccare iam non posset, quia scit peccatum mali angeli poenam secutam esse, quod tamen haec impotentia non illi esset ad imminutionem laudis, sed ad praemium servatae iustitiae. Sed scis quia supra claruit eum idcirco peccare non posse, quoniam merito perseverantiae adeo provectus est, ut iam non videat quid plus velle queat.

D.: Nihil excidit eorum quae supra ratione investigante comperimus, a memoria mea.

Capitulum XXVI 274

Quid horremus audito nomine mali; et quid facit opera quae dicitur iniustitia facere, cum ipsa et malum nihil sit.

Sed cum omnibus quaestionibus meis satisfeceris: illud adhuc exspecto aperiri, quid sit quod horremus audito nomine mali, et quid faciat opera quae iniustitia quae malum est facere videtur, ut in raptore, in libidinoso, cum malum nihil sit.

M.: Breviter tibi respondeo. Malum quod est iniustitia semper nihil est; malum vero quod est incommoditas aliquando sine dubio est nihil, ut caecitas, aliquando est aliquid ut tristitia et dolor; et hanc incommoditatem quae aliquid est semper odio habemus. Cum igitur audimus

---

10 quid: quod *U* queat: cognoscat *U* || 11 D. Nihil: *c. XXVI incipit E* || 16 cum: in *add. U* || 17 exspecto: expeto *U* || 21 respondebo *U* || 25 est aliquid *U* igitur: ergo *U*

im Reich der allmächtigen Weisheit ohne Ordnung verbleibe.

Sch.: Das höre ich sehr gern.

L.: Damit ist deutlich, daß, selbst wenn der gute Engel allein durch sein Wissen über die Strafe, die der Sünde des bösen Engels folgte, jetzt nicht mehr sündigen könnte, diese Unfähigkeit sein Lob nicht mindern, sondern ihm zum Lohn für die bewahrte Gerechtigkeit gereichen würde. Aus dem oben klargestellten Sachverhalt weißt du aber, daß er deswegen nicht mehr sündigen kann, weil er durch den Lohn für seine Beharrlichkeit so weit gekommen ist, daß er nun nichts sieht, was er noch mehr wollen könnte.

Sch.: Von dem, was wir in unserer Untersuchung bereits gewonnen haben, ist nichts meinem Gedächtnis entfallen.

Kapitel 26

Unser Erschrecken über das Wort „das Böse". Was verursacht die Werke, die — wie man sagt — die Ungerechtigkeit vollbringt, obwohl sie und das Böse doch nichts sind?

Da du nun aber allen meinen Fragen Genüge getan hast, möchte ich jetzt nur noch Aufschluß darüber erhalten, vor was wir eigentlich zurückschrecken, wenn wir das Wort „das Böse" hören, und was die Werke verursacht, die die Ungerechtigkeit — die das Böse ist — zu vollbringen scheint, wie etwa im Fall von Raub oder Wollust, wenn doch das Böse nichts ist.

L.: Dazu nur ganz kurz. Das Böse, das die Ungerechtigkeit ist, ist immer nichts. Das Übel hingegen, das im Unangenehmen besteht, ist manchmal zweifellos nichts — wie die Blindheit. Manchmal aber ist es etwas — wie Traurigkeit und Schmerz. Es handelt sich um dieses Unangenehme, das etwas ist, vor dem wir immer zurückschaudern. Wenn wir also das Wort „das Böse" hören, so fürchten wir

nomen mali, non malum quod nihil est timemus, sed malum quod aliquid est, quod absentiam boni sequitur. Nam iniustitiam et caecitatem quae malum et nihil sunt, sequuntur multa incommoda quae malum et aliquid sunt, et haec sunt quae horremus audito nomine mali.

Cum autem dicimus quia iniustitia facit rapinam, aut caecitas facit hominem cadere in foveam, nequaquam intelligendum est quod iniustitia vel caecitas aliquid faciant; sed quod si iustitia esset in voluntate et visus in oculo, nec rapina fieret nec casus in foveam. Tale est cum dicimus: absentia gubernaculi impellit navem in scopulos, aut: absentia freni facit equum discurrere; quod non est aliud quam: si gubernaculum adesset navi et frenum equo, nec venti navem impellerent nec equus discurreret. Sicut namque gubernaculo regitur navis et freno equus, sic iustitia gubernatur voluntas hominis et visu pedes.

D.: Sic mihi de malo quod est iniustitia satisfecisti, ut iam omnis in corde meo quae de illo inesse solebat quaestio sit detersa. De hoc enim malo quaestio nasci videtur, quoniam si esset aliqua essentia esset a deo, a quo et necesse est esse omne quod aliquid est, et impossibile est esse peccatum sive iniustitiam. De malo vero quod est incommoditas, si aliquando est aliquid, nihil video rectae fidei obviare.

---

2 aliquid est: est *om. Q* || 16 visu: iusti *E* || 17 D. Sic: *c. XXVII incipit E*

nicht das Böse, das nichts ist, sondern das Übel, das etwas ist, das auf das Fehlen des Guten folgt. Denn die Ungerechtigkeit und die Blindheit, die ein Böses beziehungsweise ein Übel und nichts sind, haben viel Unangenehmes zur Folge, die ein Übel und etwas sind. Dies ist es, wovor wir beim Hören des Wortes „das Böse" zurückschrecken. Wenn man aber sagt, die Ungerechtigkeit führe zum Raub, oder die Blindheit mache, daß ein Mensch in eine Grube fällt, so heißt das keinesfalls, daß Ungerechtigkeit oder Blindheit etwas bewirkten. Vielmehr: Wenn die Gerechtigkeit im Willen und die Sehkraft im Auge wären, unterbliebe der Raub und auch der Sturz in die Grube — so sagt man ja auch: Der Ausfall der Steuerung trieb das Schiff gegen die Klippen, oder: Das Fehlen der Zügel ließ das Pferd durchgehen[32]. Gemeint ist damit aber nur: Hätte das Schiff seine Steuerung und das Pferd seine Zügel gehabt, so würde der Sturm das Schiff nicht fehlgetrieben haben und das Pferd nicht durchgegangen sein. Wie das Schiff vom Steuer und das Pferd vom Zügel gelenkt wird, so der Wille des Menschen durch die Gerechtigkeit und seine Füße durch das Augenlicht.

Sch.: Du hast mir über das Böse, das die Ungerechtigkeit ist, so erschöpfend Auskunft gegeben, daß nun alle Fragen hierzu, die bislang mein Herz bewegten, zur Ruhe gekommen sind. Dieses Fragen scheint daher zu rühren, daß das Böse von Gott sein müßte, wenn es ein Seiendes wäre. Denn von ihm ist mit Notwendigkeit alles, was etwas ist, unmöglich aber Sünde oder Ungerechtigkeit. Was hingegen das Übel angeht, das im Unangenehmen besteht, so scheint mir darin nichts dem rechten Glauben entgegenzustehen, wenn es in manchen Fällen etwas ist.

---

[32] Vgl. ANSELM, *Ph. Fragm.* (340,26–33 SOUTHERN/SCHMITT).

CAPITULUM XXVII 275

Unde venit malum in angelum, qui bonus erat.

Sed ne taedeat te breviter respondere fatuae interrogationi meae, ut sciam qualiter hoc ipsum quaerentibus respondeam. Quippe non semper facile est insipienter quaerenti sapienter respondere. Quaero igitur unde primum venit malum quod dicitur iniustitia sive peccatum, in angelum qui factus est iustus.

M.: Dic tu mihi unde venit nihil in aliquid.

D.: Nihil nec venit nec recedit.

M.: Cur ergo quaeris unde venit iniustitia quae nihil est?

D.: Quia quando iustitia inde recedit ubi erat, dicimus accedere iniustitiam.

M.: Dic ergo quod magis proprie et apertius dicitur, et quaere de abscessu iustitiae. Siquidem saepe apta interrogatio expedit responsionem, et inepta reddit impeditiorem.

D.: Cur ergo recessit ab angelo iusto iustitia?

M.: Si proprie vis loqui, non recessit ab eo, sed ipse deseruit eam volendo quod non debuit.

D.: Cur deseruit eam?

M.: Cum dico quia volendo quod non debuit illam deseruit, aperte ostendo cur et quomodo illam deseruit. Nam ideo illam deseruit, quia voluit quod velle non debuit; et hoc modo, id est volendo quod non debuit illam deseruit.

D.: Cur voluit quod non debuit?

---

9 mihi *om. U* || 10 Nihil *om. E* || 11 est?: ? *om. E* || 15 de abscessu: abscessum *U*

Kapitel 27

Von woher kam das Böse in den Engel, der doch gut war?

Laß dich aber bitte nicht verdrießen, mir noch kurz auf eine wohl dumme Frage Antwort zu geben, damit ich weiß, was ich dazu sagen soll, wenn ich danach gefragt werde. Es ist ja nicht immer leicht, für eine törichte Frage eine vernünftige Antwort bereit zu haben. Von woher kam — so möchte ich wissen — ursprünglich das Böse, das Ungerechtigkeit oder Sünde heißt, in den Engel, der doch gerecht erschaffen wurde?

L.: Sag du mir selbst, von woher nichts in etwas kommt!

Sch.: Ein „Nichts" kommt nicht und geht auch nicht weg.

L.: Warum dann deine Frage, woher die Ungerechtigkeit komme, die nichts ist?

Sch.: Weil man sagt: Dort, wo die Gerechtigkeit weicht, tritt die Ungerechtigkeit an ihre Stelle.

L.: Dann suche du nach einer angemesseneren Formulierung und frage nach dem Verschwinden der Gerechtigkeit. Oft bringt nämlich eine richtig gestellte Frage die Antwort voran und macht eine unangemessene Frage das Antworten schwieriger.

Sch.: Nun gut: Warum wich die Gerechtigkeit von dem gerechten Engel?

L.: Richtig ausgedrückt, wich nicht sie von ihm, sondern er verließ sie, indem er wollte, was er nicht sollte.

Sch.: Warum verließ er sie?

L.: Die Aussage: „Er verließ sie, indem er wollte, was er nicht sollte", weist klar auf, warum und wie er sie verließ. Das Warum liegt darin, daß er wollte, was er nicht wollen sollte; das Wie darin, daß er im Wollen dessen, was er nicht sollte, die Gerechtigkeit verließ.

Sch.: Warum wollte er, was er nicht sollte?

M.: Nulla causa praecessit hanc voluntatem, nisi quia velle potuit.

D.: An ideo voluit quia potuit?

M.: Non, quia similiter potuit velle bonus angelus, nec tamen voluit. Nam nullus vult quod velle potest ideo quia potest, sine alia causa, quamvis numquam velit si non potest.

D.: Cur ergo voluit?

M.: Non nisi quia voluit. Nam haec voluntas nullam aliam habuit causam qua impelleretur aliquatenus aut attraheretur, sed ipsa sibi efficiens causa fuit, si dici potest, et effectum.

CAPITULUM XXVIII 276

Quod potestas volendi quod non debuit bona fuit semper, et ipsum velle bonum, quantum ad esse.

D.: Si potestas ipsa volendi et ipsum velle fuit aliquid, bonum fuit et a deo.

M.: Utrumque aliquid fuit. Et potestas quidem non, nisi bonum aliquid et spontaneum donum dei, velle autem secundum essentiam bonum, sed quoniam iniuste factum est malum; et tamen a deo fuit, a quo est omne quod aliquid est. Nempe non solum hoc habet aliquis a deo quod deus sponte dat, sed etiam quod iniuste rapit deo permittente. Et sicut deus dicitur facere quod permittit fieri, ita dicitur dare quod permittit rapi. Quoniam igitur permittente deo angelus malus per rapinam usus est potestate a deo sponte

---

4 angelus *om. E* || 9 Non nisi: Nam nisi *N* || 10–11 traheretur *EU* || 13 *numerus XXVIII deest Q* || 18 M. Utrumque: *c. XXVIII incipit R*

L.: Diesem Willen ging keine Ursache voraus, außer daß er wollen *konnte.*

Sch.: Wollte er dann, weil er konnte?

L.: Nein; denn auch der gute Engel konnte so wie er wollen, und dennoch wollte er nicht. Keiner will, was er wollen kann, darum, weil er kann, ohne eine weitere Ursache; obzwar niemand will, wenn er nicht kann.

Sch.: Warum wollte er denn?

L.: Nur weil er wollte. Denn dieser Wille hatte keine andere Ursache, die ihn irgendwie angetrieben oder angezogen hätte. Er war sich vielmehr selbst, wenn man so sagen kann, Wirkursache und Wirkung.

Kapitel 28

Sein Vermögen zu wollen, was er nicht sollte, war immer gut, und sogar dieses sein Wollen war gut, sieht man nur auf sein Sein.

Sch.: Wenn dieses Vermögen zu wollen und auch das Wollen selbst etwas waren, so waren sie ein Gutes und von Gott.

L.: Beide waren etwas. Das Vermögen war nichts als etwas Gutes und ein freies Geschenk Gottes. Das Wollen hingegen war seinem Sein nach gut, böse aber, weil es ungerecht ausgeführt wurde. Dennoch war es von Gott, von dem alles ist, was etwas ist. Denn nicht nur das hat man von Gott, was Gott freiwillig schenkt, sondern auch das, was man unter seiner Zulassung ungerechterweise an sich reißt. Wie man sagt, Gott bewirke, was unter seiner Zulassung geschieht, so auch: Gott gibt, was er sich rauben läßt. Insofern der böse Engel also unter Zulassung Gottes auf dem Wege des Raubes[33] Gebrauch von dem Vermögen

[33] Vgl. ANSELM, *inc.* 10 (27,1–3 SCHMITT).

data: a deo habuit uti, quod non est aliud quam ipsum velle. Non est enim aliud velle quam uti potestate volendi, sicut idem est loqui et uti potestate loquendi.

---

1 uti: ipsum uti *RQU* || 3 loquendi: *add.* EXPLICIT *Q* EXPL. TRACTATUS DE CASU DIABOLI *R* EXPL. TRACT. DE CASU DIABOLI EDITUS AB ANSELMO ARCHIEPISCOPO CANTUA-

machte, das Gott ihm freiwillig geschenkt, hatte er von Gott auch diesen Gebrauch, der mit seinem Wollen zusammenfällt. Denn das Wollen besteht in nichts anderem als dem Gebrauch des Vermögens zu wollen, wie das Sprechen und der Gebrauch des Sprachvermögens ein und dasselbe sind.

RIENSI *B* *idem in litt. minusc. N* Expl. tract. Anselmi archiep. de casu diaboli *E* Expl. liber domni anselmi de casu diaboli *U*

DE CONCORDIA PRAESCIENTIAE ET PRAEDESTINATIONIS ET GRATIAE DEI CUM LIBERO ARBITRIO

ÜBER DIE VEREINBARKEIT DES VORHERWISSENS, DER VORHERBESTIMMUNG UND DER GNADE GOTTES MIT DEM FREIEN WILLEN

DE CONCORDIA PRAESCIENTIAE ET PRAEDESTINATIONIS ET GRATIAE DEI CUM LIBERO ARBITRIO 245

De tribus illis quaestionibus, in quibus dei praescientiae atque praedestinationi nec non et gratiae liberum arbitrium repugnare videtur, quod mihi deus dignabitur aperire, tentabo ipso adiuvante scribendo ostendere.

[Quaestio I:] De praescientia et libero arbitrio

[I]

Videntur quidem praescientia dei et liberum arbitrium repugnare, quoniam ea quae deus praescit, necesse est esse futura, et quae per liberum arbitrium fiunt, nulla necessitate proveniunt. Sed si repugnant, impossibile est simul et esse praescientiam dei quae omnia praevidet, et aliquid fieri per | libertatem arbitrii. Quae impossibilitas si abesse intelligitur, repugnantia quae videtur inesse penitus removetur. | 246
Ponamus igitur simul esse et praescientiam dei, quam sequi

1–4 INCIPIT LIBER ANSELMI CANTUARIENSIS ARCHIEPISCOPI DE CONCORDIA PRAESCIENTIAE ET PRAEDESTINATIONIS ET GRATIAE DEI (DEI *om. S*) CUM LIBERO ARBITRIO *BOS idem in litteris minusculis C* Incipit liber venerabilis anselmi archiepiscopi de concordia praescientiae et praedestinationis ac gratiae dei cum libero arbitrio *E in mss. textus duabus aliis inscriptionibus, nulla alia incisione interveniente, in tres partes dividitur; Schmitt praeterea numeris in uncis inclusis capita editionis Maurinae indicavit in E manus posterior XXIX numeros in marginibus posuit* || 7 dignatur *S; Divion. 182 (s. XII.)* || 9 *hanc inscriptionem supplevit Schmitt; in mss. deest*

ÜBER DIE VEREINBARKEIT DES VORHERWISSENS, DER VORHERBESTIMMUNG UND DER GNADE GOTTES MIT DEM FREIEN WILLEN

Mit Gottes Hilfe möchte ich darzulegen versuchen, was er mir im Hinblick auf die drei folgenden Probleme gütig eröffnen wird, insofern nämlich der freie Wille dem Vorherwissen, der Vorherbestimmung und der Gnade Gottes zu widersprechen scheint.

[I.] Vorherwissen und freier Wille[1]

[1]

Ein Vorherwissen Gottes und ein freier Wille scheinen einander zu widersprechen. Denn was Gott vorausweiß, muß notwendig eintreten. Was aber durch freie Willensentscheidung geschieht, geht aus keiner Notwendigkeit hervor. Besteht aber dieser Widerspruch, so kann unmöglich zugleich das alles vorausschauende Vorherwissen Gottes sein und etwas durch Willensfreiheit geschehen. Erkennt man, daß diese Unmöglichkeit nicht vorhanden ist, so wird der scheinbare Widerspruch völlig behoben. Nehmen wir also an, es gebe zugleich das Vorherwissen Gottes, das

---

[1] Diese Überschrift, die sich nicht in den Handschriften findet, hat SCHMITT analog zu den beiden folgenden, dort vorhandenen Überschriften ergänzt. Er hat mit eingeklammerten römischen Zahlen (die wir durch arabische ersetzen) auch die Kapiteleinteilung der früheren Ausgaben beibehalten. Zur Übersetzung von *liberum arbitrium* mit „freier Wille“ vgl. oben 67 Anm. 1 zu *lib*.

necessitas futurarum rerum videtur, et libertatem arbitrii, per quam multa sine ulla necessitate fieri creduntur, et videamus utrum impossibile sit haec duo simul esse. Quod si est impossibile, oritur inde aliud impossibile. Impossibile siquidem est, quo posito aliud impossibile sequitur. Sed si aliquid est futurum sine necessitate, hoc ipsum praescit deus, qui praescit omnia futura. Quod autem praescit deus, necessitate futurum est, sicut praescitur. Necesse est igitur aliquid esse futurum sine necessitate. Nequaquam ergo recte intelligenti hic repugnare videntur praescientia quam sequitur necessitas, et libertas arbitrii a qua removetur necessitas, quoniam et necesse est quod deus praescit futurum esse, et deus praescit aliquid esse futurum sine omni necessitate.

Sed dices mihi: Non removes tamen a me necessitatem peccandi vel non peccandi, quoniam deus praescit me peccaturum vel non peccaturum, et ideo necesse est me peccare si pecco, vel non peccare si non pecco. Ad quod ego: Non debes dicere: praescit deus me peccaturum tantum vel non peccaturum; sed: praescit deus me peccaturum sine necessitate vel non peccaturum. Et ita sequitur quia, sive peccaveris sive non peccaveris, utrumque sine necessitate erit, quia praescit deus futurum esse sine necessitate hoc quod erit. Vides igitur non esse impossibile simul esse praescientiam dei, per quam futura quae praescit dicuntur esse ex necessitate, et libertatem arbitrii, per quam multa fiunt sine

---

2 fieri *om. S* || 12–13 esse futurum *S* || 23 quod hoc *O* || 26 – *p.* 254, 1 sine necessitate?: ? *om. E*

anscheinend die Notwendigkeit der zukünftigen Dinge zur Folge hat, und die Willensfreiheit, durch die vieles, wie wir glauben, ohne jede Notwendigkeit geschieht, und sehen wir zu, ob das Zusammenbestehen dieser beiden unmöglich ist. Ist es unmöglich, so ergibt sich daraus weiteres Unmögliches. Denn unmöglich ist etwas, dessen Setzung weiteres Unmögliches zur Folge hat. Wird aber etwas in Zukunft ohne Notwendigkeit eintreten, so weiß dies Gott voraus, der ja alles Zukünftige kennt. Was Gott aber vorausweiß, ist notwendig so zukünftig, wie es vorausgewußt wird. Also muß notwendigerweise etwas ohne Notwendigkeit zukünftig sein. Bei richtigem Verständnis kann also der Anschein eines Widerspruchs zwischen dem Vorherwissen, das Notwendigkeit zur Folge hat, und der Willensfreiheit, die Notwendigkeit ausschließt, gar nicht zustande kommen. Denn zum einen ist notwendig, was Gott als zukünftig vorausweiß; und zum anderen weiß Gott etwas als zukünftig voraus, das ohne jede Notwendigkeit eintritt.

Du könntest einwenden: „Du kannst trotzdem nicht die Notwendigkeit zu sündigen oder nicht zu sündigen von mir nehmen. Gott weiß ja voraus, daß ich sündigen oder nicht sündigen werde. Also muß ich notwendig sündigen in dem einen, notwendig nicht sündigen in dem anderen Fall." Meine Antwort: Du solltest nicht sagen: „Gott weiß voraus, daß ich sündigen oder nicht sündigen werde", sondern: „Gott weiß voraus, daß ich ohne Notwendigkeit eine Sünde begehen oder sie unterlassen werde." Daraus folgt dann, daß du, ob du nun sündigst oder nicht, in beiden Fällen unter keiner Notwendigkeit stehst, weil Gott vorausweiß, daß das zukünftige Ereignis ohne Notwendigkeit geschehen wird. Siehst du also, daß das Zusammenbestehen des göttlichen Vorherwissens, demzufolge die von ihm vorausgewußten zukünftigen Geschehnisse, wie man sagt, aus Notwendigkeit sind, und der Willensfreiheit, durch die vieles ohne Notwendigkeit geschieht, gar nicht unmöglich

necessitate? Si enim est impossibile, sequitur aliquid impossibile. Sed nulla ex hoc nascitur impossibilitas.

Forsitan dicis: Nondum aufers a corde meo vim necessitatis, cum dicis quia necesse est me peccaturum esse vel non peccaturum sine necessitate, quia hoc deus praescit. Necessitas enim videtur sonare coactionem vel pro|hibitio- | 247
nem. Quare si necesse est me peccare ex voluntate, intelligo me cogi aliqua occulta vi ad voluntatem peccandi; et si non pecco, a peccandi voluntate prohiberi. Quapropter necessitate videor mihi peccare si pecco, vel non peccare si non pecco.

[II]

Et ego: Sciendum est quia saepe dicimus necesse esse, quod nulla vi esse cogitur; et necesse non esse, quod nulla prohibitione removetur. Nam dicimus: necesse est deum esse immortalem, et necesse est deum non esse iniustum; non quod aliqua vis cogat eum esse immortalem aut prohibeat esse iniustum, sed quoniam nulla res potest facere, ut non sit immortalis aut ut sit iniustus. Sic itaque si dico: necesse est esse te peccaturum vel non peccaturum sola voluntate, sicut deus praescit: non est intelligendum quod aliquid prohibeat voluntatem quae non erit, aut cogat illam esse

---

2 nascitur: sequitur *E* || 18 sed: vel *add. E* || 21 praescit deus *E*

ist? Läge hier eine Unmöglichkeit vor, so müßte Unmögliches daraus folgen. Es entspringt daraus aber keine Unmöglichkeit.

Vielleicht sagst du: „Indem du behauptest, es sei notwendig, daß ich ohne Notwendigkeit sündigen oder nicht sündigen werde, weil Gott dies vorherweiß, nimmst du noch nicht die Gewalt der Notwendigkeit von meinem Herzen. Denn Notwendigkeit scheint Zwang oder Verhinderung zu implizieren. Wenn es daher notwendig ist, daß ich willentlich sündige, so höre ich da heraus, daß ich durch irgendeine verborgene Gewalt zum Willen zur Sünde gezwungen werde, und entsprechend, wenn ich nicht sündige, daß ich am Willen zur Sünde gehindert werde. So scheint mir, ob ich nun eine Sünde begehe oder sie unterlasse, mein Handeln jeweils aus Notwendigkeit zu erfolgen."

[2]

Ich würde erwidern: Wir sagen doch oft, etwas sei notwendig, was durch keine Gewalt zu sein gezwungen wird, und es sei notwendig nicht, wo es durch keine Verhinderung(sgewalt) ausgeschlossen wird. So heißt es zum Beispiel, Gott sei notwendig unsterblich und notwendig nicht ungerecht — nicht als ob irgendeine Gewalt ihn zum Unsterblichsein zwänge oder daran hinderte, ungerecht zu sein. Vielmehr kann nichts bewirken, daß er nicht unsterblich oder daß er ungerecht wäre[2]. Wenn ich daher entsprechend sage, du müssest mit Notwendigkeit allein aus deinem Willen heraus sündigen oder nicht sündigen, wie Gott dies vorherweiß, so bedeutet das nicht, daß irgend etwas den Willen an seinem künftigen Sein hinderte oder ihn zwänge, der zu sein, der er dann sein wird. Denn gerade

[2] Vgl. ANSELM VON CANTERBURY, *CDH* 2,17 (123,31 – 124,2 SCHMITT); *Ph. Fragm.* (342,1–9 SOUTHERN/SCHMITT) und oben 200 Anm. 23 zu *casu*.

quae erit. Hoc ipsum namque praescit deus qui praevidet aliquid futurum ex sola | voluntate, quod voluntas non | 248
cogitur aut prohibetur ulla alia re, et sic ex libertate fit quod fit ex voluntate. Si igitur haec diligenter intelliguntur, puto quia et praescientiam dei et libertatem arbitrii simul esse nulla prohibet inconvenientia.

Denique si quis intellectum verbi proprie considerat: hoc ipso quod praesciri aliquid dicitur, futurum esse pronuntiatur. Non enim nisi quod futurum est praescitur, quia scientia non est nisi veritatis. Quare cum dico | quia si | 24
praescit deus aliquid, necesse est illud esse futurum: idem est ac si dicam: Si erit, ex necessitate erit. Sed haec necessitas nec cogit nec prohibet aliquid esse aut non esse. Ideo enim quia ponitur res esse, dicitur ex necessitate esse; aut quia ponitur non esse, affirmatur non esse ex necessitate; non quia necessitas cogat aut prohibeat rem esse aut non esse. Nam cum dico: si erit, ex necessitate erit: hic sequitur necessitas rei positionem, non praecedit. Idem valet, si sic pronuntietur: Quod erit, ex necessitate erit. Non enim aliud significat haec necessitas, nisi quia quod erit non poterit simul non esse.

Pariter autem verum est quia fuit et est et erit aliquid non ex necessitate, et quia necesse est fuisse omne quod fuit, et esse quod est, et futurum esse quod erit. Quippe non est idem rem esse praeteritam et rem praeteritam esse praeteritam; aut rem esse praesentem, et rem praesentem esse praesentem; aut rem esse futuram, et rem futuram esse

---

4 igitur: ergo *E* || 8 ipso: ipsum *E* || 15 ex necessitate non esse *E*

das weiß ja Gott vorher, der vorausschaut, daß etwas aus dem bloßen Willen heraus geschehen wird, daß dieser Wille nämlich durch nichts anderes gezwungen oder verhindert wird und damit aus Freiheit geschieht, was aus dem Willen geschieht. Bei sorgfältiger Betrachtung steht daher meiner Meinung nach dem Zusammenbestehen von Vorherwissen Gottes und Freiheit des Willens kein innerer Widerspruch entgegen.

Dem eigentlichen Wortsinn nach schließlich kündet man von etwas dadurch, daß man von ihm sagt, es werde „vorhergewußt", an, daß es (wirklich) geschehen wird. Denn vorausgewußt wird nur, was (wirklich) geschehen wird, da es Wissen ja nur über die Wahrheit gibt. Sage ich daher: „Wenn Gott etwas vorherweiß, so wird dies mit Notwendigkeit eintreten", so heißt dies ebensoviel wie: „Wenn es sein wird, so wird es mit Notwendigkeit sein." Diese Notwendigkeit zwingt oder hindert aber nichts zu sein oder nicht zu sein. Wenn gesetzt wird, daß etwas ist, so heißt es, es sei mit Notwendigkeit, beziehungsweise wenn gesetzt wird, daß es nicht ist, behauptet man, es sei mit Notwendigkeit nicht. Das bedeutet aber nicht, eine Notwendigkeit zwänge oder hindere diese Sache zu sein oder nicht zu sein. Bei dem Satz: „Wenn es sein wird, so wird es mit Notwendigkeit sein", folgt nämlich die Notwendigkeit dem Gesetztsein der Sache; sie geht ihr nicht voraus. Dasselbe gilt für die Aussage: „Was sein wird, wird mit Notwendigkeit sein." Denn diese Notwendigkeit bedeutet nichts anderes als: „Was sein wird, wird nicht zugleich nicht sein können."

Es ist gleichermaßen wahr, daß etwas nicht aus Notwendigkeit war, ist oder sein wird, und daß mit Notwendigkeit alles, was war, war, alles, was ist, ist und alles, was sein wird, sein wird. Folgende sind nämlich keine identischen Aussagen: „Etwas ist vergangen" und „Etwas Vergangenes ist vergangen"; „Etwas ist gegenwärtig" und „Etwas Gegenwärtiges ist gegenwärtig"; „Etwas ist zukünftig" und „Etwas Zukünftiges ist zukünftig". Ebensowenig wie: „Etwas

futuram; sicut non idem est rem esse albam, et rem albam esse albam. Lignum enim non est semper necessitate album, quia aliquando priusquam fieret album, potuit non fieri album; et postquam est album, potest fieri non album. Lignum vero album semper necesse est esse album, quia nec antequam sit, nec postquam est album, fieri potest, ut album simul sit non album.

Similiter res non necessitate est praesens, quoniam antequam esset praesens, potuit fieri ut praesens non esset; et postquam est praesens, potest fieri non praesens. Rem autem praesentem necesse est esse praesentem semper, quia nec priusquam sit nec postquam est praesens, potest praesens simul esse non praesens. Eodem modo res aliqua — ut quaedam actio — non necessitate futura est, quia priusquam sit, fieri potest ut non sit futura; rem vero futuram necesse est esse futuram, quoniam futurum nequit esse simul non futurum. De praeterito autem similiter verum est quia res aliqua non est necessitate praeterita, quoniam antequam esset, potuit fieri ut non esset; et quia praeteritum semper necesse est praeteritum esse, quoniam non potest simul non esse praeteritum. Sed in re praeterita est quiddam, quod non est in re praesenti vel futura. Numquam enim fieri potest, ut res quae praeterita est fiat non praeterita; sicut res | quaedam quae praesens est potest fieri | 250 non praesens, et aliqua res quae non necessitate futura est potest fieri, ut non sit futura.

Itaque cum dicitur futurum de futuro, necesse est esse quod dicitur, quia futurum numquam est non futurum, sicut quotiens idem dicimus de eodem. Cum enim dicimus

---

2 et 5 Lignum: Signum *E* || 24 est *om.* *S*

ist weiß“ und „Etwas Weißes ist weiß“. Ein Stück Holz etwa ist nicht immer notwendig weiß. Denn bevor es weiß wurde, konnte es einmal nicht-weiß werden, und auch nachdem es nun weiß ist, kann es nicht-weiß werden. Ein weißes Stück Holz ist aber immer mit Notwendigkeit weiß, denn weder bevor es weiß wurde, noch nachdem es weiß ist, kann geschehen, daß etwas Weißes zugleich nicht-weiß ist.

So ist auch etwas nicht notwendig gegenwärtig, insofern vor seinem Gegenwärtigsein geschehen konnte, daß es nicht gegenwärtig wurde, und, nachdem es nun gegenwärtig ist, geschehen kann, daß es nicht gegenwärtig ist. Etwas Gegenwärtiges ist aber mit Notwendigkeit immer gegenwärtig, denn weder bevor es gegenwärtig wurde, noch nachdem es dies ist, kann ein Gegenwärtiges zugleich nicht-gegenwärtig sein. Gleicherweise tritt etwas — zum Beispiel eine Handlung — nicht mit Notwendigkeit in der Zukunft ein, insofern zuvor geschehen kann, daß sie nicht stattfindet. Etwas Zukünftiges ist aber mit Notwendigkeit zukünftig, weil es nicht zugleich nicht-zukünftig sein kann. Im Hinblick auf die Vergangenheit nun ist gleichermaßen wahr, daß etwas nicht mit Notwendigkeit gewesen ist, insofern, bevor es war, geschehen konnte, daß es nicht war; ebenso, daß etwas Vergangenes immer mit Notwendigkeit vergangen ist, insofern es nicht zugleich nicht-vergangen sein kann. Beim Vergangenen gibt es aber etwas, das sich nicht beim Gegenwärtigen oder Zukünftigen findet. Nie kann nämlich eintreten, daß etwas Geschehenes ungeschehen würde, wie ein Gegenwärtiges zum Nicht-Gegenwärtigen werden kann und etwas, das nicht mit Notwendigkeit in der Zukunft eintritt, möglicherweise auch nicht geschieht.

Sagt man daher vom Zukünftigen das Zukünftigsein aus, so ist das ausgesagte Sein mit Notwendigkeit, weil Zukünftiges niemals nicht-zukünftig ist — es ist so, wie immer, wenn wir von etwas ebendieses etwas aussagen. Sagen wir

quia omnis homo est homo; aut si est homo, homo est; aut omne album est album; et si est album, album est: necesse est esse quod dicitur, quia non potest aliquid simul esse et non esse. Quippe si non est necesse omne futurum esse futurum, quoddam futurum non est futurum, quod est impossibile. Necessitate ergo omne futurum futurum est; et si est futurum, futurum est, cum futurum dicitur de futuro; sed necessitate sequente, quae nihil esse cogit.

[III]

Cum autem futurum dicitur de re, non semper res necessitate est, quamvis sit futura. Nam si dico: „cras seditio futura est in populo“, non tamen necessitate erit seditio. Potest enim fieri antequam sit, ut non fiat, etiam si est futura. Aliquando vero est, ut res sit ex necessitate quae dicitur futura; ut si dico cras esse futurum ortum solis. Si ergo cum necessitate pronuntio futurum de re futura: hoc modo seditio cras futura necessitate futura est, aut ortus solis cras futurus necessitate futurus est; seditio quidem quae non erit ex necessitate, sola sequenti necessitate futura asseritur, quia futura de futura dicitur. Si enim cras futura est, necessitate futura est. Ortus vero solis duabus necessitatibus futurus intelligitur, scilicet et praecedenti quae facit rem

20 futurum de futuro *E*

zum Beispiel: „Jeder Mensch ist Mensch“ oder „Wenn er ein Mensch ist, so ist er ein Mensch“ wie auch: „Alles Weiße ist weiß“ oder „Wenn es weiß ist, so ist es weiß“, so ist das ausgesagte Sein notwendig, weil etwas nicht zugleich sein und nicht sein kann. Wäre dementsprechend alles Zukünftige nicht notwendig zukünftig, so gäbe es irgendein Zukünftiges, das nicht zukünftig wäre. Das aber ist unmöglich. Mit Notwendigkeit ist also alles Zukünftige zukünftig; und wenn es zukünftig ist, so wird es geschehen, da vom Zukünftigen eben das Zukünftigsein ausgesagt wird. Aber diese Notwendigkeit ist eine nachfolgende, die kein Sein erzwingt.

[3]

Wird aber von etwas gesagt, daß es zukünftig sein werde, so ereignet es sich nicht immer mit Notwendigkeit, auch wenn es bevorsteht. Sage ich etwa: „Morgen wird ein Aufruhr im Volke entstehen“, so wird dieser doch nicht notwendig eintreten. Es kann ja — ehe er eintritt — geschehen, daß es nicht dazu kommt, wenngleich er bevorsteht. Manchmal hingegen tritt das als zukünftig Angesagte aus Notwendigkeit ein, zum Beispiel wenn ich sage: „Morgen wird es einen Sonnenaufgang geben.“ Insofern also mit Notwendigkeit eine Zukunftsansage über Zukünftiges getroffen wird, ist der morgen bevorstehende Aufruhr notwendig ein zukünftiger, wie auch der morgen bevorstehende Sonnenaufgang notwendig ein zukünftiger ist. Der Aufruhr allerdings, der nicht aus Notwendigkeit eintritt, wird nur im Sinne von nachfolgender Notwendigkeit als zukünftig behauptet, insofern vom Zukünftigen Zukünftigkeit ausgesagt wird. *Wenn* er nämlich stattfinden wird, so wird er mit Notwendigkeit stattfinden. Der Sonnenaufgang hingegen wird auf zwei Weisen von Notwendigkeit als zukünftig erkannt. Einmal aufgrund der vorangehenden Notwendigkeit, die eine Sache bewirkt — er wird darum

esse — ideo enim erit, quia necesse est ut sit —, et sequenti quae nihil cogit esse, quoniam idcirco necessitate futurus est, quia futurus est. Quapropter cum dicimus quia quod deus praescit futurum necesse est esse futurum, non asserimus semper rem esse necessitate futuram, sed rem futuram necessitate esse futuram. Non enim potest futurum simul non esse futurum. Idem sensus est si sic dicitur: „si deus praescit aliquid“, non addendo „futurum“: quoniam in „praescire“ intelligitur futurum. Nam non est aliud praescire quam scire futurum, et ideo si praescit deus aliquid, necesse est illud esse futurum. Non ergo semper sequitur praescientiam dei rem necessitate futuram esse, quoniam quamvis omnia futura praesciat, non tamen praescit |251 cuncta futura necessitate, sed quaedam praescit futura ex libera rationalis creaturae voluntate.

Notandum quippe est quia sicut non est necesse deum velle quod vult, ita necesse non est in multis velle hominem quod vult. Et sicut necesse est esse quidquid deus vult, ita esse necesse est quod vult homo, in iis quae deus ita subdit humanae voluntati, ut si vult fiant, si non vult non fiant. Quoniam enim quod deus vult non potest non esse: cum vult hominis voluntatem nulla cogi vel prohiberi necessitate ad volendum vel non volendum, et vult effectum sequi voluntatem: tunc necesse est voluntatem esse liberam et esse quod vult. In huiusmodi ergo verum est quia necessitate fit opus peccati quod vult homo facere, quamvis non necessitate velit. Quod si quaeritur de peccato ipsius voluntatis cum peccat volendo, utrum sit necessitate: respon-

5–6 sed necessitate futuram rem *E* || 11 illud: illum *C* || 12 esse futuram *S* || 19 in his *ES* || 21 Quoniam enim quod: Quod enim *E* cum: Cum *E* || 26–27 necessitate non *E*

eintreten, weil sein Sein notwendig statthat. Zum anderen aufgrund der nachfolgenden Notwendigkeit, die nichts zu sein zwingt — er ist darum mit Notwendigkeit zukünftig, weil er ein Zukünftiges ist. Wenn wir daher sagen, das, was Gott als zukünftig vorausweiß, trete notwendig ein, so behaupten wir nicht immer, es trete etwas mit Notwendigkeit ein, sondern, etwas Zukünftiges trete mit Notwendigkeit ein. Ein Zukünftiges kann ja nicht zugleich nicht-zukünftig sein. Denselben Sinn hat der Satz: „Gott weiß etwas voraus" ohne die Beifügung „als zukünftig", da in „Voraus-wissen" das Zukünftigsein ja mitverstanden wird. Vorauswissen ist nämlich nichts anderes als das Wissen von Zukünftigem. Aus dem Vorauswissen Gottes folgt daher nicht immer, daß etwas aus Notwendigkeit eintritt. Denn, obzwar er alles Zukünftige vorausweiß, weiß er doch nicht voraus, daß dies alles aus Notwendigkeit eintreten wird. Von manchem Zukünftigen weiß er vielmehr voraus, daß es aus dem freien Willen vernunftbegabter Geschöpfe geschehen werde.

Wie keine Notwendigkeit besteht, daß Gott will, was er will, so auch bei vielem nicht, daß der Mensch will, was er will. Wie aber mit Notwendigkeit das ist, was immer Gott will, so ist auch mit Notwendigkeit das, was der Mensch will, wo Gott etwas so dem menschlichen Willen unterworfen hat, daß es geschieht, wenn dieser will, und nicht geschieht, wenn er nicht will. Denn was Gott will, kann nicht nicht sein. Wenn er daher will, daß der Wille des Menschen durch keine Notwendigkeit zum Wollen oder Nicht-Wollen gezwungen oder daran gehindert wird, und wenn er will, daß dem Willen die Wirkung folge, dann ist es notwendig, daß der Wille frei sei und daß geschieht, was er will. In diesem Sinn ist daher wahr, daß das Sündenwerk, das der Mensch tun will, mit Notwendigkeit geschieht, obwohl er es nicht mit Notwendigkeit will. Wenn man nun im Hinblick auf die Sünde dieses Willens beim willentlichen Sündigen fragt, ob sie aus Notwendigkeit sei, so ist

dendum est quia sicut non vult necessitate, ita non est peccatum voluntatis necessitate. Nec necessitate operatur eadem voluntas, quia si non vellet sponte non operaretur, quamvis quod facit necesse sit fieri, ut supra dixi. Nam quoniam non est aliud ibi peccare, quam velle quod non debet, ita non est peccatum voluntatis necessarium, sicut velle non est necessarium. Tamen verum est quia si vult homo peccare, necesse est eum peccare; sed ea necessitate, quam supra dixi nihil cogere aut prohibere.

Itaque quod vult libera voluntas: et potest et non potest non velle, et necesse est eam velle. Potest namque non velle antequam velit, quia libera est, et cum iam vult, non potest non velle, sed eam velle necesse est, quoniam impossibile illi est id ipsum simul et velle et non velle. Opus vero voluntatis, cui datum est ut quod vult sit et quod non vult non sit, voluntarium sive spontaneum est, quoniam spontanea voluntate fit, et bifariam est necessarium, quia et voluntate cogitur fieri, et quod fit non potest simul non fieri. Sed has necessitates facit voluntatis libertas, quae priusquam sint eas cavere potest. Haec omnia deus, qui scit omnem veritatem et non nisi | [252] veritatem: sicut sunt spontanea vel necessaria videt; et sicut videt, ita sunt. Hac ergo consideratione palam est quia sine omni repugnantia et deus praescit omnia, et multa fiunt ex libera voluntate, quae antequam sint fieri potest, ut numquam sint, et tamen quodam modo sunt necessitate, quae necessitas — ut dixi — descendit de libera voluntate.

---

5 quoniam: quia *E* || 26 quae: Quae *S; Divion. 182*

zu antworten: Weil der Wille nicht mit Notwendigkeit will, so ist auch seine Sünde nicht aus Notwendigkeit. Ebensowenig geschieht das Wirken dieses Willens aus Notwendigkeit. Denn wenn er nicht aus freien Stücken wollte, so würde er nicht wirksam sein — obschon, wie oben gesagt, notwendig geschieht, was er wirkt. Weil hier nämlich Sündigen nichts anderes ist als wollen, was nicht (gewollt werden) soll, so ist die Sünde des Willens ebensowenig notwendig wie das Wollen. Dennoch ist wahr, daß, wenn ein Mensch sündigen will, er notwendig sündigt — mit jener Notwendigkeit aber, die dem oben Gesagten zufolge zu nichts zwingt und an nichts hindert.

Was daher ein freier Wille will: Einerseits vermag er, dieses nicht zu wollen, anderseits vermag er es nicht und will es mit Notwendigkeit. Nicht zu wollen vermag er, bevor er will; weil er frei ist. Wenn er aber bereits will, dann vermag er nicht, nicht zu wollen, sondern er will mit Notwendigkeit; denn unmöglich kann er dasselbe zugleich wollen und nicht wollen. Das Werk des Willens — dem es gegeben ist, daß geschieht, was er will, und nicht geschieht, was er nicht will — ist also freiwillig oder aus eigenem Antrieb, weil es aus einem ungezwungenen Willen geschieht. In zweierlei Hinsicht ist es aber notwendig. Einmal, weil es vom Willen gezwungen wird zu geschehen. Zum anderen, weil, was geschieht, nicht zugleich nicht geschehen kann. Diese beiden Notwendigkeiten bewirkt aber der freie Wille, der, bevor sie sind, sie vermeiden kann. Dies alles, in seiner Freiwilligkeit oder Notwendigkeit, sieht Gott, der alle Wahrheit und nichts als die Wahrheit weiß; und wie er es sieht, so ist es. Aufgrund dieser Überlegungen ist also klar, daß ohne allen Widerspruch Gott alles vorherweiß und dennoch vieles aus freiem Willen geschieht — das nämlich, von dem es möglich ist, daß, bevor es geschieht, es niemals geschieht, obschon es in einer bestimmten Hinsicht mit Notwendigkeit erfolgt, die, wie gesagt, aus dem freien Willen hervorgeht.

[IV]

Cognosci potest etiam non omnia quae praescit deus esse ex necessitate, sed quaedam fieri ex libertate voluntatis, per hoc quia, cum vult aut facit deus aliquid, sive secundum aeternitatis dicatur immutabilem praesentiam, in qua nihil est praeteritum aut futurum, sed omnia simul sunt sine omni motu — ut si dicimus quia non voluit aut volet nec fecit aut faciet aliquid, sed tantum vult et facit —, sive secundum tempus — velut cum proferimus quia volet aut faciet, quod nondum factum esse cognoscimus —: negari nequit scire quae vult et facit, et praescire quae volet atque faciet. Quare si scire et praescire dei necessitatem ingerit omnibus quae scit aut praescit, nihil secundum aeternitatem aut secundum ullum tempus vult aut facit ipse ex libertate, sed omnia ex necessitate. Quod si absurdum est vel opinari, non necessitate est, aut non est omne quod scit deus aut praescit esse vel non esse. Ergo nihil prohibet aliquid sciri vel praesciri ab illo in nostris voluntatibus et actionibus fieri aut futurum esse per liberum arbitrium, ut quamvis necesse sit esse quod scit aut praescit, tamen multa sint nulla necessitate, sed libera voluntate, quemadmodum supra monstravi.

Nempe quid mirum si hoc modo aliquid est ex libertate 253
et ex necessitate, cum multa sint, quae recipiunt opposita diversa ratione? Quae namque magis opposita sunt quam adire et abire? Videmus tamen, cum transit aliquis de loco ad locum, quia idem ire est adire et abire. Abit enim de loco, et adit ad locum. Item si consideremus solem sub aliqua

10–11 nequit negari *E* || 28 ad locum: ad *(correctura) om. E*

[4]

Daß nicht alles, was Gott vorherweiß, aus Notwendigkeit ist, vielmehr manches aus freiem Willen hervorgeht, kann man auch erkennen, wenn man das Wollen oder Tun Gottes ins Auge faßt. Sei es im Sinne der unwandelbaren Gegenwart der Ewigkeit, in der nichts vergangen oder zukünftig, sondern alles zugleich ohne jede Bewegung ist. Wir sagen dann nicht: „Gott hat etwas gewollt oder wird wollen", noch: „Er hat etwas getan oder wird tun", sondern nur: „Er will und tut". Sei es in der Perspektive von Zeit, wenn wir etwa sagen, Gott werde etwas wollen oder tun, das unserer Erkenntnis nach noch nicht geschehen ist. In keinem Fall läßt sich bestreiten, daß Gott weiß, was er will und tut, und vorherweiß, was er wollen oder tun wird. Wenn Gottes Wissen und Vorherwissen nun allem, was er weiß oder vorherweiß, Notwendigkeit auferlegt, dann will oder tut er selbst der Ewigkeit nach oder in irgendeiner Zeit nichts aus Freiheit, sondern alles aus Notwendigkeit. Wenn aber schon die bloße Vorstellung davon absurd ist, dann geschieht oder unterbleibt nicht alles, was Gott hinsichtlich seines Seins oder Nicht-Seins weiß oder vorherweiß, mit Notwendigkeit. Nichts hindert daher Gottes Wissen oder Vorherwissen von etwas in unserem Wollen und Tun, das durch den freien Willen geschieht oder geschehen wird, so daß, obzwar mit Notwendigkeit ist, was er weiß oder vorherweiß, es dennoch vieles gibt, was nicht aus Notwendigkeit, sondern aus freiem Willen ist, wie ich oben gezeigt habe.

Warum sollte es auch verwundern, wenn auf diese Weise etwas aus Freiheit und aus Notwendigkeit ist, da es doch vieles gibt, von dem in verschiedener Hinsicht Gegensätzliches gilt? Denn was ist gegensätzlicher als Kommen und Gehen? Dennoch sehen wir, wenn jemand von einem Ort zum anderen wandert, daß Kommen und Gehen dasselbe sind. Von einem Ort geht er nämlich weg, zu einem anderen kommt er hin. Dieselbe Beobachtung machen wir auch mit

parte caeli, cum semper caelum lustrando ad eandem partem festinet: videmus quia idem locus est a quo recedit et ad quem accedit, et indesinenter ei eodem tempore appropinquat a quo elongatur. Patet etiam cursum eius non ignorantibus, quia si caelum consideramus, semper transit ab occidentali parte ad orientalem; si vero terram attendimus, numquam nisi ab orientali ad occidentalem; et sic semper contra firmamentum vadit, et — licet tardius — cum firmamento; quod ipsum in omnibus planetis cernitur. Ita ergo nulla oritur repugnantia, si secundum praedictas rationes asserimus idem aliquid esse necessitate futurum, quia est futurum, et nulla cogi necessitate esse futurum, nisi ea necessitate, quam supra dixi fieri a libera voluntate.

[V]

Si vero per hoc quod de homine dicit Iob deo: „constituisti terminos eius, qui praeteriri non poterunt", vult aliquis ostendere quia nullus potuit accelerare vel differre diem in qua moritur, quamvis aliquando nobis videatur aliquis facere ex libera voluntate unde moritur: non est quod obicitur contra hoc quod supra diximus. Nam quoniam deus non fallitur, nec videt nisi veritatem — sive ex libertate sive ex necessitate eveniat —, dicitur constituisse apud se immutabiliter, quod apud hominem prius quam fiat mutari potest. Tale etiam est, quod Paulus apostolus de „iis qui secundum propositum vocati sunt sancti" dicit: „Quos

---

5 consideramus: consideremus videbimus quod *E* || 12 cogi *om. E* || 19–20 obiciatur *E* || 24 de his *ES*

der Sonne im Hinblick auf einen bestimmten Punkt am Himmel, wenn sie im steten Ausleuchten des Himmels auf diesen Punkt zueilt. Wir sehen, daß es derselbe Ort ist, von dem her sie kommt und auf den sie sich zubewegt. Unaufhörlich nähert sie sich ihm zu derselben Zeit, wie sie sich von ihm entfernt. Wer den Lauf der Sonne kennt, weiß darüber hinaus, daß, vom Himmel her betrachtet, sie stets von Westen nach Osten wandert, hingegen, von der Erde her gesehen, immer nur von Ost nach West. Und so bewegt sie sich stets gegen das Firmament und — wenn auch langsamer — mit dem Firmament. Diese Beobachtung gilt für alle Planeten. Daher entsteht also kein Widerspruch, wenn wir aufgrund der vorangegangenen Überlegungen behaupten, ein und dieselbe Sache sei zum einen notwendig zukünftig, weil eben zukünftig, zum anderen entspringe ihr Zukünftigsein keinem Zwang der Notwendigkeit außer der, von der wir oben sagten, sie gehe aus dem freien Willen hervor.

[5]

Nun sagt aber Ijob zu Gott mit Blick auf den Menschen: „Du hast seine Grenzen festgesetzt, die nicht überschritten werden können" (vgl. Ijob 14,5). Aufgrund dieses Wortes könnte jemand aufzeigen wollen, daß niemand den Tag seines Todes schneller herbeizuführen oder hinauszuschieben vermochte, obwohl uns bisweilen scheint, daß jemand aus freiem Willen die Ursache seines Todes setzt. Dieser Einwurf steht dem oben Gesagten aber nicht entgegen. Denn weil sich Gott nicht täuscht und nur die Wahrheit sieht — entspringe sie nun der Freiheit oder der Notwendigkeit —, sagt man, er habe bei sich unwandelbar beschlossen, was in Anbetracht des Menschen geändert werden kann, bevor es geschieht. In diesem Sinn sagt auch der Apostel Paulus von „denen, die nach (Gottes) Ratschluß zu Heiligen berufen sind": „Die er vorhererkannt hat, die

praescivit, et praedestinavit conformes fieri imaginis filii sui, ut sit ipse primogenitus in multis fratribus. Quos autem praedestinavit, hos et vocavit. Et quos vocavit, hos et iustificavit. Quos autem iustificavit, illos et magnificavit". Hoc quippe propositum, secundum quod vocati sunt sancti in aeternitate, in qua non est praeteritum | [I 254] vel futurum sed tantum praesens, immutabile est; sed in ipsis hominibus ex libertate arbitrii aliquando est mutabile. Sicut enim quamvis in aeternitate non fuit aut erit aliquid, sed tantum est, et tamen in tempore fuit et erit aliquid sine repugnantia: ita quod in aeternitate mutari nequit, in tempore aliquando per liberam voluntatem, antequam sit, esse mutabile probatur absque inconvenientia. Quamvis autem nihil ibi sit nisi praesens, non est tamen illud praesens temporale sicut nostrum, sed aeternum, in quo tempora cuncta continentur. Si quidem quemadmodum praesens tempus continet omnem locum et quae in quolibet loco sunt: ita aeterno praesenti simul clauditur omne tempus, et quae sunt in quolibet tempore. Cum ergo ait apostolus quia deus sanctos suos „praescivit", „praedestinavit", „vocavit", „iustificavit", „magnificavit": nihil horum prius aut posterius apud deum est, sed omnia simul aeterno praesenti sunt intelligenda. Habet enim aeternitas suum simul, in quo sunt omnia quae simul sunt loco vel tempore, et quae sunt diversis in locis vel temporibus.

Ut autem ostenderet idem apostolus non illa verba se pro temporali significatione posuisse, illa etiam quae futura sunt praeteriti verbo temporis pronuntiavit. Nondum enim quos praescivit adhuc nascituros iam temporaliter „voca-

---

2–3 Quos a. prae. h. et v. *etc.: hoc modo in S loci sacrae scripturae abbreviantur* || 22 est deum *O* || 23 enim aeternitas: aeternum *E*

hat er auch vorherbestimmt, dem Bilde seines Sohnes gleichförmig zu werden, auf daß dieser der Erstgeborene unter vielen Brüdern sei. Die er aber vorherbestimmt hat, die hat er auch berufen. Und die er berufen, die hat er auch gerechtfertigt. Die er aber gerechtfertigt, die hat er auch verherrlicht" (vgl. Röm 8,29–30). Dieser Ratschluß, nach dem sie zu Heiligen berufen sind in der Ewigkeit, in der es weder Vergangenheit noch Zukunft, sondern nur Gegenwart gibt, ist in der Tat unwandelbar. Aber in diesen Menschen selbst ist er aufgrund der Willensfreiheit zu einer bestimmten Zeit wandelbar. Obschon nämlich in der Ewigkeit nie etwas gewesen ist oder sein wird, sondern nur *ist*, ist in der Zeit ohne Widerspruch dazu etwas gewesen und wird es sein. So kann auch widerspruchslos bewiesen werden, daß, was sich in der Ewigkeit nicht zu wandeln vermag, in der Zeit irgendwann durch den freien Willen wandelbar ist, bevor es eintritt. Wenn aber auch in der Ewigkeit nur Gegenwärtiges ist, so ist dies doch keine zeitliche Gegenwart wie die unsrige, sondern eine ewige, in der alle Zeiten einbeschlossen sind. Wie nämlich die zeitliche Gegenwart jeden Ort umschließt und was sich an allen Orten befindet, so schließt die ewige Gegenwart zugleich alle Zeit in sich und was immer sich zu allen Zeiten zuträgt. Wenn daher der Apostel sagt, Gott habe seine Heiligen „vorhererkannt", „vorherbestimmt", „berufen", „gerechtfertigt" und „verherrlicht", so ist nichts davon bei Gott früher oder später, sondern alles ist als in der ewigen Gegenwart zugleich zu verstehen. Denn die Ewigkeit hat ihr eigenes „Zugleich", in dem alles ist, was dem Ort und der Zeit nach zugleich, wie auch das, was an verschiedenen Orten und zu verschiedenen Zeiten ist.

Um aber darzutun, daß er jene Worte nicht in einem zeitlichen Sinne verstanden wissen wollte, hat der Apostel auch das, was noch aussteht, in der Form der Vergangenheit ausgedrückt. Denn diejenigen, von denen Gott vorauswußte, daß sie noch geboren würden, hat er nicht bereits

vit", „iustificavit", „magnificavit". Unde cognosci potest eum propter indigentiam verbi significantis aeternam praesentiam usum esse verbis praeteritae significationis; quoniam quae tempore praeterita sunt, ad similitudinem aeterni praesentis omnino immutabilia sunt. In hoc siquidem magis similia sunt aeterno praesenti temporaliter praeterita quam praesentia, quoniam quae ibi sunt, numquam possunt non esse praesentia, sicut temporis praeterita non valent umquam praeterita non esse, praesentia vero tempore omnia quae transeunt fiunt non praesentia.

Hoc ergo modo quidquid de iis quae libero fiunt arbitrio, velut necessarium sacra scriptura pronuntiat: secundum aeternitatem loquitur, in | qua praesens est omne | 255
verum et non nisi verum immutabiliter; non secundum tempus, in quo non semper sunt voluntates et actiones nostrae, et sicut dum non sunt, non est necesse eas esse, ita saepe non est necesse ut aliquando sint. Nam non semper scribo aut volo scribere; et sicut dum non scribo aut non volo scribere, non est necesse me scribere aut velle scribere: ita nequaquam est necesse ut aliquando scribam aut velim scribere. Cum autem res tam aliter esse cognoscatur in tempore quam in aeternitate, ut aliquando verum sit quoniam aliquid non est in tempore quod est in aeternitate, et quia fuit in tempore quod ibi non fuit, et erit temporaliter quod non ibi erit: nulla ratione negari videtur posse similiter aliquid esse in tempore mutabile, quod ibi est immutabile. Quippe non magis opposita sunt mutabile in tempore et immutabile in aeternitate, quam non esse in aliquo tem-

---

11 de his *ES*

der Zeit nach „berufen", „gerechtfertigt" und „verherrlicht". Daher läßt sich erkennen, daß der Apostel aus Ermangelung eines Wortes, das die ewige Gegenwart zum Ausdruck bringen könnte, Verbformen mit Vergangenheitsbedeutung gebraucht hat. Denn was der Zeit nach vergangen ist, ist ja — ähnlich wie die ewige Gegenwart — durchaus unwandelbar. Tatsächlich ist hierin ja das zeitlich Vergangene der ewigen Gegenwart ähnlicher als das zeitlich Gegenwärtige. Denn was in der ewigen Gegenwart ist, kann niemals nicht gegenwärtig sein, wie auch das der Zeit nach Vergangene nie nicht vergangen sein kann. Alles zeitlich Gegenwärtige hingegen, was vergeht, wird Nicht-Gegenwärtiges.

Was immer also die Heilige Schrift im Hinblick auf das, was aus freier Willensentscheidung geschieht, wie ein Notwendiges vorlegt, sagt sie nach dem Maße der Ewigkeit aus, in der alles Wahre gegenwärtig und nichts als das Wahre unwandelbar gegenwärtig ist. Sie spricht dann nicht gemäß der Zeit, in der unser Wollen und Handeln nicht immer ist. Und wie, wenn dieses nicht ist, es nicht notwendig ist, daß es ist, so ist oft nicht notwendig, daß ein Wollen oder Handeln überhaupt je ist. Nicht immer, zum Beispiel, schreibe ich oder will ich schreiben. Und wie, wenn ich nicht schreibe oder nicht schreiben will, es nicht notwendig ist, daß ich schreibe oder schreiben will, so ist es auch keineswegs notwendig, daß ich überhaupt je schreibe oder schreiben will. Das Sein in der Zeit läßt sich so sehr von dem in der Ewigkeit abheben, daß zuweilen die folgenden Aussagen wahr sind: (1) es ist etwas nicht in der Zeit, das in der Ewigkeit ist; (2) es war etwas in der Zeit, das in der Ewigkeit nicht war; (3) es wird zeitlich etwas sein, das in der Ewigkeit nicht sein wird. Dann dürfte sich aber ebensowenig begründet bestreiten lassen, daß etwas in der Zeit wandelbar ist, das in der Ewigkeit unwandelbar ist. Denn „wandelbar in der Zeit" und „unwandelbar in der Ewigkeit" widerspricht sich nicht mehr als „irgendwann in der

pore, et esse semper in aeternitate; et fuisse vel futurum esse secundum tempus, atque non fuisse aut non futurum esse in aeternitate.

Siquidem non dico aliquid numquam esse in tempore, quod semper est in aeternitate, sed tantum in aliquo tempore non esse. Non enim dico actionem meam crastinam nullo tempore esse, sed hodie tantum nego eam esse, quae tamen semper est in aeternitate. Et quando negamus fuisse vel futurum ibi esse aliquid, quod in tempore fuit aut erit, non asserimus id quod fuit aut erit nullo modo ibi esse; sed tantum praeterito vel futuro modo dicimus non ibi esse, quod ibi indesinenter est suo praesenti modo. In his vero nulla videtur adversari contrarietas. Sic utique sine ulla repugnantia dicitur aliquid esse mutabile in tempore, antequam sit, quod in aeternitate manet immutabiliter; non antequam sit vel postquam est, sed indesinenter, quia nihil est ibi secundum tempus. Nam hoc ipsum est ibi aeternaliter, quia temporaliter aliquid et est, et antequam sit potest non esse, sicut iam dixi. Sufficienter ex iis quae dicta sunt puto patere quia praescientia dei et liberum arbitrium nequaquam invicem repugnant. Quod facit vis aeternitatis, quae claudit omne tempus et quae sunt in quolibet tempore.

[VI]

Sed quoniam non in omnibus liberum habemus arbitrium, videndum est ubi et quae sit illa libertas arbitrii, quam

---

17 ibi est *S* || 18 aliquid est et hoc antequam *S* || 19 ex his *ES* ||

Zeit nicht sein" und „immer in der Ewigkeit sein" und „der Zeit nach gewesen oder zukünftig sein" und „in der Ewigkeit nicht gewesen oder zukünftig sein".

Allerdings behaupte ich nicht, es sei etwas nie in der Zeit, was immer in der Ewigkeit ist, sondern nur: Zu einer bestimmten Zeit ist es nicht. Zum Beispiel behaupte ich ja nicht, mein morgiges Handeln finde zu keiner Zeit statt. Ich bestreite nur, daß dieses Handeln heute ist — obwohl es immer in der Ewigkeit ist. Und wenn wir bestreiten, daß etwas, das in der Zeit gewesen oder zukünftig ist, in der Ewigkeit gewesen oder zukünftig sei, behaupten wir nicht, das, was gewesen oder zukünftig ist, sei auf keine Weise in der Ewigkeit. Wir sagen nur, das, was dort unaufhörlich auf seine (ewig-)gegenwärtige Weise ist, sei nicht in der Weise von Vergangenheit oder Zukunft dort. Darin läßt sich aber kein Widerspruch feststellen. Daher kann man ohne Widerspruch sagen, es sei etwas wandelbar in der Zeit, bevor es ist, was in der Ewigkeit unwandelbar bleibt — nicht bevor oder nachdem es ist, sondern in beständiger Gegenwart, weil hier nichts nach dem Maß der Zeit ist. Denn auch dieser Sachverhalt — daß etwas der Zeit nach sowohl ist wie auch nicht zu sein vermag, bevor es ist — ist hier in der Weise der Ewigkeit, wie ich schon ausgeführt habe. Aus dem Gesagten scheint mir hinreichend klar, daß sich das Vorherwissen Gottes und der freie Wille in keiner Weise widersprechen. Diese Vereinbarkeit ergibt sich aus der Kraft der Ewigkeit, die jede Zeit und, was immer sich in aller Zeit zuträgt, in sich beschließt.

[6]

Wir haben aber nicht im Hinblick auf alles eine freie Willensentscheidung. Darum müssen wir zusehen, wo und was diese Freiheit des Willensurteils sei, von der wir glauben,

---

20 puto patere: patere arbitror *E*

semper habere creditur homo, | et quod sit illud arbitrium. | 256 Non est enim idem arbitrium et libertas qua liberum dicitur. In multis dicitur libertas et arbitrium, ut cum aliquem dicimus libertatem habere loquendi aut tacendi, et in eius arbitrio esse quid horum velit. In pluribus quoque aliis similiter dicitur libertas et arbitrium, quae non semper assunt aut ad salutem animae nobis necessaria sunt. Pro illo autem arbitrio tantum et pro illa libertate ista ventilatur quaestio, sine quibus homo salvari nequit, postquam potest illis uti. Nam ideo conquerentur multi quia putant ad salutem vel damnationem nihil valere liberum arbitrium, sed solam necessitatem propter dei praescientiam. Quoniam ergo non salvatur homo, postquam ad intelligibilem pervenit aetatem, sine sua iustitia: ibi est investigandum hoc arbitrium et haec libertas unde agitur, ubi sedes est iustitiae. Primum itaque ostendenda est iustitia, deinde ista libertas et istud arbitrium.

Est quidem iustitia quaelibet — magna vel parva —: rectitudo voluntatis propter se servata. Libertas autem ista est: potestas servandi rectitudinem voluntatis propter ipsam rectitudinem. Quas definitiones puto me apertis rationibus monstrasse, priorem quidem in tractatu quem feci *De veritate*, alteram vero in eo quem edidi *De* hac ipsa *libertate*. In quo etiam ostensum est quomodo naturaliter et inseparabiliter sit in homine haec libertas, quamvis non ea semper utatur; et quod ita sit fortis, ut nulla res homini rectitudinem praedictam, id est iustitiam, quam habet valeat, quamdiu hac libertate voluerit uti, auferre. Iustitia vero

1 et quod sit illud arbitrium *om. S* || 7 necessaria: non *add. E* || 13 homo *om. E*

[3] Vgl. ANSELM, *ver.* 12 (191–196 SCHMITT).
[4] Vgl. *lib.* 3 (oben 78,15–17).

daß der Mensch sie immer habe, und was jene Entscheidung selbst sei. Denn die Willensentscheidung und die Freiheit, aufgrund deren sie frei genannt wird, sind nicht dasselbe. Oft ist von beidem die Rede, so wenn wir sagen, jemand habe die Freiheit, zu sprechen oder zu schweigen, und es liege in seiner Entscheidung, welches davon er wolle. Ähnlich spricht man in vielen anderen Fällen von Freiheit und Entscheidung, die nicht immer gegeben oder zum Heil der Seele uns nicht notwendig sind. Bei unserer Frage geht es aber nur um jene Entscheidung und jene Freiheit, ohne die der Mensch, nachdem er sie zu gebrauchen vermag, nicht heil werden kann. Denn darum beklagen sich viele, weil sie meinen, die freie Willensentscheidung gelte nichts im Hinblick auf Heil oder Verdammnis, sondern allein Notwendigkeit aufgrund des Vorherwissens Gottes. Nun kommt aber der Mensch, wenn er das Alter der Vernunft erreicht hat, nicht ohne seine Gerechtigkeit zum Heil. Darum sind die Freiheit und die Entscheidung, aus der heraus gehandelt wird, an jenem Punkt zu untersuchen, wo sich der Sitz der Gerechtigkeit befindet. Zunächst geht es also um eine Darlegung der Gerechtigkeit, dann jener Freiheit und jener Entscheidung.

Jedwede Gerechtigkeit — sei sie groß oder klein — ist Rechtheit des Willens, die um ihrer selbst willen bewahrt wird. Freiheit aber ist das Vermögen, die Rechtheit des Willens um dieser Rechtheit selbst willen zu bewahren. Diese Begriffsbestimmungen meine ich durch einleuchtende Gründe aufgewiesen zu haben, die erste in meinem Traktat *Über die Wahrheit*[3] die zweite in dem Traktat, den ich *Über* diese *Freiheit*[4] selbst verfaßt habe. In dem letzteren wurde auch gezeigt, wie diese Freiheit von Natur aus und unabtrennbar im Menschen ist, auch wenn er sich ihrer nicht immer bedient; darüber hinaus, daß diese Freiheit so stark ist, daß nichts dem Menschen die genannte Rechtheit, das heißt die Gerechtigkeit, die er besitzt, nehmen kann, solange er nur diese Freiheit gebrauchen will. Die Gerech-

non est naturalis, sed fuit separabilis in principio et angelis in caelo et hominibus in paradiso, et est adhuc in hac vita, non tamen necessitate, sed habentium illam propria voluntate. Sed quoniam iustitiam qua iustus est aliquis constat esse rectitudinem voluntatis, quam dixi, quae rectitudo tunc tantum est in aliquo, cum ipse vult quod deus vult eum velle: patet quia deus non potest eandem rectitudinem invito auferre, quoniam non potest hoc velle. Sed neque velle potest, ut eam habens nolens ulla necessitate illam deserat. Quippe vellet illum non velle, quod vult eum velle; quod esse nequit. Sequitur ergo deum velle hoc modo rectam voluntatem | ad volendum recte et ad servandum | 257
eandem rectitudinem esse liberam, quae quando potest quod vult, libere facit quod facit. Unde quoque apertissime cognosci potest aliquam esse liberam voluntatem cum actione sua, non repugnante dei praescientia, sicut supra monstratum est.

Ponamus nunc exemplum aliquod, in quo appareat et recta, id est iusta voluntas, et libertas arbitrii, et ipsum arbitrium; et quomodo recta voluntas impugnetur ut deserat rectitudinem, et qualiter eam libero servet arbitrio. Habet aliquis in corde ut veritatem teneat, quia intelligit rectum esse amare veritatem. Hic utique rectam iam habet voluntatem, et rectitudinem voluntatis. Aliud autem est voluntas, et aliud rectitudo qua recta est. Accedit alius, et nisi mentiatur minatur illi mortem. Videmus nunc in eius esse arbitrio an deserat vitam pro voluntatis rectitudine, an rectitudinem pro vita. Hoc arbitrium, quod et iudicium dici

---

9 illam: illa *O* || 20 recta: recte *B* || 25 qua: quae *E*

---

[5] Vgl. *lib.* 8 (oben 100–103). [6] Vgl. ebd. 5 (oben 84, 18 – 86, 20).

tigkeit hingegen ist keine natureigene Gabe. Sie war vielmehr am Anfang bei den Engeln im Himmel wie den Menschen im Paradies abtrennbar und ist dies auch noch in diesem Leben — nicht allerdings aufgrund von Notwendigkeit, sondern aufgrund des eigenen Willens derer, die sie besitzen. Die Gerechtigkeit, durch die jemand gerecht ist, besteht also in der besagten Rechtheit des Willens. Diese aber ist nur dann in einem, wenn er will, was Gott ihn wollen will. Damit ist jedoch klar, daß Gott diese Rechtheit nicht gegen jemandes Willen wegnehmen kann, weil er das nicht wollen kann[5]. Gott kann aber auch nicht wollen, daß einer, der sie besitzt, sie wider Willen aufgrund irgendeiner Notwendigkeit aufgibt. Dann würde er nämlich wollen, daß jener nicht wollte, was er ihn wollen will. Das aber ist unmöglich. Folglich will Gott, daß der rechte Wille dergestalt frei sei zum rechten Wollen und zum Bewahren dieser Rechtheit, daß er, wenn er kann, was er will, frei wirkt, was er wirkt. Auch von hierher läßt sich ganz klar erkennen, daß es einen freien Willen *(voluntas)* mitsamt seinem Handeln gibt, im Einklang mit dem Vorherwissen Gottes, wie schon zuvor aufgezeigt.

Der rechte, das heißt gerechte Wille, die Freiheit der Willensentscheidung und die Entscheidung selbst sollen nun an einem Beispiel aufgezeigt werden; ebenso, wie der rechte Wille bestürmt wird, die Rechtheit zu verlassen, und wie er diese durch eine freie Willensentscheidung bewahrt. Jemand hat in seinem Herzen die Absicht, die Wahrheit festzuhalten, weil er es als recht erkennt, die Wahrheit zu lieben. Dieser besitzt jetzt den rechten Willen und die Rechtheit des Willens. Aber der Wille und die Rechtheit, wodurch er recht ist, sind nicht ein und dasselbe. Es kommt nun einer und bedroht ihn mit dem Tode, wenn er nicht lüge[6]. Wir sehen, daß es jetzt in seiner Entscheidung liegt, ob er das Leben zugunsten der Rechtheit des Willens oder die Rechtheit um des Lebens willen aufgibt. Diese Entscheidung, die man auch Urteil nennen kann, ist frei. Denn

potest, liberum est, quoniam ratio qua intelligitur rectitudo, docet rectitudinem illam eiusdem rectitudinis amore semper esse servandam, et quidquid obtenditur ut deseratur esse contemnendum, atque voluntatis est ut ipsa quoque reprobet ac eligat, quemadmodum rationis intellectus monstrat. Ad hoc enim maxime datae sunt rationali creaturae voluntas et ratio. Quapropter idem voluntatis arbitrium ut eandem rectitudinem deserat, nulla cogitur necessitate, quamvis mortis impugnetur difficultate. Licet enim necesse sit aut vitam aut rectitudinem relinquere, nulla tamen necessitas determinat quam servet aut deserat. Nempe sola voluntas determinat ibi quid teneat, nec aliquid facit vis necessitatis, ubi operatur electio sola voluntatis. At cui non est deserendi rectitudinem voluntatis quam habet necessitas, palam est quia non deest servandi potestas sive libertas. Semper enim haec potestas libera est. Haec enim est libertas, quam esse dixi potestatem servandi rectitudinem voluntatis propter ipsam rectitudinem. Hac libertate rationalis naturae et arbitrium liberum et voluntas libera dicitur.

[VII]

Restat nunc ut consideremus, cum deus omnia praescire sive scire credatur, utrum eius scientia sit a rebus, an res habeant esse ab eius scientia. Nam si deus a rebus habet scientiam, sequitur quod illae prius sint quam | eius scientia, (| 258) et sic a deo non sint, a quo nequeunt esse nisi per eius scientiam. Si vero quaecumque sunt a scientia dei sumunt

---

4 est *om. E* || 23 sit: fiat *E* *(in B correctura)* || 27 a scientia dei:

die Vernunft, mittels deren die Rechtheit erkannt wird, lehrt, daß jene Rechtheit aus Liebe zu dieser Rechtheit immer zu bewahren und alles, was man auch vorbringt, damit sie verlassen werde, zu verachten sei. Es liegt nun beim Willen, ob auch er verwerfe und wähle, wie die Vernunfteinsicht dartut. Dazu nämlich sind Wille und Vernunft dem Vernunftwesen vor allem gegeben. Die Entscheidung des Willens, die Rechtheit zu verlassen, unterliegt daher keinem Zwang der Notwendigkeit, wenn er sich auch von der Gefahr des Todes bedrängt weiß. Notwendig ist zwar, entweder das Leben oder die Rechtheit aufzugeben. Keine Notwendigkeit aber bestimmt, welches von beiden er bewahre oder aufgebe. Denn nur der Wille bestimmt hier, woran er festhalte; und wo allein die Wahl des Willens am Werke ist, tut die Kraft der Notwendigkeit nichts. Wer aber von keiner Notwendigkeit betroffen ist, die Rechtheit des Willens, die er besitzt, zu verlassen, dem fehlt ganz gewiß nicht das Vermögen oder die Freiheit, sie zu bewahren. Denn immer ist dieses Vermögen frei. Es ist nämlich jene Freiheit, von der ich sagte, daß sie das Vermögen sei, die Rechtheit des Willens um dieser selbst willen zu bewahren. Aufgrund dieser Freiheit des Vernunftwesens werden die Entscheidung und der Wille frei genannt.

[7]

Da der Glaube lehrt, daß Gott alles vorherweiß oder weiß, muß nun noch untersucht werden, ob sein Wissen von den Dingen herkommt oder ob die Dinge ihr Sein von seinem Wissen her haben. Hat Gott das Wissen von den Dingen her, so folgt, daß diese eher als sein Wissen sind. Damit wären sie nicht von Gott, von dem her sie nur durch sein Wissen sein können. Wenn aber alles, was ist, sein Sein vom Wissen Gottes her hat, dann ist Gott der Schöpfer und

---

abei scientia *(ras.) S*

essentiam, deus est factor et auctor malorum operum, et ideo non iuste punit malos; quod non suscipimus.

Haec autem questio facile solvi potest, si prius cognoscitur bonum, quod est iustitia, vere aliquid esse; malum vero, quod est iniustitia, omni carere existentia. Quod in tractatu *De casu diaboli*, et in libello quem *De conceptu virginali et de originali peccato* titulavi, apertissime monstravi. Non est enim iniustitia qualitas aut actio aut aliqua essentia, sed tantum absentia debitae iustitiae, nec est nisi in voluntate, ubi debet esse iustitia. Per quam voluntatem iustam vel iniustam dicitur omnis rationalis natura et quaelibet eius actio iusta vel iniusta. Omnis quippe qualitas et omnis actio et quidquid aliquam habet essentiam, a deo est, a quo est omnis iustitia et nulla iniustitia. Facit igitur deus omnia, quae iusta sive iniusta voluntate fiunt, id est bona opera et mala. In bonis quidem facit quod sunt et quod bona sunt, in malis vero facit quod sunt, sed non quod mala sunt. Nam omni rei esse iustam vel bonam est aliquid esse; nulli vero rei est esse aliquid iniustam vel malam esse. Si quidem bonum vel iustum esse est habere iustitiam, quod est aliquid; malum autem esse vel iniustum est non habere iustitiam quam debet habere, quod non est aliquid. Iustitia namque aliquid est, iniustitia vero nihil, sicut dixi.

Est autem aliud bonum, quod dicitur „commodum“, cuius contrarium est malum, quod est „incommodum“. Hoc malum aliquando nihil est, ut caecitas; aliquando est aliquid, ut dolor. Sed hoc malum cum aliquid est deum facere non negamus, quia ipse est sicut legitur „faciens

---

7 Vgl. bes. *casu* 9 (oben 164f); 16 (oben 198–207).

8 Vgl. ANSELM, *conc. virg.* 5 (146f SCHMITT).

9 Vgl. oben 189 Anm. 22 zu *casu*.

10 Vgl. *casu* 26 (oben 238,21 – 240,5); *conc. virg.* 5 (146,29 – 147,1 SCHMITT).

Urheber der bösen Werke und straft die Bösen daher nicht zu Recht — was wir nicht annehmen.

Diese Frage läßt sich allerdings leicht lösen, wenn wir uns zunächst darüber klarwerden, daß das Gute, welches die Gerechtigkeit ist, wirklich etwas ist, das Böse hingegen, das in der Ungerechtigkeit besteht, allen Daseins entbehrt. Ich habe dies in dem Traktat *Über den Fall des Teufels*[7] und in dem kleinen Werk *Über die jungfräuliche Empfängnis und die Erbsünde*[8] sehr deutlich dargelegt. Die Ungerechtigkeit ist nämlich weder eine Qualität noch ein Handeln, noch überhaupt etwas Seiendes, sondern nur das Fehlen der geschuldeten Gerechtigkeit. Sie ist nur im Willen, dort, wo die Gerechtigkeit sein soll. Aufgrund dieses Willens sagt man von jedem Vernunftwesen und allem Handeln, es sei gerecht oder ungerecht. Jede Qualität, jedes Handeln und alles, was irgendeine Form von Sein hat, ist von Gott, von dem alle Gerechtigkeit und keine Ungerechtigkeit stammt. Gott schafft also alles, was durch einen gerechten oder einen ungerechten Willen zustande kommt, das heißt die guten und bösen Werke. Bei den guten macht er, was sie sind und daß sie gut sind, hinsichtlich der bösen hingegen, was sie sind, nicht aber, daß sie böse sind. Denn gerecht oder gut sein bedeutet für alles, etwas zu sein; für nichts ist aber ungerecht oder böse sein soviel wie „etwas sein". Gut oder gerecht sein bedeutet, die Gerechtigkeit zu haben; und das ist ein Etwas. Böse oder ungerecht sein heißt, die Gerechtigkeit nicht zu haben, die man haben soll; und das ist nicht ein Etwas. Denn die Gerechtigkeit ist, wie gesagt, etwas, die Ungerechtigkeit aber nichts.

Es gibt aber eine andere Art von Gutem, das „Angenehmes" genannt wird. Seinen Gegensatz bildet ein Übel[9], welches das „Unangenehme" ist. Dieses Übel ist zuweilen nichts, wie zum Beispiel die Blindheit. Ein anderes Mal ist es etwas, zum Beispiel der Schmerz[10]. Sofern es ein Etwas ist, bestreiten wir im Hinblick auf dieses Übel nicht, daß Gott es wirkt. Denn er selbst ist es nach der Schrift, der

pacem et creans malum". Ipse namque creat incommoda, quibus exercet et purgat iustos et punit iniustos. De illo itaque tantum malo, quod est iniustitia, per quam dicitur iniustum, certum est quia numquam est aliquid, nec alicui rei | [259] est esse aliquid iniustam esse. Et sicut deus non facit iniustitiam, ita non facit aliquid iniustum esse. Qui tamen facit omnes actiones et omnes motus, quia ipse facit res, a quibus et ex quibus et per quas et in quibus fiunt; et nulla res habet ullam potestatem volendi aut faciendi nisi illo dante. Ipsum quoque velle, quod aliquando iustum est, aliquando iniustum, nec est aliud quam uti voluntate et potestate volendi quas deus dat: in quantum est, bonum est et est a deo. Quod tunc quidem, quando recte est, bonum et iustum est; quando vero non recte, hoc solo quia non recte est, malum est et iniustum. Est autem aliquid recte esse, et hoc est a deo; non esse vero recte non est aliquid, nec est a deo. Nam sicut cum aliquis utitur gladio aut lingua aut potestate loquendi, non est aliud gladius aut lingua sive potestas, cum rectus est eorum usus, et aliud cum non est rectus: ita voluntas qua utimur ad volendum, sicut ratione utimur ad ratiocinandum, non est aliud quando quis illa recte utitur, et aliud quando non recte. Nec magis nec minus est hoc quod est essentialiter cum est iusta, quam cum iniusta est voluntas, per quam dicitur aut substantia aut actio iusta vel iniusta. Sic itaque facit deus in omnibus voluntatibus et operibus bonis et quod essentialiter sunt et quod bona sunt; in malis vero non quod mala sunt, sed tantum quod per essentiam sunt. Quemadmodum enim

5 rei *om. E* || 9 illo: ipso *E* || 13 a deo: est *add. E* || 20 ita: cum *add. B* || 20–21 ad ratiocinandum utimur ratione *E* || 23 haec *ex* hoc *E* quod est: esse *add. B* || 24 iniusta est: est iniusta *ES*

11 Vgl. *conc.* 3,14 (unten 356–361); *casu* 19f (oben 210–217).

„Frieden wirkt und Übel schafft" (vgl. Jes 45,7). Er selbst nämlich schafft Unangenehmes, wodurch er die Gerechten erprobt und reinigt und die Ungerechten straft. Nur im Hinblick auf jenes Böse, welches die Ungerechtigkeit ist, aufgrund deren jemand ungerecht genannt wird, ist gewiß, daß es niemals etwas ist, und für nichts ist „ungerecht sein" soviel wie „etwas sein". Wie Gott keine Ungerechtigkeit schafft, so macht er auch nicht, daß etwas ungerecht ist. Er schafft aber alle Handlungen und Bewegungen, denn er bringt die Wesen hervor, von denen, aus denen, durch die und in denen sie geschehen; und nichts hat irgendein Vermögen, zu wollen oder zu wirken, außer er gibt es. Auch das Wollen selbst — das einmal gerecht, ein andermal ungerecht ist und nur im Gebrauch des Willens und des Vermögens zu wollen besteht, die Gott gibt — ist gut und von Gott, insofern es *ist.* Wenn es recht ist, ist es gut und gerecht. Wenn es nicht recht ist, ist es allein dadurch, daß es nicht recht ist, böse und ungerecht. Recht sein ist ein Etwas, und es ist von Gott. Nicht recht sein aber ist nicht ein Etwas, und es ist nicht von Gott. Wenn zum Beispiel jemand ein Schwert gebraucht oder sich der Zunge beziehungsweise des Vermögens zu sprechen bedient, dann sind das Schwert oder die Zunge beziehungsweise das Sprachvermögen, wenn sie recht gebraucht werden, nichts anderes, als wenn ihr Gebrauch nicht recht ist. So ist auch der Wille, dessen wir uns zum Wollen wie der Vernunft zum Denken bedienen, bei seinem rechten Gebrauch nichts anderes, als wenn jemand ihn nicht recht gebraucht. Das, was er seinem wesentlichen Sein nach ist, ist der Wille auch nicht mehr oder minder, je nachdem, ob er gerecht oder ungerecht ist — wonach ein Wesen oder eine Handlung ja als gerecht oder ungerecht qualifiziert wird. So schafft Gott in allen guten Willen und Werken das, was sie wesenhaft sind, und daß sie gut sind. In den bösen hingegen macht er nicht, daß sie böse sind, sondern nur, was sie ihrem wesentlichen Sein nach sind[11]. Wie nämlich das Sein der Dinge

non est essentia rerum nisi a deo, ita non est recta nisi ab ipso.

Huius vero rectitudinis de qua loquor absentia, quae est iniustitia, non est nisi in voluntate rationalis creaturae, quae semper debet habere iustitiam. Cur autem non habeat quam semper debet habere, et quomodo deus bona faciat sola sua bonitate et mala sola culpa hominis vel diaboli, et qualiter homo bona faciat per liberum arbitrium praesulante gratia et malum sola sua operante propria voluntate, et quid habeat deus in malis sine culpa sua et homo in bonis cum laude sua, ut tamen bona hominis videantur aperte imputando deo et mala homini: cum de gratia et libero arbitrio tractabimus, ut puto, deo donante apertius patebit. Nunc autem tantum dico quod malus angelus ideo iustitiam non habet, quia eam deseruit nec postea recepit; homo vero idcirco illa caret, quia in primis parentibus eam abiecit, et postea aut non illam recepit aut receptam reiecit.

Puto quia gratia dei adiuvante monstravimus quod praescientiam dei | et liberum arbitrium simul esse, si diligenter | 260
considerentur quae diximus, non sit impossibile, neque possit aliquid obici quod non sit dissolubile.

---

6 habere: iniustitiam *add. E* || 18 monstrabimus *S*

allein von Gott stammt, so ist es auch allein von ihm her recht.

Das Fehlen der besagten Rechtheit aber, welches die Ungerechtigkeit ist, findet sich nur im Willen eines Vernunftwesens, das die Gerechtigkeit immer haben soll. Was nun die folgenden Fragen angeht — Warum hat jemand etwas nicht, das er immer haben soll? Wie kommt es, daß Gott das Gute allein durch sein Gutsein und das Böse allein durch die Schuld des Menschen oder des Teufels wirkt? Wie kann ein Mensch das Gute durch den freien Willen unter der Leitung der Gnade tun, das Böse aber allein durch das Wirken seines eigenen Willens? Wie hat Gott seinen Anteil am Bösen ohne Vorwurf von Schuld und der Mensch am Guten mit Einschluß von Lob, so daß dennoch die guten Taten des Menschen ganz offensichtlich Gott, die bösen aber dem Menschen anzurechnen sind? —, all dies wird wohl mit der Hilfe Gottes klarer werden, wenn wir auf das Verhältnis von Gnade und freiem Willen zu sprechen kommen. Hier will ich nur soviel sagen: Der böse Engel hat deswegen die Gerechtigkeit nicht, weil er sie verließ und später nicht mehr empfing. Der Mensch ermangelt ihrer, weil er sie in seinen Ureltern von sich stieß und später entweder nicht mehr empfing oder, wo er sie empfing, sie wieder von sich wies.

Ich denke, mit Hilfe der göttlichen Gnade haben wir zeigen können, daß — erwägt man das Ausgeführte sorgfältig — das Zusammenbestehen des Vorherwissens Gottes und des freien Willens nicht unmöglich ist und nichts dagegen eingewandt werden kann, was nicht auflösbar wäre.

[Quaestio II:] De praedestinatione et libero arbitrio

[I]

Nunc ergo in eo sperantes qui hucusque nos perduxit, discordiam quae inter praedestinationem et liberum arbitrium videtur esse, aggrediamur dissolvere. Ad quod per ea quae supra disseruimus, sicut in sequentibus patebit, non parum profecimus.

Praedestinatio videtur idem esse quod praeordinatio sive praestitutio; et ideo quod deus praedestinare dicitur, intelligitur praeordinare, quod est statuere futurum esse. Quod autem deus statuit futurum esse, necessitate videtur esse futurum. Quare quidquid deus praedestinat, necesse est futurum esse. Si ergo deus praedestinat bona et mala quae fiunt, nihil fit per liberum arbitrium, sed omnia ex necessitate. At si tantum bona praedestinat, sola bona sunt ex necessitate, nec est liberum arbitrium nisi ad mala; quod nimis est absurdum. Non ergo sola bona praedestinat deus. Si autem quaedam bona opera facit liberum arbitrium, per quae fiunt iusti absque praedestinatione, non praedestinat deus omnia bona opera, quae iustos faciunt. Quare nec illos iustos, qui sunt per opera liberi arbitrii. Non ergo praescivit deus eos, quia „quos praescivit", hos „et praedestinavit". Sed falsum est deum non praescire aliqua bona opera aut aliquos iustos. Non igitur quaedam solius liberi arbitrii opera bona iustificant, sed illa sola quae deus praedestinat. Si ergo deus omnia praedestinat, et praedestinata sunt ex

---

1 De praedestinatione et libero arbitrio: *hanc inscriptionem omnes codices mss. habent* et: de *add. O* || 6 in consequentibus *S*

---

[12] Vgl. *conc.* 2,2 (unten 290f).

[II.] Vorherbestimmung und freier Wille

[1]

Im Vertrauen auf den, der uns bis hierher geleitet hat, wollen wir nun an die Lösung des Widerstreits gehen, der zwischen der Vorherbestimmung und dem freien Willen zu bestehen scheint. Es wird sich dabei zeigen, daß hierzu das bereits Erörterte von nicht geringem Nutzen ist.

Vorherbestimmung scheint dasselbe zu sein wie vorgängige Anordnung oder Festsetzung. Wenn man sagt, Gott bestimme etwas vorher, so versteht man darunter, er ordne es im voraus an, das heißt setze fest, daß es in Zukunft sei. Was aber Gott für die Zukunft festsetzt, scheint mit Notwendigkeit in Zukunft einzutreten. Was immer Gott also vorherbestimmt, tritt notwendig in Zukunft ein. Wenn daher Gott das Gute und das Böse vorherbestimmt, das geschieht, dann geschieht nichts durch freien Willen, sondern alles aus Notwendigkeit. Wenn er aber nur das Gute vorherbestimmt, so kommt nur das Gute aus Notwendigkeit zustande. Der freie Wille ist dann nur für das Böse da — und das ist der Gipfel an Ungereimtheit. Gott bestimmt also nicht nur das Gute vorher. Wenn aber der freie Wille gewisse gute Werke hervorbringt, durch die ohne Vorherbestimmung jemand zum Gerechten wird, so bestimmt Gott nicht alle guten Werke vorher, die jemand zum Gerechten machen. Er bestimmt dann auch nicht jene Gerechten voraus, die dies durch die Werke der freien Willensentscheidung sind. Dann hat er sie aber auch nicht vorhererkannt, entsprechend dem Wort: „Die er vorhererkannt hat, die hat er auch vorherbestimmt" (Röm 8,29)[12]. Das ist aber falsch, daß Gott irgendwelche guten Werke oder Gerechte nicht vorherweiß beziehungsweise -erkennt. Es machen also nicht gewisse gute Werke, die allein dem freien Willen zugehören, gerecht, sondern nur die, die Gott vorherbestimmt. Wenn daher Gott alles vorherbestimmt und das Vorherbestimmte aus Notwendigkeit ist, so scheint —

necessitate: cum nihil per liberum arbitrium necessitate fiat, sequi videtur nihil esse liberum arbitrium manente praedestinatione; aut si statuimus in aliquibus liberum arbitrium, perire in illis praedestinationem.

[II] 261

In primis igitur ante quaestionis responsionem videndum est quia praedestinatio non solum bonorum est, sed et malorum potest dici, quemadmodum deus mala quae non facit dicitur facere, quia permittit. Nam dicitur hominem indurare cum non emollit, ac inducere „in tentationem" cum non liberat. Non est ergo inconveniens, si hoc modo dicimus praedestinare deum malos et eorum mala opera, quando eos et eorum mala opera non corrigit. Sed bona specialius praescire et praedestinare dicitur, quia in illis facit quod sunt et quod bona sunt; ac in malis autem non nisi quod sunt essentialiter, non quod mala sunt, ut supra dictum est. Sciendum quoque est quia sicut praescientia non in deo dicitur proprie, ita nec praedestinatio; quia illi nec ante nec post aliquid est, sed omnia sunt illi simul praesentia.

[III]

Consideremus nunc an aliqua possint praedestinari per liberum futura arbitrium. Dubitari utique non debet quia

---

15 ac: at *E* || 18 proprie dicitur *E*

da nichts durch den freien Willen Gewirkte aus Notwendigkeit ist — zu folgen, daß der freie Wille nichts sei, solange es Vorherbestimmung gibt, oder, wenn wir in einigen Fällen einen freien Willen ansetzen, daß dort die Vorherbestimmung zunichte wird.

[2]

Vor der Antwort auf unsere eigentliche Frage müssen wir ins Auge fassen, daß es nicht nur eine Vorherbestimmung des Guten gibt, sondern diese auch in bezug auf das Böse ausgesagt werden kann, insofern man nämlich von dem Bösen, das Gott nicht wirkt, sagt, er wirke es — weil er es zuläßt[13]. Denn es heißt, er „verhärte" (vgl. Röm 9, 18) einen Menschen, wenn er ihn nicht löst, und er „führe in Versuchung" (vgl. Mt 6, 13; Lk 11, 4)[14], wenn er nicht befreit. Dementsprechend ist es also nicht unangemessen zu sagen, Gott bestimme die Bösen und ihre bösen Werke vorher, wenn er sie und ihre bösen Werke nicht bessert. Aber im eigentlichen Sinn sagt man, er wisse und bestimme die guten Werke voraus, denn hier wirkt er, was sie sind und, daß sie gut sind, bei den bösen hingegen — wie oben gesagt — nur, was sie ihrem wesentlichen Sein nach sind, nicht, daß sie böse sind. Es ist auch zu beachten, daß, wie bei Gott nicht im eigentlichen Sinn von *Vorher*wissen gesprochen wird, so auch nicht von *Vorher*bestimmung. Für ihn gibt es ja kein früher und später, sondern alles ist ihm zugleich gegenwärtig.

[3]

Sehen wir nun zu, ob etwas als durch einen freien Willen zukünftig vorherbestimmt werden kann. Es darf kein

[13] Vgl. *casu* 28 (oben 244, 24f); 1 (oben 130, 7–11).
[14] Vgl. ebd. 1 (oben 130, 19–21).

eius praescientia et praedestinatio non discordant; sed sicut praescit, ita quoque praedestinat. In quaestione de praescientia cognovimus aperte aliqua praesciri futura per liberum arbitrium sine omni repugnantia. Unde veritas quoque evidens et ratio docet praedestinari similiter per liberum arbitrium quaedam futura absque omni inconvenientia. Nam neque praescit deus neque praedestinat quemquam iustum futurum ex necessitate. Non enim habet iustitiam, qui eam non servat libera voluntate. Pariter igitur, quamvis necesse sit fieri quae praesciuntur et quae | praedestinantur, | 26 quaedam tamen praescita et praedestinata non eveniunt ea necessitate quae praecedit rem et facit, sed ea quae rem sequitur, sicut supra diximus. Non enim ea deus — quamvis praedestinet — facit voluntatem cogendo aut voluntati resistendo, sed in sua illam potestate dimittendo. Quamvis tamen sua voluntas utatur potestate, nihil tamen facit, quod deus non faciat in bonis sua gratia, in malis non sua sed eiusdem voluntatis culpa; quod — sicut promisimus — clarius cum de gratia loquemur apparebit. Et sicut praescientia, quae non fallitur, non praescit nisi verum sicut erit, aut necessarium aut spontaneum: ita praedestinatio, quae non mutatur, non praedestinat, nisi sicut est in praescientia. Et quemadmodum quod praescitur — licet in aeternitate sit immutabile —, tamen in tempore aliquando antequam sit mutari potest: ita est per omnia de praedestinatione.

Patet igitur ex iis quae dicta sunt, si bene considerentur, quia nec praedestinatio excludit liberum arbitrium, nec

---

15 illam: eam *E* || 19–20 quae non fallitur praescientia *E* || 26 ex his *ES*

Zweifel daran bestehen, daß Gottes Vorherwissen und Vorherbestimmung nicht im Widerstreit miteinander liegen. Wie er vorherweiß, so bestimmt er vielmehr auch im voraus. Bei der Frage nach dem Vorherwissen haben wir nun klar erkannt, daß etwas als durch freien Willen zukünftig vorhergewußt wird, ohne daß dies einen Widerspruch ergibt. So lehren die offenbare Wahrheit und die Vernunft auch ohne jeden Widerspruch, daß ebenso etwas als durch freien Willen zukünftig vorherbestimmt wird. Denn Gott weiß weder voraus, noch setzt er im vorhinein fest, daß irgend jemand aus Notwendigkeit gerecht sein werde. Niemand besitzt ja Gerechtigkeit, der sie nicht aus freiem Willen wahrt. So geschehen auch — obschon notwendig eintrifft, was vorhergewußt und -bestimmt ist — gewisse Dinge, die vorhergewußt und -bestimmt sind, nicht aufgrund jener Notwendigkeit, die einer Sache vorangeht und sie bewirkt, sondern aus der, die ihr folgt, wie oben ausgeführt. Gott bestimmt solches zwar voraus. Er wirkt es aber nicht, indem er den Willen zwingt oder ihm widersteht, sondern indem er ihn an sein eigenes Vermögen freigibt. So sehr jedoch der Wille sich seines Vermögens bedient; er tut nichts, was Gott nicht wirkte — bei den guten Werken durch seine Gnade, bei den bösen nicht durch seine Schuld, sondern durch die des Willens. Das wird, wie versprochen, klarer werden, wenn wir auf die Gnade zu sprechen kommen. Und wie das Vorherwissen, das sich nicht irrt, nur das Wahre vorherweiß, wie es sein wird — aus Notwendigkeit oder aus Freiheit —, so bestimmt auch die Vorherbestimmung, die sich nicht wandelt, nur auf die Weise voraus, wie es sich im Vorherwissen verhält. Wie schließlich das, was vorhergewußt ist — mag es in der Ewigkeit auch unwandelbar sein —, in der Zeit doch zuweilen abänderbar ist, bevor es geschieht, so verhält es sich auch in allem mit der Vorherbestimmung.

Bedenkt man diese Ausführungen wohl, so leuchtet daher ein, daß weder die Vorherbestimmung den freien Wil-

liberum arbitrium adversatur praedestinationi. Siquidem omnia illa, quibus supra monstravimus liberum arbitrium praescientiae non repugnare, pariter ostendunt illud praedestinationi concordare. Non ergo rationabiliter quotiens aliquid contingit operante spontanea voluntate — velut cum homo homini facit iniuriam, unde ab illo occiditur —, quidam clamant dicentes: „Sic praescitum et praedestinatum erat a deo, et ideo necessitate factum est, nec aliter fieri potuit." Quippe nec qui alium iniuria irritavit nec qui se vindicavit, hoc fecit necessitate, sed sola voluntate; quia si non sponte voluisset, neuter quod fecit fecisset.

[Quaestio III:] De gratia et libero arbitrio 263

[I]

Restat nunc ut de gratia et eodem libero arbitrio, eadem gratia adiuvante, consideremus. Quaestio ista inde nascitur, quia divina scriptura ita loquitur aliquando, ut nihil videatur liberum arbitrium prodesse ad salutem, sed sola gratia; aliquando vero ita, velut tota nostra salus in libera nostra consistat voluntate. De gratia siquidem dicit dominus: „Sine me nihil potestis facere." Et: „Nemo venit ad me, nisi pater meus traxerit illum." Et Paulus apostolus: „Quid autem habes, quod non accepisti?" Et de deo: „Cuius vult

---

8 nec aliter: nec *bis S* || 12 De gratia et libero arbitrio: *hanc inscriptionem omnes codices mss. habent* De gratia: dei *add. E* || 22 accepisti?: ? *om. E*

len ausschließt, noch dieser in Widerspruch mit der Vorherbestimmung tritt. Alles, was wir oben zum Beweis dafür angeführt haben, daß der freie Wille und das Vorherwissen einander nicht widerstreiten, dient ebensogut zum Aufweis der Vereinbarkeit dieser Willensfreiheit mit der Vorherbestimmung. Wann immer etwas durch die Wirkung eines freien Willens geschieht — zum Beispiel wenn ein Mensch einem anderen ein Unrecht zufügt und dann von diesem erschlagen wird —, ist also ein Aufschrei wie der folgende unvernünftig: „So war es von Gott vorhergewußt und -bestimmt; darum geschah es notwendig und konnte gar nicht anders geschehen!" Denn weder der, der den anderen durch das Unrecht herausgefordert, noch der, der sich gerächt hat, tat dies aus Notwendigkeit, sondern allein aufgrund seines Willens. Hätten sie nicht von sich aus gewollt, so hätte keiner getan, was er getan.

[III.] Gnade und freier Wille

[1]

Wir müssen nun noch über die Gnade und den freien Willen handeln — mit Hilfe ebendieser Gnade. Diese Frage kommt deswegen auf, weil manchen Aussagen der Heiligen Schrift zufolge der freie Wille im Hinblick auf das Heil nichts zu nützen scheint, vielmehr allein die Gnade, anderen Stellen nach hingegen unser ganzes Heil auf unserem freien Willen zu beruhen scheint. Über die Gnade sagt Gott zum Beispiel: „Ohne mich könnt ihr nichts tun" (Joh 15,5). Und: „Niemand kommt zu mir, es sei denn, der Vater zöge ihn" (Joh 6,44). Und der Apostel: „Was aber hast du, das du nicht empfangen hättest?" (1 Kor 4,7)[15]. Und über Gott

[15] Vgl. oben 128 die Ausgangsfrage von *casu*.

miseretur, et quem vult indurat." Et: „Neque volentis neque currentis, sed miserentis est dei." Multa quoque alia leguntur quae soli gratiae sine libero arbitrio bona nostra opera et salutem nostram videntur attribuere. Plures etiam asserunt experimento se probare quod homo nequaquam ullo libero fulciatur arbitrio: quoniam multos absque numero immenso mentis et corporis conatu niti sentiunt, qui quadam difficultate immo impossibilitate aggravati nihil proficiunt, aut post magnum profectum repente irreparabiliter deficiunt.

Liberum autem arbitrium monstrat eadem scriptura nos habere hoc modo. Dicit deus per Isaiam: „Si volueritis et audieritis me, bona terrae comedetis." Et David: „Quis est homo qui vult vitam, diligit dies videre bonos? Prohibe linguam tuam a malo, et labia tua ne loquantur dolum. Diverte a malo et fac bonum." Et dominus in evangelio: „Venite ad me omnes qui laboratis et onerati estis, et ego reficiam vos. Tollite iugum meum super vos, et discite a me, quia mitis sum et humilis corde, et invenietis requiem animabus vestris." Plura etiam alia et innumerabilia sunt quae vi|dentur [264] liberum arbitrium ad bene operandum excitare, et quia monita contemnit exprobare. Quod auctoritas divina nequaquam faceret, si voluntatis libertatem nullam in homine cognosceret. Sed nec ullo modo esset cur deus bonis vel malis pro meritis singulorum iuste retribueret, si per liberum arbitrium nullus bonum vel malum faceret.

---

2 miserantis *E* || 23 nullam: nulla *O*

sagt er: „Er erbarmt sich, wessen er will, und er verhärtet, wen er will“ (Röm 9,18). Und: „Es liegt nicht bei dem, der will, noch bei dem, der läuft, sondern bei Gott, der sich erbarmt“ (Röm 9,16). Noch an vielen anderen Stellen werden anscheinend allein der Gnade ohne den freien Willen unsere guten Werke und unser Heil zugeschrieben. Manche behaupten darüber hinaus, aufgrund von Erfahrung beweisen zu können, daß der Mensch nie durch einen freien Willen gestützt wird. Denn sie sehen, wie zahllos viele sich mit ungeheurer Anstrengung von Geist und Körper mühen und doch, von einer Schwierigkeit, ja Unmöglichkeit niedergehalten, nichts ausrichten — oder nach einem großen Erfolg plötzlich und unwiederbringlich versagen.

Daß wir aber einen freien Willen haben, zeigt die Schrift auf folgende Weise. Gott sagt durch Jesaja: „Wenn ihr wollt und auf mich hört, werdet ihr die Güter der Erde genießen“ (Jes 1,19). Und David sagt: „Wer ist der Mensch, der das Leben will, gute Tage zu sehen begehrt? Bewahre deine Zunge vor Bösem und deine Lippen, daß sie nicht Trügerisches reden. Laß ab vom Bösen und tue das Gute!“ (Ps 34,13–15: Vg. Ps 33,13–15). Und der Herr sagt im Evangelium: „Kommt zu mir alle, die ihr euch plagt und beladen seid, und ich will euch erquicken. Nehmt mein Joch auf euch und lernt von mir, denn ich bin sanftmütig und demütig von Herzen; und ihr werdet Ruhe finden für eure Seelen“ (Mt 11,28f). Es gibt noch viele andere, ungezählte Stellen, die den freien Willen zum guten Wirken aufzurufen und ihm Vorwürfe zu machen scheinen, wenn er die Mahnungen mißachtet. Dies würde die göttliche Autorität niemals tun, wenn sie wüßte, daß es keine Freiheit des Willens im Menschen gäbe. Wenn niemand durch den freien Willen Gutes oder Böses wirkte, bestünde aber auch überhaupt kein Grund, daß Gott den Guten oder den Bösen je nach ihrem Verdienst gerecht den Lohn zukommen ließe.

Quoniam ergo in sacra scriptura quaedam invenimus quae soli gratiae favere videntur, et quaedam quae solum liberum arbitrium statuere sine gratia putantur: fuerunt quidam superbi qui totam virtutum efficaciam in sola arbitrii libertate consistere sunt arbitrati; et sunt nostro tempore multi qui liberum arbitrium aliquid esse penitus desperant. In hac itaque quaestione haec erit nostra intentio, ut liberum arbitrium simul esse cum gratia et cum ea operari in multis monstremus, sicut illud cum praescientia atque praedestinatione concordare repperimus.

[II]

Sciendum est quia, sicut non de alio libero arbitrio fit haec — ut supra dixi — quaestio nisi de illo, sine quo nemo salutem meretur, postquam intelligibilem habet aetatem: ita non de alia gratia quam de illa, sine qua nullus salvator homo. Omnis enim creatura gratia existit, quia gratia facta est; et multa bona dat deus per gratiam in hac vita, sine quibus homo salvari potest. In infantibus quidem qui baptizati moriuntur, antequam suo possint uti libero arbitrio, non apparet concordia quam quaerimus; quoniam in illis gratia sola operatur salutem sine illorum libero arbitrio. Nam hoc quoque gratia est, quia datur aliis voluntas, ut illis sua fide subveniant. In habentibus igitur intelligibilem aetatem monstrandum est quod investigamus, quia de illis solis versatur haec quaestio.

Quicumque autem ex his salvantur, per iustitiam salvari dubium non est. Iustis enim promittitur vita aeterna, quia

Da wir nun in der Heiligen Schrift Stellen finden, die für die Gnade allein zu sprechen scheinen, und andere, denen man entnehmen möchte, daß sie sich allein für den freien Willen ohne Gnade entscheiden, hat es einige hochmütige Leute gegeben, die annehmen, daß die gesamte Wirksamkeit der Tugenden auf der Freiheit des Willens beruhe, und gibt es in unserer Zeit viele, die den Gedanken gänzlich aufgeben, daß der freie Wille etwas sei. In der vorliegenden Frage wird unser Ziel daher sein zu zeigen, daß der freie Wille mit der Gnade zugleich besteht und mit dieser in vielem zusammenwirkt — wie wir gefunden haben, daß er sich mit dem Vorherwissen und der Vorherbestimmung im Einklang befindet.

[2]

Wie oben gesagt, geht es hier wohlgemerkt nur um jene freie Willensentscheidung, ohne die niemand sein Heil verdient, nachdem er das Vernunftalter erreicht hat. So ist gleichermaßen zu beachten, daß wir hier nur von jener Gnade handeln, ohne die kein Mensch sein Heil findet. Alles Geschaffene hat ja aufgrund von Gnade sein Dasein, weil es aus Gnade geschaffen wurde. Und Gott schenkt in diesem Leben durch seine Gnade vieles Gute, das dem Menschen zum Heil nicht unabdinglich ist. Was die Kinder angeht, die getauft sterben, bevor sie von ihrem freien Willen Gebrauch machen können, so kommt hier der von uns gesuchte Einklang nicht zum Vorschein; denn in ihnen wirkt die Gnade allein das Heil ohne ihre freie Willensentscheidung. Auch dies ist nämlich Gnade, daß anderen der Wille gegeben wird, ihnen mit ihrem Glauben zu Hilfe zu kommen. Was wir suchen, muß also an jenen aufgewiesen werden, die das Vernunftalter erreicht haben. Die gestellte Frage betrifft sie allein.

Die von ihnen zum Heil gelangen, erlangen dies aber ohne Zweifel durch Gerechtigkeit. Das ewige Leben ist

„iusti in perpetuum vivent, et apud dominum est merces eorum“. Quod autem iustitia sit rectitudo voluntatis, sacra saepe monstrat auctoritas. Qua de re sufficit unum exemplum | proponere. Cum enim dixisset David: „non relin- I 265
quet dominus plebem suam, et haereditatem suam non derelinquet, quoadusque iustitia convertatur in iudicium“: ut doceret nos quid esset iustitia, interrogando ait: „Et qui iuxta illam?“ Ad quod ipse sibi respondens „omnes“ inquit „qui recto sunt corde“, hoc est qui recta sunt voluntate. Quamvis enim corde credamus et intelligamus, sicut corde volumus, non tamen iudicat spiritus sanctus illum rectum habere cor, qui recte credit vel intelligit et non recte vult: quia non utitur rectitudine fidei et intellectus ad recte volendum, propter quod datum est rationali creaturae recte credere et intelligere. Nam neque rectum intellectum habere dicendus est, qui secundum illum non recte vult; neque dicitur habere fidem nisi mortuam, qui secundum fidem non recte vult operari, propter quod fides datur. Recte igitur intelligimus David dixisse rectos corde rectos voluntate. Sed ne quis existimet auctoritate divina dici iustum illum vel rectum, qui non nisi propter aliud tenet rectitudinem voluntatis: dicimus iustitiam esse rectitudinem voluntatis propter se servatam. Qui enim solum propter aliud illam servat, non eam diligit, sed illud propter quod illam servat, et ideo non est dicendus iustus, nec talis rectitudo nominanda est iustitia.

Quando de praescientia et libero arbitrio tractabamus, exemplo quodam monstravimus esse posse simul rectitudinem hanc, quam voco iustitiam, et liberum arbitrium. Per

5–6 non derelinquet: non *om. E* || 8 sibi *om. B* || 13 rectitudinem *B* || 25 et ideo: Et ideo *ES; Clm. 18208 (s. XII)* || 29 Per: per *EOS; Clm. 18208*

[16] Vgl. ANSELM, *mon.* 78 (84,15 – 85,9 SCHMITT).
[17] Vgl. ders., *ver.* 12 (191–196 SCHMITT).

nämlich den Gerechten versprochen, denn: „Die Gerechten werden leben in Ewigkeit, und ihr Lohn ist beim Herrn“ (Weish 5,15: Vg. Weish 5,16). Daß die Gerechtigkeit aber in der Rechtheit des Willens besteht, zeigt die Heilige Schrift oft. Ein Beispiel möge genügen. David sagt: „Der Herr wird sein Volk nicht verlassen und sein Erbe nicht im Stich lassen, bis Gerechtigkeit zum Richtspruch geworden ist“ (Ps 94,14f: Vg. Ps 93,14f). Und um uns zu lehren, was Gerechtigkeit sei, fragt er: „Und wer ist dieser gemäß?“ Worauf er sich selbst zur Antwort gibt: „Alle, die rechten Herzens sind“, das heißt, die rechten Willens sind. Denn wenn wir auch mit dem Herzen glauben und erkennen, so wie wir mit dem Herzen wollen, urteilt der Heilige Geist doch nicht, daß der ein rechtes Herz habe, der recht glaubt oder erkennt, aber nicht recht will. Dieser gebraucht ja die Rechtheit des Glaubens und Erkennens nicht zum recht Wollen, wozu einem Vernunftwesen gegeben ist, recht zu glauben und zu erkennen. Man kann auch nicht sagen, daß der rechte Einsicht habe, der dieser entsprechend nicht recht will; ebensowenig, daß der Glauben habe — es sei denn einen toten (vgl. Jak 2,17)[16] —, der nicht diesem gemäß recht handeln will; deswegen wird ja der Glaube verliehen. Wir verstehen David also recht, daß er mit den „rechten Herzens“ die „rechten Willens“ gemeint hat. Damit aber keiner auf den Gedanken kommt, aufgrund göttlicher Autorität könne der gerecht oder recht heißen, der nur wegen etwas anderem die Rechtheit des Willens wahrt, sagen wir: Gerechtigkeit ist um ihrer selbst willen bewahrte Rechtheit des Willens[17]. Denn wer diese nur wegen etwas anderem wahrt, liebt nicht sie, sondern das, worumwillen er sie wahrt. Man darf ihn also nicht gerecht, noch eine solche Rechtheit Gerechtigkeit nennen.

Bei unserer Erörterung von Vorherwissen und Willensfreiheit haben wir an einem Beispiel gezeigt, daß die Rechtheit, die ich Gerechtigkeit nenne, mit dem freien Willen zusammenbestehen kann. Dadurch läßt sich klar erkennen,

quod planum est intelligere in aliis multis similiter esse. Si ergo possumus ostendere nullam creaturam hanc adipisci posse rectitudinem nisi per gratiam, manifesta erit inter gratiam et liberum arbitrium ad salvandum hominem concordia quam quaerimus.

[III]

Dubium utique non est quia voluntas non vult recte, nisi quia recta est. Sicut namque visus non est acutus, quia videt acute, sed idcirco videt acute, quia est acutus: ita voluntas non est recta, quia vult recte, sed recte | vult, quoniam recta | 26 est. Cum autem vult hanc rectitudinem, procul dubio recte vult. Non ergo vult rectitudinem, nisi quia recta est. Idem autem est voluntati rectam esse et rectitudinem habere. Palam igitur est quia non vult rectitudinem, nisi quia rectitudinem habet. Non nego voluntatem rectam velle rectitudinem quam nondum habet, quando vult maiorem quam habeat; sed dico nullam eam posse velle rectitudinem, si non habet rectitudinem qua illam velit.

Consideremus nunc utrum aliquis hanc rectitudinem non habens, eam aliquo modo a se habere possit. Utique a se illam habere nequit, nisi aut volendo aut non volendo. Volendo quidem nullus valet eam per se adipisci, quia nequit eam velle, nisi illam habeat. Quod autem aliquis non habens rectitudinem voluntatis, illam valeat per se non volendo assequi, mens nullius accipit. Nullo igitur modo potest eam creatura habere a se. Sed neque creatura valet eam habere ab alia creatura. Sicut namque creatura nequit creaturam salvare, ita non potest illi dare per quod debeat salvari. Sequitur itaque quia nulla creatura rectitudinem

---

2 nullam ostendere *O* || 3 rectitudinem *om. E* || 10 quoniam: quia *E* || 18 habet: habeat *E* || 20 a se aliquo modo *E* || 23 nequit eam: nequit illam *S*

daß es sich bei vielem anderen ebenso verhält. Wenn wir also aufweisen können, daß kein Geschöpf diese Rechtheit außer durch Gnade erlangen kann, wird die zum Heil des Menschen nötige Einstimmigkeit zwischen Gnade und freiem Willen, die wir suchen, zutage treten.

[3]

Ohne Zweifel will der Wille nur deshalb recht, weil er recht ist. Das Auge zum Beispiel ist nicht deswegen scharf, weil es scharf sieht, sondern es sieht scharf, weil es scharf ist. So ist auch der Wille nicht recht, weil er recht will, sondern er will recht, weil er recht ist. Zweifellos will er aber recht, wenn er jene Rechtheit will. Er will also die Rechtheit nur, weil er recht ist. Für den Willen ist recht sein und die Rechtheit haben aber dasselbe. Offensichtlich will er also die Rechtheit nur, weil er sie besitzt. Ich streite nicht ab, daß der rechte Wille dann, wenn er eine größere Rechtheit will, als er besitzt, eine Rechtheit will, die er noch nicht hat. Aber ich behaupte, daß er keine Rechtheit zu wollen vermag, wenn er nicht eine Rechtheit besitzt, aus der er jene wollen kann.

Sehen wir nun zu, ob jemand, der diese Rechtheit nicht besitzt, sie auf irgendeine Weise aus sich zu besitzen vermag. Er kann sie aus sich gewiß nur durch Wollen oder Nicht-Wollen haben. Durch Wollen kann sie nun niemand durch sich selbst erlangen, weil er sie nur wollen kann, wenn er sie besitzt. Daß aber einer, der die Rechtheit des Willens nicht besitzt, diese durch sich selbst aufgrund von Nicht-Wollen zu erlangen vermöchte, darauf ist noch kein Kopf gekommen. Das Geschöpf kann die Rechtheit also auf keine Weise aus sich haben. Es kann sie aber auch nicht von einem anderen Geschöpf her haben. Wie nämlich kein Geschöpf ein anderes zum Heil bringen kann, so kann es ihm auch nicht geben, wodurch es zum Heil kommen soll. Es folgt daraus, daß kein Geschöpf die genannte Rechtheit

habet quam dixi voluntatis, nisi per dei gratiam. Hanc autem rectitudinem per liberum arbitrium servari posse, sicut supra dixi, monstravimus. Deo igitur largiente invenimus gratiam eius ad salvandum hominem cum libero arbitrio concordare, ita ut gratia sola possit hominem salvare nihil eius libero arbitrio agente — sicut fit in infantibus —, et in intelligentibus ipsa semper adiuvet liberum arbitrium naturale, quod sine illa nihil valet ad salutem, dando voluntati rectitudinem quam servet per liberum arbitrium.

Et quamvis non omnibus det, quoniam „cui vult miseretur, et quem vult indurat“: nulli tamen dat pro aliquo praecedenti merito, quoniam „quis prior dedit“ deo, „et retribuetur ei?“ Si autem voluntas, per liberum arbitrium servando quod accepit, meretur aut augmentum acceptae iustitiae, aut etiam potestatem pro bona voluntate, aut praemium aliquod: haec omnia | 267 fructus sunt primae gratiae, et „gratia pro gratia“, et ideo totum est imputandum gratiae, „quia neque volentis est“ quod vult, „neque currentis est“ quod currit, „sed miserentis est dei“. Omnibus enim, excepto solo deo dicitur: „Quid habes, quod non accepisti? Quod si accepisti: quid gloriaris, quasi non acceperis?“

---

7 adiuvet semper *E* || 13 deo dedit *E* || 18 imputandum est *ES*

des Willens besitzt, es sei denn durch die Gnade Gottes[18]. Daß diese Rechtheit aber durch den freien Willen bewahrt werden kann, wie ich oben sagte, haben wir bewiesen. Durch Gottes Güte haben wir also gefunden, daß seine Gnade zum Heile des Menschen mit dem freien Willen im Einklang steht: Seine Gnade kann den Menschen allein zum Heil bringen, ohne daß dessen freier Wille tätig würde — wie bei den Kindern. Bei denen, die zum Vernunftgebrauch gelangt sind, kommt sie stets der von Natur her freien Entscheidung, die ohne sie nichts zum Heile nützt, zu Hilfe, indem sie dem Willen die Rechtheit gibt, die er durch freie Entscheidung wahren soll.

Obwohl nun Gott nicht allen gibt — denn „er erbarmt sich, wessen er will, und verhärtet, wen er will" (Röm 9,18) —, gibt er dennoch niemandem aufgrund eines vorausgegangenen Verdienstes, denn: „Wer hat Gott zuerst gegeben, und es wird ihm vergolten?" (Röm 11,35). Wenn aber der Wille, indem er durch freie Entscheidung bewahrt, was er empfangen, ein Verdienst erlangt — sei es eine Vermehrung der empfangenen Gerechtigkeit, auch etwa das Vermögen zu einem guten Willen oder irgendeinen Lohn —, so ist dies alles Frucht der ursprünglichen Gnade. Es ist „Gnade für Gnade" (vgl. Joh 1,16) und daher ganz der Gnade zuzurechnen. Denn „es liegt nicht am Wollenden", daß er will, „und nicht am Laufenden", daß er läuft, „sondern an Gott, der sich erbarmt" (Röm 9,16). Allen nämlich, Gott allein ausgenommen, ist gesagt: „Was hast du, das du nicht empfangen hättest? Hast du es aber empfangen, was rühmst du dich, als hättest du es nicht empfangen?" (1 Kor 4,7).

---

[18] Vgl. *lib.* 3 (oben 74,8–10; 76,27 – 78,2); *casu* 9 (oben 164,15–19).

[IV]

Quomodo quidem libertas voluntatis tenentis acceptam rectitudinem nulla necessitate ut illam deserat expugnetur, sed difficultate impugnetur, nec eidem difficultati invita sed volens cedat: in tractatu *De libertate arbitrii* puto me ostendisse. Quibus autem modis post rectitudinem eandem acceptam gratia liberum arbitrium adiuvet ut servet quod accepit: quamvis non omnes valeam enumerare — multifariam enim hoc facit —, tamen non erit inutile aliquid inde dicere. Nemo certe servat rectitudinem hanc acceptam, nisi volendo. Velle autem illam aliquis nequit, nisi habendo. Habere vero illam nullatenus valet, nisi per gratiam. Sicut ergo illam nullus accipit nisi gratia praeveniente, ita nullus eam servat nisi eadem gratia subsequente. Nempe quamvis illa servetur per liberum arbitrium, non tamen est tantum imputandum libero arbitrio quantum gratiae, cum haec rectitudo servatur; quoniam illam liberum arbitrium non nisi per gratiam praevenientem et subsequentem habet et servat.

Sic autem gratia subsequitur donum suum, ut numquam 268
— sive magnum sive parvum sit — illud dare deficiat, nisi liberum arbitrium volendo aliud rectitudinem quam accepit deserat. Numquam enim separatur haec rectitudo a voluntate, nisi quando aliud vult, quod huic rectitudini non concordat. Sicut cum quis accipit rectitudinem volendi sobrietatem, et reicit eam volendo immoderatam bibendi voluptatem. Quod cum facit, sua voluntate, et ideo sua culpa perdit gratiam quam accepit. Adiuvat etiam gratia liberum arbitrium, quando ut deserat rectitudinem acceptam impugnatur, mitigando aut penitus removendo vim

---

10 hanc rectitudinem *E* || 13 accepit *E* || 15 tantum *om. E* || 20 deficiat: desinat *E* || 21–22 accepit: acceperit *E* || 26 sua voluntate: facit *add. E*

---

[19] Vgl. *lib.* 5–7 (oben 84–101).

[4]

In meiner Abhandlung *Über die Freiheit des Willens* glaube ich gezeigt zu haben[19], wie die Freiheit des Willens, der die empfangene Rechtheit festhält, durch keine Notwendigkeit bezwungen wird, sie zu verlassen. Sie wird vielmehr durch Schwierigkeiten bestürmt, gibt diesen aber nicht wider Willen, sondern willentlich nach. Obgleich ich nicht alle Wege aufzählen kann, wie die Gnade dem freien Willen nach Empfang jener Rechtheit hilft, zu bewahren, was er empfangen — sie tut dies auf die mannigfachste Weise —, wird es doch nicht unnütz sein, etwas darüber zu sagen. Gewiß wahrt niemand diese empfangene Rechtheit, es sei denn durch Wollen. Sie wollen kann aber nur, wer sie schon besitzt, und besitzen durchaus nur durch Gnade. Wie also niemand die Rechtheit ohne das Zuvorkommen der Gnade empfängt, so bewahrt sie auch keiner außer durch das Nachfolgen ebendieser Gnade. Mag die Rechtheit zwar auch durch den freien Willen bewahrt werden, so ist es aber doch nicht so sehr dem freien Willen als vielmehr der Gnade zuzurechnen, wenn diese Rechtheit bewahrt wird. Denn der freie Wille besitzt und bewahrt sie nur durch zuvorkommende und nachfolgende Gnade.

Die Gnade folgt aber so ihrer eigenen Gabe, daß sie diese niemals, sei sie nun groß oder klein, zu schenken aufhört, außer wenn der freie Wille etwas anderes will und so die Rechtheit verläßt. Denn nie wird diese Rechtheit vom Willen getrennt, außer dann, wenn er etwas will, was mit ihr nicht in Einklang steht. Zum Beispiel empfängt jemand die Rechtheit, nüchtern sein zu wollen, und er stößt sie von sich, indem er eine unmäßige Trinklust will. Tut er dies, so verliert er durch seinen Willen und daher durch seine Schuld die Gnade, die er empfing. Die Gnade kommt auch dem freien Willen zu Hilfe, wenn er bestürmt wird, die empfangene Rechtheit zu verlassen. Sie mildert dann oder

tentationis impugnantis aut augendo affectum eiusdem rectitudinis. Denique cum omnia subiaceant dispositioni dei: quidquid contingit homini, quod adiuvet liberum arbitrium ad accipiendum aut ad servandum hanc de qua loquor rectitudinem, totum gratiae imputandum est.

Dixi omnem iustitiam esse rectitudinem voluntatis propter se servatam. Unde sequitur omnem habentem hanc rectitudinem habere iustitiam et esse iustum, quoniam omnis habens iustitiam iustus est. Non tamen sentio iustis omnibus promissam esse vitam perpetuam, sed illis tantum, qui sunt iusti sine omni iniustitia. Illi enim proprie et absolute dicuntur iusti et recti corde. Est enim aliquis secundum aliquid iustus et secundum aliquid iniustus, ut qui castus est et invidus. Talibus non promittitur beatitudo iustorum, quoniam sicut vera beatitudo est sine omni indigentia, ita nulli datur nisi iusto sine omni iniustitia. Nam quoniam beatitudo, quae iustis promittitur, erit similitudo angelorum dei: sicut in angelis bonis nulla est iniustitia, ita nullus illis sociabitur cum aliqua iniustitia. Quomodo autem fiat homo sine omni iniustitia, non est huius nostri propositi ostendere. Scimus tamen hoc per sancta studia Christiano et per gratiam dei esse possibile.

[V] 269

Si bene considerentur quae dicta sunt, aperte cognoscitur quia cum aliquid dicit sacra scriptura pro gratia, non amo-

---

1–2 aut augendo aff. eiusdem rectitudinis *om. E* || 18 nulla est iniustitia: non est iustitia ulla *S*

beseitigt völlig die Kraft der drängenden Versuchung oder läßt die Zuneigung zur Rechtheit wachsen. Schließlich unterliegt alles der Anordnung Gottes; und so ist alles, was der freien Entscheidung des Menschen hilft, die Rechtheit, von der ich spreche, anzunehmen oder zu bewahren, ganz der Gnade zuzuschreiben.

Alle Gerechtigkeit, sagte ich, ist Rechtheit des Willens, die um ihrer selbst willen bewahrt wird. Demzufolge hat also jeder, der diese Rechtheit besitzt, die Gerechtigkeit und ist gerecht — denn jeder, der die Gerechtigkeit hat, ist gerecht. Ich meine jedoch nicht, daß allen Gerechten das ewige Leben verheißen sei, vielmehr nur jenen, die gerecht sind ohne jede Ungerechtigkeit[20]. Jene nämlich werden im eigentlichen und absoluten Sinn gerecht und von Herzen recht genannt. Es gibt welche, die in einer Hinsicht gerecht und in einer anderen ungerecht sind, zum Beispiel einer, der keusch, aber neidisch ist. Solchen ist die Seligkeit der Gerechten nicht verheißen. Denn die wahre Seligkeit ist ohne allen Mangel, und so wird sie nur dem gegeben, der gerecht ist ohne alle Ungerechtigkeit. Die den Gerechten verheißene Seligkeit wird ja in einer Ähnlichkeit mit den Engeln Gottes bestehen (vgl. Mk 12,25 parr.). Wie in den guten Engeln keine Ungerechtigkeit ist, so kann ihnen darum auch keiner mit irgendeiner Ungerechtigkeit zugesellt werden. Wie aber ein Mensch ohne alle Ungerechtigkeit sein könne, dies zu zeigen ist hier nicht unsere Aufgabe. Wir wissen jedoch, daß dies dem Christen durch heiligmäßiges Bemühen und die Gnade Gottes möglich ist.

[5]

Bedenkt man das Gesagte richtig, so läßt sich klar erkennen, daß, wenn die Heilige Schrift etwas zugunsten der

[20] Vgl. ANSELM, *CDH* 1,24 (93,7–9 SCHMITT).

vet omnino liberum arbitrium; neque cum loquitur pro libero arbitrio, excludit gratiam: quasi sola gratia aut solum liberum arbitrium sufficiat ad salvandum hominem, sicut videtur illis, qui hanc faciunt quaestionem. Ita quippe intelligenda sunt dicta divina, ut hoc excepto quod dixi de infantibus, nec sola gratia nec solum liberum arbitrium salutem hominis operetur.

Quippe cum dicit dominus: „sine me nihil potestis facere", non ait: nihil valet vobis vestrum liberum arbitrium, sed nihil prodest sine mea gratia. Et cum legitur: „neque volentis neque currentis, sed miserentis est dei", non negatur in volente et currente aliquid prodesse liberum arbitrium, sed significatur non esse imputandum libero arbitrio quod vult et quod currit, sed gratiae. Nam cum ait: „neque volentis neque currentis est", subaudiendum est: quod vult et quod currit. Velut cum aliquis nudo, cui nihil debet et qui nullum a se potest indumentum habere, dat vestem: non tamen, quamvis ipse habeat potestatem utendi et non utendi accepta veste, si ea utitur, imputandum est induto quia indutus est, sed danti vestem. Quapropter ita dici potest: Non est induti quod est indutus, sed miserentis, id est vestem dantis. Multo vero magis hoc diceretur, si ille qui dedit vestem, dedisset etiam potestatem servandi eam et utendi; sicut deus homini, cum dat rectitudinem saepe fatam, dat etiam potestatem servandi et utendi, quia dedit prius liberum arbitrium ad servandum illam et utendum. Si

17 dat vestem habere *O* || 25 servandi: eam *add. E*

Gnade sagt, sie keineswegs den freien Willen ausschaltet, und wenn sie zugunsten des freien Willens redet, sie nicht die Gnade ausschließt. Diesem Anschein unterliegen ja jene, die die vorliegende Frage aufwerfen, als ob nämlich die Gnade allein oder der freie Wille allein zum Heile des Menschen ausreichten. Die Aussagen der Schrift sind daher so zu verstehen, daß — mit Ausnahme dessen, was ich über die Kinder gesagt habe — weder die Gnade allein noch der freie Wille allein das Heil des Menschen wirkt.

Wenn der Herr also sagt: „Ohne mich könnt ihr nichts tun“ (Joh 15,5), sagt er nicht: „Euer freie Wille nützt euch nichts!“, sondern: „Er nützt nichts ohne meine Gnade.“ Wo es heißt: „Es liegt nicht bei dem, der will, noch bei dem, der läuft, sondern bei Gott, der sich erbarmt“ (Röm 9,16), wird nicht bestritten, daß in dem, der will und läuft, der freie Wille zu etwas gut sei. Es kommt vielmehr zum Ausdruck, daß es nicht dem freien Willen zuzurechnen ist, daß er will und läuft, sondern der Gnade. Denn bei der Formulierung: „Es liegt nicht bei dem, der will, noch bei dem, der läuft“, ist mitzuhören: daß er will und daß er läuft. So gibt zum Beispiel jemand einem Nackten, dem er nichts schuldet und der von sich aus nichts anzuziehen hat, Kleidung. Dieser hat dann zwar die Möglichkeit, die empfangene Kleidung zu gebrauchen oder nicht zu gebrauchen. Gebraucht er sie aber, so ist es nicht dem Bekleideten zuzuschreiben, daß er bekleidet ist, vielmehr dem, der die Kleidung geschenkt hat. Man kann daher so formulieren: Es liegt nicht an dem Bekleideten, daß er bekleidet ist, sondern an dem, der sich erbarmt, das heißt, die Kleidung gegeben hat. Dies ließe sich noch weitaus zutreffender feststellen, wenn der, der die Kleidung gab, auch das Vermögen verliehen hätte, sie zu bewahren und zu gebrauchen. So gibt ja Gott, wenn er dem Menschen die nun schon so oft erwähnte Rechtheit schenkt, ihm auch das Vermögen, sie zu bewahren und zu gebrauchen, da er ihm ja zunächst den freien Willen zu ihrer Bewahrung und ihrem

vero nudo, cui nihil deberetur, non daretur vestis, aut si ipse acceptam proiceret: nulli nisi ipsi imputaretur eius nuditas. Ita cum deus alicui concepto et nato in peccato, cui nihil nisi poenam debet, dat velle et currere: „non est volentis neque currentis, sed miserentis est dei"; et qui eandem gratiam non accipit aut | acceptam reicit: eius est, non dei, | 270
quod in sua duritia et iniquitate permanet.

Idem intellectus habendus est in aliis, in quibus scriptura loquitur pro gratia, ut scilicet liberum non excludatur arbitrium. Similiter quando ita loquuntur divina dicta, ut libero arbitrio soli videantur salutem hominis attribuere, nullo intellectu gratia separanda est. Sicut ergo, quamvis naturalis usus non procreet prolem sine patre nec nisi per matrem, non tamen removet ullus intellectus aut patrem aut matrem a generatione prolis: ita gratia et liberum arbitrium non discordant, sed conveniunt ad iustificandum et salvandum hominem.

[VI]

In his tamen in quibus videtur scriptura liberum arbitrium ad recte volendum et operandum invitare, quaeritur cur hominem invitat ad recte volendum, et quare arguit non oboedientem, cum ipsam rectitudinem nemo possit nisi gratia dante habere vel accipere. Sciendum quia, sicut terra

---

7 in iniquitate et duritia sua *E* || 14 ullus: illius *S* || 19 In iis *O*

Gebrauch verlieh. Wenn man nun dem Nackten, dem man nichts schuldig wäre, keine Kleidung gäbe, oder wenn sie dieser selbst nach ihrem Erhalt fortwürfe, dann würde sein Nacktsein nur ihm selbst zuzuschreiben sein. Verleiht Gott also einem, der „in der Sünde empfangen und geboren" (vgl. Ps 51,7: Vg. Ps 50,7) ist und dem er nichts als Strafe schuldet, das Wollen und das Laufen, so „liegt es nicht an dem, der will, noch an dem, der läuft, sondern an Gott, der sich erbarmt" (Röm 9,16). Und wenn jemand diese Gnade nicht annimmt oder sie nach ihrem Empfang von sich weist, so liegt es an ihm, nicht an Gott, daß er in seiner Härte und Bosheit verharrt.

Genauso sind auch die anderen Schriftstellen zu verstehen, die zugunsten der Gnade sprechen: Der freie Wille wird nicht ausgeschlossen. Entsprechend ist, wenn Aussagen der Schrift dem freien Willen allein das Heil des Menschen zuzuschreiben scheinen, in keiner Hinsicht die Gnade davon zu trennen. Wie eine natürliche Zeugung nicht ohne einen Vater und nur durch eine Mutter zustande kommt und doch keiner auf den Gedanken kommt, den Vater oder die Mutter bei einer solchen Zeugung von Nachkommenschaft auszuschließen, so sind Gnade und freier Wille nicht unvereinbar, sondern wirken zusammen bei der Rechtfertigung und Rettung des Menschen.

[6]

Nun scheint die Schrift an manchen Stellen den freien Willen zum rechten Wollen und Wirken zu ermahnen. Da kommt dann die Frage auf, warum sie den Menschen zum rechten Wollen anruft und ihn tadelt, wenn er ungehorsam ist, wo doch niemand diese Rechtheit haben oder empfangen kann, es sei denn, die Gnade gewähre sie. Man vergesse

---

scriptura: scriptum *C* || 21 arguat *corr. ex* arguet *E* || 23 vel habere vel *S*

innumerabiles herbas et arbores, sine quibus humana natura alitur aut etiam quibus perimitur, sine omni hominis cura profert, illas vero, quae nobis ad vitam nutriendam maxime sunt necessariae, non sine magno labore atque cultore nec absque seminibus: ita corda humana sine doctrina, sine studio sponte quasi germinant cogitationes et voluntates nihil utiles saluti aut etiam noxias, illas vero, sine quibus ad salutem animae non proficimus, nequaquam sine sui generis semine et laboriosa cultura concipiunt aut germinant. Unde illos homines, quibus talis cultura impenditur, „agriculturam dei“ vocat apostolus. Est autem semen huius agriculturae verbum dei, immo non verbum, sed sensus qui percipitur per verbum. Vox namque sine sensu nihil constituit in corde. Nec solum sensus verbi, sed omnis sensus vel intellectus rectitudinis, quem mens humana sive per auditum, sive per lectionem, sive per rationem, sive quolibet alio modo concipit, semen est recte volendi.

Nullus namque velle potest, quod prius corde non concipit. Velle autem credere quod est credendum, est recte velle. Nemo ergo potest hoc velle, si nescit quod credendum est. Cum enim praemisisset apostolus: „omnis | quicumque invocaverit nomen domini, salvus erit“, subiunxit: „Quomodo ergo invocabunt, in quem non crediderunt? Aut quomodo credent ei, quem non audierunt? Quomodo autem audient sine praedicante? Quomodo vero praedicabunt, nisi mittantur?“ Et paulo post: „Ergo fides ex auditu, auditus autem per verbum Christi.“ Quod autem dicit | 271

4 necessaria *BC* || 24 Aut: At *B* || 27 Christi: dei *E*

21 Vgl. ANSELM, *mon.* 10 (24,27 – 25,4 SCHMITT); *prosl.* 4 (103,14 – 104,4 SCHMITT).

22 *Corde concipit.* Die Bedeutungsbreite von *concipere* reicht in diesem Zusammenhang von „empfangen“ (vgl. unten 316,14–16) bis „(Verstandes)begriff“ (vgl. unten 316,2f).

aber nicht, wie die Erde zahllose Kräuter und Bäume ohne jedes menschliche Zutun hervorbringt, auf welche die menschliche Natur zur Ernährung nicht angewiesen ist oder durch die sie sogar umkommt, die Pflanzen aber, die zu unserer Ernährung am notwendigsten sind, nicht ohne große Mühe, nicht ohne Bauer und Aussaat wachsen läßt. So läßt das Menschenherz ohne Lehre und aufgewandten Fleiß Gedanken und Willensregungen gleichsam frei sprossen, die zum Heil nichts nütze oder sogar schädlich sind. Das Denken und Wollen aber, ohne das wir uns auf das Heil der Seele nicht zubewegen, wird von ihm nie ohne den entsprechenden Samen und mühevollen Anbau aufgenommen und zum Keimen gebracht. Daher nennt der Apostel die Menschen, denen eine solche Feldarbeit obliegt, „Gottes Ackerbau" (vgl. 1 Kor 3, 9). Der Same dieses Ackerbaus aber ist das Wort Gottes, genauer, nicht das Wort, sondern der Sinn, der durch das Wort vernommen wird. Denn ein Wortlaut ohne Sinn bringt nichts im Herzen hervor[21]. Doch nicht nur der Sinn des Wortes, sondern jeder Sinn oder jedes Einsehen von Rechtheit, das der menschliche Verstand durch Hören, Lesen, Nachdenken oder auf irgendeine andere Weise in sich aufnimmt, ist der Same von Recht-Wollen.

Niemand kann nämlich wollen, was er nicht zuvor im Herzen begriffen[22] hat. Nun ist glauben wollen, was man glauben soll, recht wollen. Daher kann dies keiner wollen, wenn er nicht weiß, was geglaubt werden soll. Wo der Apostel vorausschickt: „Jeder, der den Namen des Herrn anruft, wird gerettet sein", fügt er nämlich hinzu: „Wie sollen sie ihn dann anrufen, an den sie nicht geglaubt haben? Oder wie sollen sie ihm glauben, den sie nicht gehört haben? Wie sollen sie aber hören ohne einen, der predigt? Wie aber sollen sie predigen, ohne daß sie gesandt sind?" Und kurz darauf: „Also ist der Glaube aus dem Hören, das Hören aber durch das Wort Christi" (Röm 10, 13–17). Wenn der Apostel aber sagt, der Glaube sei aus

fidem esse ex auditu, intelligendum est quia fides est ex hoc, quod concipit mens per auditum; neque ita ut sola conceptio mentis faciat fidem in homine, sed quia fides esse nequit sine conceptione. Addita namque rectitudine volendi conceptioni per gratiam fit fides, quia credit quod audit. „Auditus autem est per verbum Christi", hoc est per verbum praedicantium Christum. Praedicantes vero non sunt nisi mittantur. Sed quod mittuntur, gratia est. Quapropter et praedicatio est gratia, quia gratia est quod descendit ex gratia; et auditus est gratia, et intellectus ex auditu gratia, et rectitudo volendi gratia est. Verum missio, praedicatio, auditus, intellectus nihil sunt, nisi velit voluntas quod mens intelligit. Quod voluntas facere nequit, nisi accepta rectitudine. Recte namque vult, cum vult quod debet. Ita quod mens ex auditu verbi concipit, est semen praedicantis, et rectitudo est „incrementum" quod deus dat, sine quo „neque qui plantat neque qui rigat est aliquid, sed qui incrementum dat deus".

Sicut ergo deus in principio per miraculum fecit frumentum, et alia de terra nascentia ad alimentum hominum sine cultore et seminibus: ita sine humana doctrina mirabiliter fecit corda prophetarum et apostolorum necnon et evangelia, foecunda salutaribus seminibus, unde accipimus quidquid salubriter in „agricultura dei" ad alimentum animarum seminamus, sicut non nisi de primis terrae seminibus habemus, quod ad nutrimentum corporum propagamus. Siquidem nihil utiliter ad salutem spiritualem praedicamus, quod sacra scriptura spiritus sancti miraculo foecundata

---

1 fides est: est *om. E* || 3 in homine fidem *E* || 8 Quapropter: quapropter *O* || 9 est gratia: gratia est *E* || 13 Quod: quod *C* || 16 dat deus *S* || 24 salubriter *om. E* || 27 nihil: nil *S*

dem Hören, so ist darunter zu verstehen, der Glaube sei aus dem, was der Verstand durch das Hören begreift. Allerdings nicht so, als ob ein bloßer Verstandesbegriff den Glauben im Menschen bewirke, sondern daß der Glaube nicht ohne ein Begreifen sein kann. Wenn nämlich die Rechtheit des Wollens zu dem Begriff hinzukommt, dann ereignet sich der Glaube durch Gnade, weil der Mensch glaubt, was er hört. „Das Hören aber ist durch das Wort Christi", das heißt: durch das Wort derer, die Christus verkünden. Verkündiger gibt es aber nur, wenn sie gesandt werden. Daß sie aber gesandt werden, ist Gnade. Alles ist daher Gnade: die Predigt, weil Gnade ist, was aus der Gnade hervorgeht; aber auch das Hören, das Verstehen aus dem Hören und die Rechtheit des Wollens. Sendung, Predigt, Hören und Verstehen sind aber nichts, wenn der Wille nicht will, was der Verstand einsieht. Das kann der Wille aber nur aufgrund der empfangenen Rechtheit. Denn er will recht, wenn er will, was er soll. Was daher der Verstand aus dem Hören des Wortes begreifend aufnimmt, ist der Same des Verkündigenden. Die Rechtheit aber ist das „Wachstum", das Gott gibt, ohne den „weder der, der da pflanzt, noch der, der begießt, etwas ist, sondern der, der das Wachstum gibt, Gott" (1 Kor 3,7).

Wie also Gott am Anfang durch ein Wunder das Getreide und anderes Gewächs der Erde zur Nahrung der Menschen schuf, ohne Landmann und Samen, so machte er auf wunderbare Weise ohne menschliche Lehre die Herzen der Propheten und Apostel und nicht zuletzt die Evangelien fruchtbar an heilbringendem Samen. Von dort empfangen wir, was immer wir heilsam im „Ackerbau Gottes" zur Nahrung der Seelen säen, wie wir ja auch nur von den ersten Samenkörnern der Erde her haben, was wir zur Ernährung des Leibes fortpflanzen. In der Tat, nichts predigen wir nutzbringend für das geistliche Heil, was die Heilige Schrift, durch ein Wunder des Heiligen Geistes fruchtbar gemacht, nicht hervorgebracht hätte oder in sich

non protulerit, aut intra se non contineat. Nam si quid ratione dicimus aliquando quod in dictis eius aperte monstrare aut ex ipsis probare nequimus: hoc modo per illam cognoscimus, | utrum sit accipiendum aut respuendum. Si | 272
enim aperta ratione colligitur, et illa ex nulla parte contradicit — quoniam ipsa sicut nulli adversatur veritati, ita nulli favet falsitati —: hoc ipso quia non negat quod ratione dicitur, eius auctoritate suscipitur. At si ipsa nostro sensui indubitanter repugnat: quamvis nobis ratio nostra videatur inexpugnabilis, nulla tamen veritate fulciri credenda est. Sic itaque sacra scriptura omnis veritatis quam ratio colligit auctoritatem continet, cum illam aut aperte affirmat aut nullatenus negat.

Videamus nunc in exemplis quomodo verbum sit semen. Cum audiunt quibus dicitur: „si volueritis et audieritis me“: intelligunt et cogitant quod dicitur velle et audire, hoc est oboedire. Qui enim audit et non oboedit, dicitur non audire. Sed oboedire nequeunt, nisi velint. Velle autem oboedire est recte velle. Recte vero velle nemo potest, nisi habeat rectitudinem voluntatis, quam nullus habet homo nisi per gratiam. Verum rectitudo volendi aliquid nulli datur, nisi intelligenti velle et quod velle debet. Videmus itaque quod dictum est: „si volueritis et audieritis me“, semen esse nequaquam per se ad aliquem fructum germinans sine adiectione rectitudinis, nec ipsam rectitudinem dari nisi seminibus. Similiter cum dicit deus: „convertimini

---

1 si quid: sicut *(in rasura) B* || 5 aperte *S*

---

[23] Zu diesem hermeneutischen Prinzip ANSELMS vgl. ders., *proc.* 14 (215,23–26 SCHMITT).

enthielte. Denn wenn wir zuweilen etwas aus Vernunftgründen behaupten, das wir nicht in ihren Aussagen klar aufzeigen oder aus diesen beweisen können, so erkennen wir auf folgende Weise durch die Schrift, ob unsere Behauptung annehmbar oder abzuweisen ist. Wenn sich unsere Aussage aus klaren Vernunftgründen ergibt und sich dagegen nirgends in der Schrift ein Widerspruch erhebt, so wird bereits dadurch, daß die Schrift der Vernunftaussage nicht widerspricht, diese Aussage durch ihre Autorität gestützt. Denn wie die Schrift keiner Wahrheit widerstreitet, so begünstigt sie auch nichts Verkehrtes. Steht jedoch die Schrift unserer Ansicht ohne Zweifel entgegen, dann ist von unserer Argumentation — mag sie uns auch noch so unumstürzlich vorkommen — nicht zu glauben, daß sie von irgendeiner Wahrheit unterstützt würde. So schließt daher die Heilige Schrift die Autorität aller Wahrheit in sich, die die Vernunft erschließt, insofern sie diese Wahrheit entweder klar bestätigt oder ihr auf keine Weise entgegensteht[23].

Wir wollen uns nun an Beispielen klarmachen, wie das Wort der Same sei. Wenn die hören, denen gesagt wird: „Wenn ihr wollt und auf mich hört“ (vgl. Jes 1,19), so verstehen und denken sie, was man Wollen und Hören, das heißt Gehorchen, nennt. Denn wer hört und nicht gehorcht, von dem sagt man, er höre nicht. Gehorchen können sie aber nur, wenn sie wollen. Gehorchen wollen jedoch ist recht wollen. Recht wollen kann aber nur der, der die Rechtheit des Willens hat; und die besitzt kein Mensch außer durch die Gnade. Die Rechtheit, etwas zu wollen, wird aber nur dem verliehen, der zu wollen versteht wie auch das, was er wollen soll. Wir sehen daher, daß das Wort: „Wenn ihr wollt und auf mich hört“ ein Same ist, der durchaus nicht durch sich, ohne Hinzugabe der Rechtheit, zu einer Frucht aufkeimt, und daß diese Rechtheit nur dem Samen zugegeben wird. So ist auch, wenn Gott sagt: „Kehrt um zu mir“ (vgl. Jes 45,22; Joël 2,12; Sach 1,3), dies ein

ad me“, semen est sine germine, quamdiu hominis voluntatem non convertit deus ad volendum conversionem, quam cogitat cum audit „convertimini“, sine quo semine nullus potest velle converti. Dicitur etiam conversis: „convertimini“, aut ut magis convertantur, aut ut servent quod conversi sunt. Qui vero dicunt: „converte nos deus“, iam aliquatenus conversi sunt, quia rectam voluntatem habent cum volunt converti; sed orant per hoc quod iam acceperunt, ut augeatur eorum conversio, sicut illi qui credentes dixerunt: „auge nobis fidem.“ Ac si dicerent et illi et isti: Auge in nobis quod dedisti, perfice quod incepisti. Quod de his ostendi, in similibus quoque intelligendum est.

Sicut igitur terra non germinat naturaliter ea quae maxime necessaria sunt saluti corporis nostri sine seminibus, et licet deus non det incrementum omni semini, non tamen cessant agricolae nostri seminare in spe messis ali|quantulae | 273: ita terra cordis humani non profert fructum fidei atque iustitiae sine congruis seminibus, et quamvis deus non faciat cuncta huiusmodi semina germinare, tamen praecipit agricolis suis in spe instantissime verbum suum seminare.

Ostendimus, ut puto, quomodo non sit supervacaneum homines ad fidem Christi et ad ea quae fides haec exigit invitare, quamvis non omnes hanc invitationem suscipiant.

---

4 converti velle *E*

Same ohne Sproß, solange Gott den Willen des Menschen nicht wendet, auf daß er die Umkehr will, die er beim Hören des Wortes „Kehrt um" denkt. Ohne diesen Samen kann niemand umkehren wollen. „Kehrt um" ist auch zu den Bekehrten gesagt, sei es, auf daß sie sich noch weiter bekehren oder daß sie ihre Umkehr bewahren. Die aber sprechen[24]: „Kehre uns um, Gott" (vgl. Ps 85,5: Vg. Ps 84,5), insofern sie bekehrt werden wollen. Aufgrund dessen, was sie bereits empfingen, bitten sie aber, daß ihre Umkehr weitergeführt werden möge — jenen ähnlich, die glauben und doch sagen: „Vermehre in uns den Glauben" (Lk 17,5). Es ist so, als ob die einen wie die anderen sagten: „Vermehre in uns, was du gegeben, vollende, was du begonnen hast." Was ich im Blick auf diese Stelle aufgewiesen habe, ist auch in analogen Fällen so zu verstehen.

Die Erde bringt auf natürliche Weise das, was am meisten zum Heil unseres Leibes nötig ist, nicht ohne Aussaat hervor; und wenn Gott auch nicht allem Samen Wachstum verleiht, hört der Landmann doch nicht auf zu säen in der Hoffnung auf eine wenn auch noch so bescheidene Ernte. So bringt auch das Erdreich des menschlichen Herzens die Frucht des Glaubens und der Gerechtigkeit nicht ohne entsprechenden Samen hervor; und wenn Gott auch nicht all diese Samenkörner aufsprossen läßt, so befiehlt er doch seinen Ackerleuten, in Hoffnung mit großer Beharrlichkeit sein Wort auszustreuen.

Wir haben, so scheint mir, gezeigt, inwiefern es nicht überflüssig ist, die Menschen zum Glauben Christi und zu dem, was dieser Glaube fordert, einzuladen, auch wenn nicht alle diese Einladung annehmen.

---

[24] Zum Beispiel im Abendgebet der Kirche!

[VII]

Dixi etiam posse quaeri, cur arguantur illi qui verbum dei non suscipiunt, cum hoc facere nequeant nisi gratia eorum voluntates dirigente. Dicit enim dominus de spiritu sancto: „Ille arguet mundum de peccato", „quia non credunt in me". Ad quod licet forsitan difficile sit respondere, quod tamen deo dante possum, tacere non debeo. Notandum est quia impotentia, quae descendit ex culpa, non excusat impotentem culpa manente. Unde in infantibus, in quibus exigit deus a natura humana iustitiam, quam accepit in primis parentibus cum potestate servandi illam in omnem prolem suam, non excusat eam impotentia habendi iustitiam, quoniam propter culpam in hanc corruit impotentiam. Hoc ipsum namque, quia non habet quod per se resumere nequit, est illi habendi impotentia, in quam ideo cecidit, quia sponte deseruit quod servare potuit. Quoniam ergo peccando deseruit iustitiam, ad peccatum illi imputatur impotentia, quam ipsa peccando sibi fecit. Nec solum impotentia iustitiam habendi, sed etiam impotentia illam intelligendi similiter in non baptizatis imputatur ad peccatum, quoniam pariter descendit a peccato. Possumus etiam rationabiliter asserere quia, quod a prima conditionis humanae dignitate ac fortitudine atque pulchritudine minorata et corrupta est, illi ad culpam imputatur. Per hoc

---

5 credunt: crediderunt *E*

[7]

Ich sagte, man könne auch fragen, warum jene zur Rechenschaft gezogen werden, die das Wort Gottes nicht annehmen, da sie das doch nur aufgrund der Gnade tun können, die ihren Willen leitet. Gott sagt ja vom Heiligen Geist: „Er wird die Welt der Sünde beschuldigen ..., weil sie nicht an mich glauben“ (vgl. Joh 16,8f). Darauf zu antworten ist wohl nicht einfach. Soweit ich dies aber mit der Hilfe Gottes vermag, darf ich nicht darüber schweigen. Es ist zu beachten, daß ein Unvermögen, das aus einer Schuld hervorgeht, den, der das Unvermögen hat, nicht entschuldigt, solange die Schuld bleibt[25]. Daher entschuldigt in den Kindern — in denen Gott von der menschlichen Natur die Gerechtigkeit fordert, die sie in den Ureltern mit dem Vermögen, diese in all ihren Nachkommen zu bewahren, empfangen hat — das Unvermögen zum Besitz der Gerechtigkeit die menschliche Natur nicht, weil sie aufgrund von Schuld in dieses Unvermögen fiel. Das Unvermögen zu diesem Besitz besteht für die menschliche Natur nämlich darin, daß sie nicht hat, was sie durch sich selbst nicht wiedererlangen kann. Sie fiel in dieses Unvermögen aber dadurch, daß sie aus freien Stücken aufgab, was sie bewahren konnte. Weil sie also durch Sündigen die Gerechtigkeit verließ, wird ihr das Unvermögen zur Sünde angerechnet, das sie sich durch Sündigen selbst bereitet hat. Aber nicht nur das Unvermögen zum Besitz der Gerechtigkeit, sondern ebenso die Unfähigkeit, sie zu erkennen, wird bei den Ungetauften zur Sünde angerechnet, weil auch diese Unfähigkeit von der Sünde herstammt. Wir können darüber hinaus vernünftigerweise behaupten, daß, was an der ursprünglichen Würde, Kraft und Schönheit der Ausstattung des Menschen verringert und verdorben wurde, der Menschennatur zur Schuld angerechnet wird. Hierdurch ver-

---

[25] Vgl. Anselm, *CDH* 1,24 (92–94 Schmitt).

namque minoravit, quantum in ipsa fuit, honorem et laudem dei. Quippe secundum dignitatem operis laudatur et praedicatur sapientia artificis. Quanto igitur natura humana, pretiosum opus dei, unde ipse glorificandus erat, in se minoravit atque foeda|vit [274]: tanto sua culpa deum exhonoravit. Quod illi ad tantum statuitur peccatum, ut non nisi per mortem dei deleatur.

Siquidem ipsos motus sive appetitus, quibus propter peccatum Adae sicut bruta animalia subiacemus, quos apostolus vocat „carnem“ et „concupiscentiam“, quam invitum se tolerare manifestat cum dicit: „quod odi, illud facio“, id est nolens concupisco: satis ostendit sacra auctoritas imputari ad peccatum. Quippe cum de solo motu irae sine opere vel voce dicit dominus: „qui irascitur fratri suo, reus erit iudicio“: aperte monstrat esse culpam non levem, quam tam gravis, scilicet mortis, sequitur damnatio. Ac si dicat: Qui facit quod homo non debet facere, nec faceret si non peccasset, auferri debet ex hominibus. Et cum Paulus de illis qui carnem, id est concupiscentias, sentiunt nolentes, ait: „nihil damnationis est iis qui sunt in Christo Iesu, qui non secundum carnem ambulant“, hoc est non voluntate consentiunt: sine dubio significat eos qui non sunt in Christo sequi damnationem, quotiens sentiunt carnem, etiam si non secundum illam ambulant, quoniam sic factus est homo ut eam sentire, sicut de ira dixi, non deberet. Si quis igitur quae dixi diligenter considerat, nullatenus eos, qui propter culpam suam verbum dei nequeunt suscipere recte arguendos dubitat.

1 in ipso *B* || 16 scilicet *om. E* || 20 iis: his *ES*

[26] Vgl. ANSELM, *CDH* 1,15 (72–74 SCHMITT).

ringerte sie nämlich, soweit an ihr lag, die Ehre und das Lob Gottes[26]. Die Weisheit eines Künstlers wird ja nach dem Wert seines Werkes gelobt und gepriesen. Je mehr daher die Menschennatur das kostbare Werk Gottes, über das ihm selbst Ehre zukommen sollte, in sich herabsetzte und entstellte, um so mehr tat sie Gott durch ihre Schuld Unehre an. Dies wird ihr zu einer solch großen Sünde angerechnet, daß sie nur durch den Tod Gottes getilgt werden kann.

Und auch im Hinblick auf die Regungen und Triebe, denen wir wegen der Sünde Adams wie die Tiere unterworfen sind — der Apostel nennt sie „Fleisch" und „Begehren" und macht klar, daß er dies gegen seinen Willen erduldet, wenn er sagt: „Was ich hasse, das tue ich" (vgl. Röm 7,7.15), das heißt, ich begehre, ohne zu wollen —, weist die Schrift deutlich genug auf, daß diese zur Sünde angerechnet werden. Ja, wenn der Herr schon von der bloßen Zornesregung, noch ohne Tat oder Wort, sagt: „Wer seinem Bruder zürnt, wird dem Gericht verfallen sein" (Mt 5,22), zeigt er klar, daß es keine leichte Schuld ist, der eine so schwere Verdammnis, nämlich die des Todes, folgt. Es ist, als ob er sagen würde: „Wer tut, was der Mensch nicht tun soll und nicht täte, wenn er nicht gesündigt hätte, soll aus der Gemeinschaft der Menschen weggenommen werden." Und wenn Paulus von jenen, die, ohne es zu wollen, das Fleisch, das heißt die Triebregungen, spüren, sagt: „Es ist nichts Verdammungswürdiges für die, die in Christus Jesus sind, die nicht dem Fleische nach wandeln" (Röm 8,1 Vg.), das heißt nicht mit dem Willen zustimmen, dann bringt er ohne Zweifel zum Ausdruck, daß die, die nicht in Christus sind, die Verdammnis nach sich ziehen, so oft sie das Fleisch spüren, auch wenn sie nicht ihm gemäß wandeln. Der Mensch wurde ja so geschaffen, daß er es — wie ich schon vom Zorn sagte — nicht spüren sollte. Wer also das Gesagte sorgfältig erwägt, wird keinen Zweifel daran haben, daß sie, die wegen ihrer Schuld das Wort Gottes nicht annehmen können, zu Recht der Schuld zu zeihen sind.

[VIII]

Quibus autem datur gratia fidei Christianae: sicut illis in baptismo dimittitur originalis iniustitia cum qua nascuntur, ita omnis culpa impotentiae et totius corruptionis, quam propter peccatum primi parentis incurrerunt et per quam inhonoratur deus, ignoscitur. De nulla namque culpa, quae ante baptismum in illis erat, post baptismum arguuntur, quamvis ipsa corruptio et appetitus, quae sunt poena peccati, non statim in baptismo deleantur; nec | ullum illis | 275 imputatur delictum post baptismum, nisi quod sua voluntate fecerint. Unde apparet quia corruptio et mala, quae fuerunt poena peccati et post baptismum remanent, non sunt per se peccata. Sola namque iniustitia est per se peccatum, et illa quae sequuntur iniustitiam, propter causam suam iudicantur peccata, donec ipsa remittatur. Nam si peccata essent, in baptismo delerentur, in quo omnia peccata sanguine Christi lavantur. Item si proprie peccata dicerentur, essent in brutis animalibus peccata, ad quorum similitudinem illa propter peccatum nostra sustinet natura.

Est et aliud quod valde timendum est, quod in primo peccato humanae naturae cognosci potest. Quoniam enim homo est „spiritus vadens et non rediens“, postquam sponte cadit — ut de voluntariis peccatis tantum nunc loquar —: nullo modo potest resurgere nisi gratia relevetur, sed meri-

---

15 remittantur *E*

[8]

Was aber die angeht, denen die Gnade des christlichen Glaubens verliehen wird, so wird ihnen — wie sie in der Taufe die Vergebung der ursprünglichen Ungerechtigkeit, mit der sie geboren werden, empfangen — auch alle Schuld des Unvermögens und der gesamten Verderbnis, in die sie wegen der Sünde des Urvaters geraten sind und durch die Gott verunehrt wird, verziehen. Für keine Schuld, die sich vor der Taufe in ihnen fand, werden sie ja nach der Taufe zur Rechenschaft gezogen[27], wenn auch jene Verderbnis und das Triebbegehren, die Strafe der Sünde sind, nicht sogleich mit der Taufe getilgt werden. Nach der Taufe wird ihnen auch kein Vergehen angerechnet, was sie nicht durch ihren eigenen Willen begangen hätten. Daraus läßt sich ersehen, daß die Verderbnis und die Übel, die Strafe der Sünde waren und nach der Taufe bleiben, nicht Sünden an sich sind. Allein die Ungerechtigkeit ist nämlich Sünde an sich. Was die Ungerechtigkeit nach sich zieht, wird wegen seiner Ursache als Sünde beurteilt, bis jene selbst vergeben ist. Denn wären es Sünden, so würden sie in der Taufe getilgt, in der alle Sünden durch das Blut Christi weggewaschen werden. Würden sie Sünden im eigentlichen Sinn heißen, so wären sie überdies auch bei den Tieren Sünden. In Ähnlichkeit zu diesen ist unsere Natur ja aufgrund der Sünde diesen Folgeübeln unterworfen.

Noch etwas anderes, was an der Ursünde der menschlichen Natur erkennbar wird, ist Anlaß zu großer Furcht. Der Mensch ist ein „Hauch, der vergeht und nicht wiederkehrt“ (vgl. Ps 78,39: Vg. Ps 77,39). Wenn er daher aus freien Stücken fällt — ich möchte jetzt nur von den willentlichen Sünden sprechen —, so kann er danach überhaupt nicht mehr aufstehen, es sei denn, er werde durch die Gnade aufgehoben. Wird er nicht aus Erbarmen zurück-

[27] Vgl. ANSELM, *conc. virg.* 29 (172f SCHMITT).

to suo de peccato in peccatum usque in abyssum peccatorum sine fundo, hoc est profundam sine aestimatione demergatur, nisi misericordia retineatur, ita ut etiam bonum illi vertatur in odium et sit ei in mortem. Unde dicit dominus | [276] apostolis: „Si mundus vos odit, scitote quia me priorem vobis odio habuit.“ Et apostolus: „Bonus odor sumus deo“, „aliis quidem odor mortis in mortem, aliis autem odor vitae in vitam“. Propter quod dicitur de deo quia „cui vult miseretur, et quem vult indurat“. Verum quorum miseretur, non omnium aequaliter miseretur, neque quos indurat, omnes aequaliter indurat.

[IX]

Cur autem in hac vita perseveret in nobis poena peccati, deleto peccato, alia quaestio est. De qua licet nunc tractare non proposuimus, breviter tamen dico quia, si in incorruptionem statim in baptismo vel in martyrio mutarentur fideles, periret meritum, et homines, nisi illi qui primi sine exemplo crederent, nullo merito salvarentur. Nempe deficeret fides et spes, sine quibus nullus homo habens intellectum regnum dei mereri potest. Fides namque et spes sunt earum rerum quae non videntur. Cum enim viderent homines eos, qui ad Christum converterentur, statim transire ad incorruptibilitatem: nullus esset qui saltem velle posset se subtrahere a tanta beatitudine quam videret. Ut ergo gloriosius per fidei atque spei meritum beatitudinem quam

---

8 quia *om.* *S* || 9 quem vult: vult *om.* *O* || 11 omnes *om.* *S* || 15 proposuerimus *B* proponeremus *E* || 24 a beatitudine tanta *E*

---

[28] Vgl. *lib.* 9 (oben 104,13–17).

gehalten, so versinkt er vielmehr aus eigenem Verdienst von Sünde zu Sünde bis in einen Abgrund von Sünden, der bodenlos, das heißt von unvorstellbarer Tiefe ist, mit der Folge, daß auch das Gute für ihn zum Gegenstand des Hasses gekehrt wird und ihm zum Tode gereicht. Daher sagt der Herr zu den Aposteln: „Wenn die Welt euch haßt, so wisset, daß sie mich früher als euch gehaßt hat" (Joh 15,18). Und der Apostel sagt: „Für Gott sind wir ein Wohlgeruch ... den einen sind wir ein Todesgeruch zum Tode, den anderen aber ein Geruch des Lebens zum Leben" (vgl. 2 Kor 2,15f). Deswegen heißt es von Gott, daß er „sich erbarmt, wessen er will, und verhärtet, wen er will" (Röm 9,18). Wo er sich erbarmt, erbarmt er sich aber nicht aller in gleichem Maße, und wo er verhärtet, verhärtet er nicht alle in gleicher Weise.

[9]

Warum allerdings in diesem Leben in uns die Sündenstrafe bestehenbleibt, obwohl die Sünde getilgt ist, ist eine andere Frage. Obschon diese hier nicht Gegenstand unserer Abhandlung ist, will ich kurz darauf eingehen. Wenn in der Taufe oder im Martyrium die Gläubigen sogleich in einen Zustand völliger Unversehrtheit verwandelt würden[28], fiele das Verdienst dahin, und die Menschen — abgesehen von denen, die als erste ohne ein Beispiel zum Glauben kamen — würden ohne Verdienst das Heil erlangen. Dann würden aber Glaube und Hoffnung fortfallen, ohne die kein Mensch, der Vernunft besitzt, das Gottesreich verdienen kann. Glaube und Hoffnung beziehen sich ja auf das, was nicht sichtbar ist (vgl. Hebr 11,1). Sähen die Menschen nämlich jene, die sich zu Christus bekehrten, sogleich in den Zustand der Unvergänglichkeit übergehen, so gäbe es keinen, der auch nur zu wollen vermöchte, daß er sich einer solchen Glückseligkeit, die er vor Augen hätte, entzöge. Damit wir also durch das Verdienst von Glaube und Hoff-

desideramus adipiscamur, manemus, quamdiu in hac vita sumus, in hoc quod iam non imputatur ad peccatum, quamvis evenerit propter peccatum.

Denique non promittitur nobis per baptismum et fidem Christianam beatitudo quam habebat Adam in paradiso ante peccatum; sed quam habiturus erat, quando completus esset numerus hominum qui assumendi erant ad perficiendam civitatem supernam, quae de angelis et hominibus est complenda, ubi non generabunt homines, sicut facerent in paradiso. Si ergo conversi ad Christum mox transirent in illam incorruptibilitatem, non essent homines de quibus colligi posset numerus ille, quoniam ad beatitudinem quam viderent, nullus posset non festinare. Hoc puto esse quod dicit apostolus de illis, „qui per fidem" „operati sunt iustitiam". „Et hi omnes" inquit „testimonio fidei probati, non acceperunt repromissionem, deo pro nobis melius | aliquid | 277
providente, ne sine nobis consummarentur". Si enim quaeritur quid melius nobis deus providerit, ex hoc quia illi „non acceperunt repromissionem", nihil convenientius posse responderi video, quam quod supra dixi: quia scilicet si illis probatis non differretur promissa iustis beatitudo, periret meritum in illis qui hoc non per fidem, sed per experimentum cognoscerent. Propagatio etiam hominum, de qua nos nati sumus, deficeret, quoniam omnes ad incorruptibilitatem, quam praesentem viderent, currerent. Magnum itaque bonum nobis providit deus, cum sanctis „testimonio fidei probatis" distulit acceptionem repromis-

10–11 in illa *E* || 18 quid: quod *O*

[29] Vgl. ANSELM, *CDH* 1,16–18 (74–84 SCHMITT); *casu* 5 (oben 154,16 bis 19); 23 (oben 228,15 – 230,3).

nung die Seligkeit, nach der wir verlangen, herrlicher erlangen, bleiben wir, solange wir uns in diesem Leben befinden, in dem Zustand, der jetzt schon nicht mehr zur Sünde angerechnet wird, obwohl er wegen der Sünde entstand.

Schließlich wird uns durch die Taufe und den christlichen Glauben nicht die Seligkeit verheißen, die Adam im Paradies vor dem Sündenfall hatte, sondern jene, die er einmal besitzen sollte. Dann nämlich, wenn die Zahl der Menschen voll wäre, die zur Vollendung der himmlischen Stadt aufzunehmen waren[29]. Diese ist ja aus Engeln und Menschen vollzählig zu machen. Es werden dort aber die Menschen keine Nachkommen mehr zeugen, wie sie dies im Paradies getan haben würden. Wenn also die zu Christus Bekehrten sogleich in jenen Zustand der Unvergänglichkeit übergingen, dann gäbe es keine Menschen, aus denen jene Zahl voll werden könnte. Denn niemand vermöchte anders, als zu der Glückseligkeit, die so vor Augen läge, eilends aufzubrechen. Ich glaube, das meint der Apostel, wenn er von jenen spricht, „die durch den Glauben Gerechtigkeit gewirkt haben“: „Und diese alle, erprobt durch das Zeugnis des Glaubens, haben die Verheißung nicht erlangt, weil Gott für uns etwas Besseres vorgesehen hatte, daß sie nämlich nicht ohne uns zur Vollendung kämen“ (vgl. Hebr 11,33.39f). Fragt man nämlich, was für ein Besseres Gott für uns vorgesehen habe, so scheint mir aufgrund dessen, daß jene „nicht die Verheißung erlangt haben“, keine angemessenere Antwort möglich, als was ich oben gesagt habe: Wenn die den Gerechten verheißene Seligkeit für jene bereits Erprobten nicht aufgeschoben würde, so fiele bei denen das Verdienst dahin, die davon nicht durch den Glauben, sondern durch Erfahrung Kenntnis erlangten. Zudem fiele auch die Zeugung der Menschen fort, von denen wir geboren wurden, da alle zu der Unvergänglichkeit laufen würden, die sie vor sich sähen. Gott sah für uns also ein großes Gut vor, als er den Heiligen, die „durch das Zeugnis des Glaubens erprobt waren“, den

sionis, ut et nos propagaremur, et maneret fides, per quam cum illis repromissionem promereremur, et simul cum illis consummaremur.

Alia quoque ratio est, cur baptizati atque martyres non statim fiunt incorruptibiles. Nempe si quis servum suum, quem proposuerat magnis aliquando ditare honoribus graviter verberet pro culpa, pro qua nullo modo per se queat satisfacere, post hanc verberationem constituto tempore detrusurus eum in horrendum carcerem, ubi gravissimis torqueatur suppliciis, et sit aliquis potens apud dominum qui pro illo satisfaciens eum reconciliet: utique plagae, quas reus ante satisfactionem, dum erat in culpa, merito suscepit, non delentur, sed tormenta maiora, in quae nondum intrusus fuerat, reconciliatione praeveniente avertuntur. Honores quoque, quos suo tempore accepturus erat, si non peccasset, et quibus cariturus erat post culpam, si non reconciliaretur: propter perfectam satisfactionem, sicut prius statutum fuerat, sine omni immutatione traduntur. Quippe si ante reconciliationem exhaeredatus esset illis honoribus, quemadmodum exhaeredandus erat post culpam irrecuperabiliter, si non reconciliaretur: non haberet locum subveniendi ulla reconciliatio. Sed quoniam non potuit exhaeredari honore, quem nondum habebat nec habere debebat: hanc exhaeredationem praevenire potest reconciliatio et avertere, si tamen servus ille, dum iacet in

7 verberaret *S; Divion. 182* || 16 si post culpam *O*

Empfang der Verheißung nicht unmittelbar verlieh. So konnten auch wir zur Welt kommen und der Glaube bestehenbleiben, durch den wir mit ihnen die Verheißung weiter verdienen könnten, um dann mit ihnen zusammen vollendet zu werden.

Es gibt noch einen anderen Grund, warum die Getauften und die Märtyrer nicht sofort in den Zustand völliger Unversehrtheit gelangen. Gesetzt, ein Herr ließe seinen Knecht, den er eines Tages mit großen Ehren zu bereichern gedachte, für eine Schuld auspeitschen, für die dieser auf keine Weise durch sich selbst Genugtuung leisten kann. Er beabsichtige sodann, ihn nach diesen Schlägen zu gesetzter Zeit in einen furchtbaren Kerker zu werfen, wo er unter schlimmsten Qualen gefoltert werden würde. Nun gäbe es aber jemanden mit mächtigem Einfluß bei dem Herrn, der für den Knecht, durch Genugtuung an seiner Statt, Versöhnung erlangte. Sicherlich würden die Wunden, die der Schuldige vor der Genugtuung, als er noch in der Schuld war, zu Recht empfing, nicht ausgelöscht. Es würden vielmehr die größeren Folterqualen, denen er noch nicht unterworfen worden war, durch die zuvorkommende Versöhnung abgewendet. Und auch die Ehren, die er zu seiner Zeit empfangen sollte, wenn er nicht gesündigt hätte, und deren er nach dem Schuldigwerden, hätte er keine Versöhnung erfahren, verlustig gegangen wäre, werden ihm wegen der vollkommenen Versöhnung, so wie es ursprünglich festgesetzt war, ohne jede Abänderung zuerteilt. Wäre er vor der Wiederversöhnung jener Ehren enterbt worden — diese Enterbung wäre ja nach dem Schuldigwerden unaufhebbar eingetreten, hätte er keine Versöhnung erlangt —, dann hätte es keine Möglichkeit einer Abhilfe durch irgendeine Versöhnung mehr gegeben. Da der Knecht aber nicht seiner Ehre enterbt werden konnte, die er noch nicht besaß und besitzen sollte, kann die Versöhnung einer solchen Enterbung zuvorkommen und sie abwenden — wenn jener Knecht nur, solange er dem vorübergehenden Schmerz der

aegritudine vapulationis donec ipsa transeat, corde et ore domino suo fidelitatem et correctionem vovet et solvit.

Ita est inter deum et hominem. Quippe quando humana natura primum peccavit, hac poena flagellata est, ut numquam naturaliter prolem nisi talem |278 quales videmus infantes nasci generaret, ac post hanc vitam in inferno, a regno dei ad quod facta erat, in perpetuum exularet; nisi aliquis illam, quod ipsa sola per se facere non poterat, reconciliaret. A quo autem reconciliari queat, non est nisi Christus. In omnibus igitur infantibus naturaliter genitis cum peccato et flagellata nascitur. Quae cum ad reconciliationem accedit, flagellatio merito remanet, quam ante reconciliationem suscepit. Quae autem in inferno tormenta passura erat, in illis quos Christus redimit remittuntur, et regno dei quod post conversationem paradisi terreni suo tempore acceptura erat donatur, — si tamen in fide, quam promittant in baptismo, usque in finem perseverent.

[X]

Quod autem quidam experimento existimant probari nihil valere liberum arbitrium, quia multi immenso conatu nituntur ut bene vivant, et quadam, ut aiunt, impossibilitate obstante nihil proficiunt, aut post profectum irreparabiliter deficiunt: non destruit quod rationabiliter monstratum est, liberum scilicet arbitrium cum gratia valere. Ut autem nitentes non proficiant aut post profectum deficiant, non

11 flagellata: flagellatio *E* || 14 redemit *E*

Schläge ausgeliefert ist, mit Herz und Mund seinem Herrn Treue und Besserung gelobt und sein Gelöbnis einhält.

So verhält es sich auch zwischen Gott und Mensch. Als die menschliche Natur ursprünglich sündigte, empfing sie zur Strafe die Geißel, daß sie auf natürliche Weise als Nachkommenschaft nur noch Kinder, wie wir sie ins Leben treten sehen, hervorbringen könnte. Nach diesem Leben sollte sie dann in der Hölle von dem Gottesreich, für das sie geschaffen war, auf ewig verbannt werden — es sei denn, einer erwirkte für sie Versöhnung, was sie allein durch sich nicht zu vollbringen vermochte. Diese Versöhnung vermag aber nur Christus zu leisten. Daher kommt die menschliche Natur in allen Kindern, die auf natürliche Weise gezeugt werden, mit der Sünde und geschlagen zur Welt. Wenn sie in den Zustand der Versöhnung tritt, dann bleibt verdientermaßen die Geißelung, die sie vor der Versöhnung empfing. Die Qualen aber, die sie in der Hölle erlitten haben würde, werden ihr in jenen, die Christus erlöst, nachgelassen, und mit dem Reich Gottes, das sie nach dem Aufenthalt im irdischen Paradiese zu seiner Zeit empfangen haben würde, wird sie beschenkt — wenn die Erlösten nur in dem Glauben, den sie in der Taufe geloben, bis zum Ende ausharren.

[10]

Nun glauben einige allerdings, aufgrund von Erfahrung lasse sich nachweisen, daß der freie Wille zu nichts nütze sei. Viele strengen sich ja ungeheuer an, gut zu leben, bringen aber wegen einer, wie sie es nennen, Unmöglichkeit, die ihnen entgegensteht, nichts zuwege, oder aber sie kommen nach einigem Erfolg ohne Möglichkeit einer Wiederherstellung zu Fall. Das macht jedoch den aus Vernunftgründen geführten Beweis nicht zunichte, daß der freie Wille zusammen mit der Gnade etwas taugt. Wenn Menschen, die sich anstrengen, nicht weiterkommen oder

impossibilitate, sed aliquando gravi, aliquando facile superabili difficultate fieri existimo. Saepissime namque asserere solemus impossibile nobis esse, quod sine difficultate perficere non valemus. Si enim diligenter unusquisque motus voluntatis suae consideret, intelliget se numquam rectitudinem voluntatis acceptam per gratiam, nisi aliud volendo quod simul velle nequit, deserere. Quod certe non facit deficiente potestate servandi eandem rectitudinem, quae potestas est ipsa libertas arbitrii, sed deficiente voluntate servandi quae per se non deficit, sed alia voluntate illam, ut dixi, expellente.

[XI]

Quoniam autem ista consideratio maxime versatur in voluntate, aliquid altius de voluntate quod, ut puto, non erit inutile, dicendum existimo. Sicut habemus in corpore membra et quinque sensus singula ad suos usus apta, | quibus quasi instrumentis utimur, ut sunt manus aptae ad capiendum, pedes ad ambulandum, lingua ad loquendum, visus ad videndum: ita et anima habet in se quasdam vires, quibus utitur velut instrumentis ad usus congruos. Est namque ratio in anima, qua sicut suo instrumento utitur ad ratiocinandum, et voluntas, qua utitur ad volendum. Non enim est ratio vel voluntas tota anima, sed est unaquaeque | 279

13–14 versatur — quod ut *abscisum in E*

[30] Vgl. *lib.* 6 (oben 92,26 – 94,19).

nach einem Erfolg versagen, so geschieht das, wie ich meine, nicht aufgrund einer Unmöglichkeit, sondern aufgrund einer Schwierigkeit, die manchmal sehr drückend ist, ein andermal aber leicht überwunden werden kann. Sehr oft pflegen wir ja zu behaupten, etwas sei uns unmöglich, was wir ohne Schwierigkeit nicht vollbringen können[30]. Wenn ein jeder die Regungen seines Willens nur sorgsam wägt, wird er erkennen, daß er die Rechtheit des Willens, die er aus Gnade empfing, nur dadurch verläßt, daß er noch etwas anderes will, welches er aber zugleich mit der Rechtheit nicht wollen kann[31]. Das tut er sicherlich nicht, weil das Vermögen, die Rechtheit zu wollen, ihn im Stich ließe — dieses ist ja mit der Willensfreiheit identisch. Er handelt vielmehr so, weil der Wille, die Rechtheit zu bewahren, versagt. Der aber bleibt nicht von sich her weg, sondern, wie ich schon sagte, dann, wenn ein anderer Wille ihn austreibt.

[11]

Da es hier aber vor allem um den Willen geht, scheint es mir angebracht, noch etwas Weiteres über den Willen auszuführen. In unserem Körper haben wir Gliedmaßen und fünf Sinne, die alle zu ihrem jeweiligen Gebrauch geeignet sind und deren wir uns gleichsam als Werkzeuge bedienen — der Hände zum Greifen, der Füße zum Gehen, der Zunge zum Sprechen, des Augenlichts zum Sehen. So hat auch die Seele in sich gewisse Kräfte, die sie wie Werkzeuge zu ihrem entsprechenden Gebrauch verwendet. Es gibt da in der Seele die Vernunft, deren sie sich wie eines Werkzeugs zum Denken bedient, und den Willen, den sie zum Wollen braucht. Vernunft und Wille sind jeweils nicht die ganze Seele, vielmehr sind beide etwas in der Seele.

---

[31] Vgl. *lib.* 5 (oben 84–91); *casu* 3 (oben 136–147).

aliquid in anima. Quoniam ergo singula instrumenta habent et hoc quod sunt, et aptitudines suas, et suos usus: discernamus in voluntate propter quam ista dicimus instrumentum, et aptitudines eius, et usus eius. Quas aptitudines in voluntate possumus nominare „affectiones“. Affectum quippe est instrumentum volendi suis aptitudinibus. Unde dicitur hominis anima, cum vehementer vult aliquid, affecta esse ad volendum illud, vel affectuose velle.

Voluntas utique dici videtur aequivoce tripliciter. Aliud est enim instrumentum volendi, aliud affectio instrumenti, aliud usus eiusdem instrumenti. Instrumentum volendi est vis illa animae qua utimur ad volendum, sicuti est ratio instrumentum ratiocinandi quo utimur cum ratiocinamur, et visus instrumentum videndi quo utimur quando videmus. Affectio huius instrumenti est, qua sic afficitur ipsum instrumentum ad volendum aliquid — etiam quando illud quod vult non cogitat —, ut si venit in memoriam, aut statim aut suo tempore illud velit. Nam sic est instrumentum volendi affectum ad volendum salutem — etiam quando illam non cogitat —, ut mox cum venerit in memoriam, statim eam velit. Et sic est affectum ad volendum somnum — etiam quando non illum cogitat —, ut cum venit in mentem, velit illum suo tempore. Numquam enim ita est affectum, ut aliquando velit aegritudinem aut ut velit numquam dormire. In iusto quoque homine similiter est affectum idem instrumentum ad volendum iustitiam — etiam cum dormit —, ut cum eam cogitat, statim illam velit. Usus vero eiusdem instrumenti est, quem non habemus, nisi cum cogitamus rem quam volumus.

---

10 affectio instrumenti: instrumenti *om. E* || 17 si veniat *E* || 27–28 (sta)tim illam — nisi cum *abscisum in E*

---

[32] In *lib.* 7 (oben 94–101) unterscheidet ANSELM nur zwei Willen(smomente). Die Andeutung zu einer Dreiteilung findet sich bereits in *conc. virg.* 4 (143,27 – 144,3 SCHMITT).

Unterschiedliche Werkzeuge nun haben einmal ihr Sein, sodann ihre Eignungen und ihren Gebrauch. Darum wollen wir auch im Willen — wegen dem wir diese Ausführungen machen — das Werkzeug selbst, seine Eignung und seinen Gebrauch unterscheiden[32]. Die Eignungen im Willen können wir Neigungen[33] nennen. Durch seine Eignungen wird das Wollenswerkzeug ja (in einer bestimmten Richtung) „angetan". Wenn die menschliche Seele etwas heftig will, sagt man daher von ihr, sie sei angetan, dieses zu wollen, oder wolle es voll Neigung.

Das Wort „Wille" scheint also äquivok in dreifacher Bedeutung gebraucht zu werden. Das Wollenswerkzeug, die Neigung des Werkzeugs und sein Gebrauch sind jeweils etwas anderes. Das Wollenswerkzeug ist jene Kraft der Seele, deren wir uns zum Wollen bedienen, wie die Vernunft das Denkwerkzeug ist, das wir gebrauchen, wenn wir denken, und das Augenlicht das Sehwerkzeug, das wir beim Sehen in Gebrauch nehmen. Die Neigung richtet dieses Werkzeug so aus, etwas zu wollen — auch wenn es nicht an das denkt, was es will —, daß, wenn diese Sache zu Gedächtnis kommt, es diese will — sei es sogleich oder zu seiner Zeit. Dergestalt nämlich ist das Wollenswerkzeug angetan, Heilsein zu wollen — auch wenn es nicht daran denkt —, daß es dieses sogleich will, sobald es auch nur zu Gedächtnis kommt. Und es ist so angetan, Schlaf zu wollen — auch wenn es nicht daran denkt —, daß es, sobald dieser vor sein Bewußtsein kommt, ihn zu seiner Zeit will. Denn nie ist jenes Werkzeug so angetan, daß es irgendwann einmal krank sein oder nie schlafen wollte. Entsprechend ist auch bei einem gerechten Menschen dieses Werkzeug dazu angetan, die Gerechtigkeit zu wollen — auch wenn er schläft —, daß er sie, sobald er daran denkt, sogleich will. Den Gebrauch dieses Werkzeugs hingegen haben wir nur, wenn wir an das denken, was wir wollen.

---

[33] *Affectiones*, wörtlich: (sein) „Angetansein".

Dicitur autem „voluntas" et instrumentum volendi, et affectio eius, et usus eius. Instrumentum quidem voluntatem vocamus, quando dicimus nos convertere voluntatem ad diversa; modo scilicet ad volendum ambulare, modo ad volendum sedere, modo ad volendum aliud et aliud. Hoc instrumentum semper habet homo, quamvis illo non semper utatur; sicut habet visum qui est instrumentum videndi, etiam quando illo non utitur, ut cum dormit. Et cum eo utitur, convertit illum modo ad videndum caelum, modo ad videndum terram, modo ad aliquid aliud. Et sicut semper habemus instrumentum ratiocinandi, hoc est rationem, qua non semper utimur et quam ratiocinando ad diversa convertimus. Affectio vero instrumenti volendi dicitur voluntas, quando dicimus hominem semper habere voluntatem, ut bene sibi sit. Vocamus namque hic voluntatem affectionem illam eiusdem instrumenti, qua vult homo bene sibi esse. Eodem modo cum sanctus homo asseritur, etiam cum dormit et non hoc cogitat, indesinenter habere voluntatem iuste vivendi. Et cum hanc voluntatem asserimus alium alio maiorem habere, non aliud dicimus voluntatem quam illam affectionem ipsius instrumenti, qua vult iuste vivere. Instrumentum enim non est in alio maius, et in alio minus. Usus autem huius instrumenti voluntas nominatur, cum dicit aliquis: modo habeo voluntatem legendi, id est: modo volo legere; aut: modo habeo voluntatem scribendi, hoc est: modo volo scribere. Sicut enim videre est uti visu qui est instrumentum videndi, et usus eius est visio vel visus, quando visus significat idem quod visio — significat enim

8 Et cum: et cum *COS* || 9–10 ad videndam terram *S* || 10 modo ad: videndum *add. E* Et sicut: et sicut *E* || 21 ipsius: illius *E* || 23 cum: et cum *S* || 27 usus est eius *S*

[34] *Visus* in dem Doppelsinn von „Werkzeug" und „Akt des Sehens" ist — anders als etwa im Englischen („sight") — im Deutschen nicht adäquat wiederzugeben; vgl. oben 96 Anm. 6 zu *lib.*

Von „Wille“ sprechen wir aber sowohl mit Blick auf das Wollenswerkzeug als auch auf seine Neigung und seinen Gebrauch. Das Werkzeug nennen wir Wille, wenn wir sagen, daß wir unseren Willen Verschiedenem zuwenden, zum Beispiel um gehen, sitzen oder je etwas anderes zu wollen. Dieses Werkzeug hat der Mensch immer, wenn er auch nicht immer Gebrauch davon macht — vergleichbar dem Augenlicht, welches sein Sehwerkzeug ist, auch wenn er sich seiner nicht bedient, etwa beim Schlafe. Und wenn er sein Augenlicht gebraucht, wendet er es zum Sehen mal des Himmels, mal der Erde oder von sonst etwas. Genauso haben wir immer ein Denkwerkzeug, das heißt die Vernunft, deren wir uns nicht immer bedienen und die wir beim Denken auf Verschiedenes wenden. Die Geneigtheit des Wollenswerkzeugs aber wird Wille genannt, wenn wir sagen, der Mensch habe stets den Willen, daß es ihm wohl ergehe. Hier nennen wir nämlich jenes Geneigtsein dieses Werkzeugs Willen, aufgrund dessen der Mensch will, daß es ihm wohl ergehe. In demselben Sinne sagen wir von einem Heiligen, er habe den unablässigen Willen, gerecht zu leben — auch wenn er schläft und nicht daran denkt. Und wenn wir von jemandem behaupten, er habe einen größeren Willen zur Gerechtigkeit als ein anderer, so meinen wir damit nur diese Geneigtheit des Werkzeugs, aufgrund deren er gerecht leben will. Das Werkzeug nämlich ist nicht bei dem einen größer, bei dem anderen kleiner. Der Gebrauch des Wollenswerkzeugs schließlich wird Wille genannt, wenn jemand sagt: Mal habe ich den Willen zu lesen — das heißt, mal will ich lesen —, mal habe ich den Willen zu schreiben — das heißt, mal will ich schreiben. Wie nämlich Sehen das Gebrauchen von „Sicht“ *(visus)*[34] meint, die das Sehwerkzeug ist, und dessen Gebrauch in dem Sehakt *(visio)* oder der „Sicht“ besteht, wenn „Sicht“ dasselbe wie Sehakt bezeichnet — es bezeichnet „Sicht“ ja auch das Werkzeug selbst —,

etiam visus ipsum instrumentum —: ita velle est uti voluntate quae est instrumentum volendi, et usus eius est voluntas, quae non est, nisi quando cogitamus quod volumus.

Voluntas igitur quae est instrumentum, una sola est; id est, instru|mentum volendi unum solum est in homine, | 281 sicut una sola ratio, id est unum solum instrumentum ratiocinandi. Voluntas vero qua instrumentum illud afficitur, duplex est. Nam sicut visus plures habet aptitudines, scilicet ad videndum lucem, et per lucem ad videndum figuras, <et per figuras> ad videndum colores: ita instrumentum volendi duas habet aptitudines, quas voco „affectiones". Quarum una est ad volendum commoditatem, altera ad volendum rectitudinem. Nempe nihil vult voluntas quae est instrumentum, nisi aut commoditatem aut rectitudinem. Quidquid enim aliud vult, aut propter commoditatem aut propter rectitudinem vult, et ad has — etiam si fallitur — putat se referre quod vult. Per affectionem quidem quae est ad volendum commoditatem, semper vult homo beatitudinem et beatus esse. Per illam vero quae est ad volendum rectitudinem, vult rectitudinem et rectus, id est iustus esse. Propter commoditatem autem vult aliquid, ut cum vult arare vel laborare, ut habeat unde tueatur vitam et salutem, quae iudicat esse commoda. Propter rectitudinem vero, ut cum vult cum labore discere, ut sciat recte, id est iuste vivere. Voluntas vero quae est usus saepe dicti instrumenti, non | est nisi cum cogitat aliquis quod vult, ut | 282

10 et per figuras *supplevit Schmitt; deest in omnibus mss.* || 13 nihil: nil *S*

[35] Diese Unterscheidung — jedoch noch ohne Einführung des Begriffs

so meint Wollen das Gebrauchen des Willens, der das Wollenswerkzeug ist, und dessen Gebrauch ist der Wille, der nur mit dem Denken an das, was wir wollen, gegeben ist.

Der Wille nun, der das Werkzeug ist, ist ein einziger, das heißt, das Wollenswerkzeug ist nur eines im Menschen, wie er auch nur eine Vernunft, das heißt ein einziges Denkwerkzeug hat. Der Wille aber, durch den jenes Instrument ein bestimmtes Geneigtsein erfährt, ist ein zweifacher. Wie der Gesichtssinn mehrere Eignungen hat — nämlich das Licht zu sehen, durch das Licht Gestalten und darüber die Farben —, so hat das Wollenswerkzeug zwei Eignungen, die ich Neigungen nenne. Die erste geht auf das Wollen des Angenehmen, die zweite auf das Wollen der Rechtheit[35]. In der Tat will der Wille, der das Wollenswerkzeug ist, nur dies: das Angenehme und die Rechtheit. Was er noch darüber hinaus will, will er entweder wegen des Angenehmseins oder wegen der Rechtheit, und selbst, wenn er sich täuscht, vermeint er das, was er will, auf eines dieser beiden zu beziehen. Durch die Neigung, die sich auf das Wollen des Angenehmen richtet, will der Mensch immer die Glückseligkeit und glücklich sein. Durch die andere hingegen, die auf das Wollen der Rechtheit gerichtet ist, will er die Rechtheit und recht, das heißt gerecht sein. Um des Angenehmen willen aber will er etwas — zum Beispiel wenn er pflügen und sich mühen will —, um ein Mittel zu haben, wodurch er Leben und Heilsein aufrechterhalten kann, die er als Angenehmes erachtet. Um der Rechtheit willen ist es hingegen, wenn er zum Beispiel mit Mühen lernen will, um zu wissen, wie er recht, das heißt gerecht lebe. Der Wille nun, der in dem Gebrauch des mehrfach erwähnten Werkzeugs besteht, ist nur gegeben, wenn je-

---

affectio — findet sich schon in *casu* 4 (oben 150,1–5); 13f (oben 188 bis 199).

dictum est. Huius voluntatis multiplex est divisio, de qua non modo, sed forsitan alias dicemus.

Velle autem aequivocum est, sicut videre. Quemadmodum namque dicitur videre qui utitur visu, et qui non utitur, sed habet aptitudinem videndi: ita asseritur velle et qui utitur instrumento volendi cogitando quod | vult, et qui | 283
non utitur, quoniam affectionem, hoc est aptitudinem, habet volendi.

Per hoc etiam cognosci potest aliam esse voluntatem instrumentum volendi, aliam eius affectionem, aliam usum eiusdem instrumenti: quia si dicitur iustus homo, etiam cum dormit et nihil cogitat, habere voluntatem iuste vivendi, et iniustus homo negatur habere, cum dormit, voluntatem iuste vivendi, eadem voluntas negatur de iniusto quae asseritur de iusto. Palam autem est quia, cum dicimus non esse in iniusto dormiente voluntatem iuste vivendi, non negatur in eo voluntas esse quam dixi instrumentum, quoniam eam semper habet omnis homo, dormiens et vigilans. Quapropter quoniam non alia voluntas pronuntiatur hoc modo in bono esse homine, quam illa quae removetur a malo: non significatur in bono esse voluntas quae est instrumentum, sed illa qua afficitur instrumentum. Quoniam autem in dormiente — nisi somniet — non sit voluntas quae est usus, dubium non est. Quare cum dicitur in dormiente iusto voluntas iuste vivendi, non ibi intelligitur voluntas usus. Non est igitur voluntas affectio voluntas instrumentum aut voluntas usus. Voluntatem quoque instrumentum non esse voluntatem usum nullus ignorat, quoniam cum

2 alias: *cf. Schmitt, F. S., Ein neues, unvollendetes Werk des hl. Anselm v. C. (BGPhMA 33/3 [1936]), p. 16,37 ss.* || 10 eius: esse *(in margine) E* || 18 habet semper *S* || 24–25 in iusto dormiente *S* || 27 Voluntatem quoque: Voluntas quoque *C*

[36] Vgl. Anselm, *Ph. Fragm.* (351,6–13; 334,1 – 336,10 Southern/Schmitt).

mand — wie gesagt — an das denkt, was er will. Der Wille in dieser Hinsicht läßt sich vielfach untergliedern, worüber wir aber nicht jetzt, sondern vielleicht an einem anderen Ort reden werden[36].

„Wollen" nun ist wie „Sehen" mehrdeutig. Sowohl von dem, der von seinem Gesichtssinn Gebrauch macht, als auch von dem, der dies nicht tut, aber die Eignung zum Sehen hat, sagen wir, er sehe. So sagt man auch von dem, der sich des Wollenswerkzeugs durch bedachtes Wollen bedient, wie von dem, der dies nicht tut, aber die Neigung, das heißt die Eignung zum Wollen hat, er wolle.

Aus dem Folgenden läßt sich auch erkennen, daß der Wille als Wollenswerkzeug, als Neigung und als Gebrauch jenes Werkzeugs jeweils etwas Verschiedenes ist. Wenn man von einem Gerechten, auch wenn er schläft und nichts denkt, sagt, er habe den Willen, gerecht zu leben, und einem Ungerechten, wenn er schläft, den Willen, gerecht zu leben, abspricht, so spricht man dem Ungerechten denselben Willen ab, den man dem Gerechten zuerkennt. Es ist aber klar, daß, wenn wir sagen, im Ungerechten bestehe während des Schlafs nicht der Wille, gerecht zu leben, nicht bestritten wird, daß sich in ihm der Wille befindet, den ich Werkzeug genannt habe. Den haben nämlich alle Menschen zu jeder Zeit, ob sie nun schlafen oder wachen. Da also auf diese Weise nur jener Wille als im guten Menschen befindlich behauptet wird, den man dem bösen abspricht, ist hier nicht der Wille als Werkzeug gemeint, sondern jener, durch den das Werkzeug eine Neigung erfährt. Zweifellos gibt es aber im Schlafenden — es sei denn, er träume — nicht den Willen, der im (Willens-)Gebrauch besteht. Wenn man daher von einem Willen, gerecht zu leben, bei einem schlafenden Gerechten spricht, so hat man darunter nicht den Willen als Gebrauch zu verstehen. Der Wille als Neigung ist also nicht dasselbe wie der Wille als Werkzeug oder der Wille als Gebrauch. Jeder weiß aber auch, daß der Wille als Werkzeug nicht mit dem Willen als Gebrauch gleichzuset-

dico me non habere voluntatem scribendi, nemo intelligit me non habere instrumentum volendi. Alia ergo est voluntas instrumentum, alia voluntas affectio, alia voluntas usus.

Voluntas quidem instrumentum movet omnia alia instrumenta quibus | sponte utimur, et quae sunt in nobis — | 284
ut manus, lingua, visus —, et quae sunt extra nos — ut stilus et securis —, et facit omnes voluntarios motus; ipsa vero se suis affectionibus movet. Unde dici potest instrumentum se ipsum movens. Dico voluntatem instrumentum omnes voluntarios motus facere; sed si diligenter consideramus, ille verius dicitur facere omne quod facit natura aut voluntas, qui facit naturam et instrumentum volendi cum affectionibus suis, sine quibus idem instrumentum nihil facit.

[XII]

Ex his duabus affectionibus, quas etiam voluntates dicimus, descendit omne meritum hominis, sive bonum sive malum. Quae duae voluntates etiam in hoc differunt, quia illa quae est ad volendum commodum, inseparabilis est; illa vero quae est ad volendum rectitudinem, separabilis fuit — ut supra dixi — in principio in angelis et in primis nostris parentibus, et est adhuc in hac vita manentibus. In hoc quoque differunt, quia illa quae est ad volendum commodum, non est hoc quod ipsa vult; illa vero quae est ad volendum rectitudinem, rectitudo est. Nullus quippe vult rectitudinem, nisi rectitudinem habens; neque potest ali-

6 ut[1]: est *add.* *E* || 7–8 suis se *E* || 10 diligenter si *E* || 23 hoc quod: hoc *om.* *E*

zen ist. Denn wenn ich sage, ich habe nicht den Willen zu schreiben, versteht niemand daraus, daß ich nicht das Werkzeug zu wollen habe. Der Wille als Werkzeug, der Wille als Neigung und der Wille als Gebrauch sind also je etwas anderes.

Der Wille als Werkzeug nun setzt alle anderen Werkzeuge in Bewegung, deren wir uns aus freien Stücken bedienen, sowohl jene, die in uns sind — wie die Hand, die Zunge, der Gesichtssinn —, als auch solche, die sich außerhalb von uns befinden — wie die Feder oder die Axt. Er bewirkt auch alle willentlichen Bewegungen. Sich selbst aber bewegt er durch seine Neigungen. Man kann ihn daher ein Werkzeug nennen, das sich selbst bewegt. Ich sagte gerade, der Wille als Werkzeug bewirke alle willentlichen Bewegungen. Bei sorgfältiger Betrachtung müßte man aber richtiger sagen, alles, was die Natur oder der Wille wirkt, bewirke jener, der die Natur und das Wollenswerkzeug mit seinen Neigungen schafft, ohne die dieses Werkzeug nichts zuwege bringt.

[12]

Aus den vorgenannten zwei Neigungen, die wir auch Willen nennen, geht alles menschliche Verdienst hervor, das gute wie das böse. Diese beiden Willen unterscheiden sich aber auch in folgendem: Der auf das Wollen des Angenehmen gerichtet ist, ist unabtrennbar. Der andere aber, der sich auf das Wollen der Rechtheit richtet, war — wie ich oben schon sagte — am Anfang bei den Engeln und unseren Ureltern abtrennbar und ist es auch noch jetzt bei denen, die in diesem Leben weilen. Es gibt noch einen weiteren Unterschied: Der Wille, der sich auf das Wollen des Angenehmen richtet, ist nicht mit dem identisch, was er selbst will. Der Wille hingegen, der auf das Wollen der Rechtheit gerichtet ist, ist Rechtheit. Denn niemand will die Rechtheit, es sei denn, er habe sie. Und keiner kann die Rechtheit

quis rectitudinem velle, nisi rectitudine. Palam autem est eius voluntatis quae est instrumentum, istam esse rectitudinem. Hanc pronuntiamus, cum iustitia designatur: „rectitudo voluntatis propter se servata.“ Haec est etiam veritas illa voluntatis, in qua arguitur a domino diabolus non stetisse; quod dixi in tractatu *De veritate*.

Nunc considerandum est quomodo ex his duabus voluntatibus, quas voco „aptitudines“ sive „affectiones“, procedant — sicut dixi — merita hominum, sive ad salutem, sive ad damnationem. Rectitudo quidem, quantum in ipsa est, nullius mali causa est, et omnis meriti boni mater est. Haec enim favet spiritui concupiscenti „adversus carnem“, et condelectatur „legi dei secundum interiorem hominem“, id est secundum eundem spiritum. Si autem ex illa malum aliquando sequi videtur, non ex ipsa, sed ex alio <procedit>. Per rec|titudinem quippe apostoli erant „bonus odor“ | 285 „deo“. Sed quod quibusdam erant „odor mortis in mortem“: non procedebat ex apostolorum iustitia, sed ex malivolorum nequitia. Illa vero voluntas quae est ad volendum commodum, non semper mala est, sed quando consentit carni concupiscenti „adversus spiritum“.

[XIII]

Sed ut hoc planius intelligatur, investigandum est, unde tam vitiosa et tam prona sit ad malum ista voluntas. Non enim

---

2–3 rectitudinem esse *E* || 15–16 procedit *supplevit Schmitt (cf. 348, 18); deest in mss.*

wollen, außer durch Rechtheit. Es ist aber klar, daß diese Rechtheit zu dem Willen gehört, der (das Wollens-)Werkzeug ist. Davon sprechen wir bei der Bestimmung der Gerechtigkeit als „Rechtheit des Willens, die um ihrer selbst willen bewahrt wird". Hierin besteht auch jene Wahrheit des Willens, in der der Teufel nicht standhielt und darum vom Herrn gerichtet wird — wie ich in meiner Abhandlung *Über die Wahrheit*[37] ausgeführt habe.

Wir müssen nun überlegen, wie aus den beiden Willen, die ich „Eignungen" oder „Neigungen" nenne, dem Gesagten zufolge die Verdienste der Menschen hervorgehen — zum Heil wie zur Verdammnis. In sich selbst betrachtet, ist natürlich die Rechtheit Ursache keines Bösen, vielmehr die Mutter alles guten Verdienstes. Sie ist nämlich dem Geist gewogen, der „gegen das Fleisch" (vgl. Gal 5,17) strebt, und steht in freudigem Einklang mit „dem Gesetz Gottes dem inneren Menschen nach" (vgl. Röm 7,22), das heißt diesem selben Geiste nach. Wenn aber zuweilen aus ihr ein Böses zu folgen scheint, so geht es nicht aus ihr selbst, sondern aus etwas anderem hervor. Denn durch die Rechtheit waren die Apostel ein „Wohlgeruch für Gott". Daß sie aber für einige ein „Geruch des Todes zum Tode" (vgl. 2 Kor 2,15f) waren, entsprang nicht der Gerechtigkeit der Apostel, sondern der Boshaftigkeit der Übelwollenden. Der Wille nun, der auf das Wollen des Angenehmen gerichtet ist, ist nicht immer böse, sondern nur, wenn er dem Fleisch beistimmt, das „gegen den Geist" (vgl. Gal 5,17) begehrt.

[13]

Damit dies aber noch klarer einsichtig wird, muß untersucht werden, woher es kommt, daß jener dem Ange-

[37] Vgl. ANSELM, *ver.* 4 (180f SCHMITT).

credendum est talem illam deum fecisse in primis nostris parentibus. Cum enim protuli naturam humanam propter peccatum incurrisse corruptionem et appetitus ad similitudinem brutorum animalium, non dixi quomodo talis voluntas orta sit in homine. Aliud namque sunt appetitus vitiosi, aliud vitiosa voluntas appetitibus consentiens. De tali ergo voluntate quaerendum puto, unde homini acciderit. Sed si primam rationalis naturae conditionem consideremus, facile nobis huius talis voluntatis causa patebit. Intentio namque dei fuit, ut iustam faceret atque beatam naturam rationalem ad fruendum se. Sed neque iusta neque beata esse potuit sine voluntate iustitiae et beatitudinis. Voluntas quidem iustitiae est ipsa iustitia; voluntas vero beatitudinis non est beatitudo, quia non omnis habet beatitudinem, qui habet eius voluntatem. In beatitudine autem, secundum omnium sensum, est sufficientia competentium commodorum sine omni indigentia, sive angelica intelligatur beatitudo, sive illa quam habebat Adam in paradiso. Quamvis enim maior sit beatitudo angelorum, quam illa quae erat hominis in paradiso, non tamen ideo negari potest Adam beatitudinem habuisse. Sicut namque calor magnus est sine omni frigore, et tamen potest alius maior esse calor; et quemadmodum frigus est sine omni calore, cum tamen maius valeat esse frigus: ita nihil prohibet Adam beatum fuisse in paradiso sine omni indigentia, licet maior esset | angelica beatitudo. Nempe aliquid minus | 286
alio habere non semper est indigere; sed aliqua re, cum eam haberi oporteat, carere — quod non erat in Adam — est

20 illa quae: quae *om.* *O* || 23 calor esse maior *S* || 26 beatitudo angelica *E*

[38] Vgl. *conc.* 3,7 (oben 324,8 f); *conc. virg.* 2 (141,12–16 SCHMITT).

nehmen zugeneigte Wille so verdorben und dem Bösen zugewandt ist. Wir können ja nicht glauben, daß Gott ihn so in unseren Ureltern erschaffen habe. Als ich sagte, die menschliche Natur habe sich wegen der Sünde Verderbnis und Triebe zugezogen, die denen der Tiere ähnlich sind[38], habe ich nicht ausgeführt, wie ein solcher Wille im Menschen entstanden sei. Üble Triebe und ein übler Wille, der den Trieben beistimmt, sind nämlich nicht dasselbe. Über die Herkunft dieses Willens beim Menschen müssen wir also wohl noch nachdenken. Die Ursache dieses so gearteten Willens wird uns leicht einleuchten, wenn wir den ursprünglichen Zustand der Vernunftnatur in den Blick nehmen. Gottes Plan war nämlich, die Vernunftnatur gerecht und glücklich zu machen, damit sie sich seiner freuen könne. Gerecht und glücklich konnte sie aber nicht sein ohne den Willen zur Gerechtigkeit und zur Glückseligkeit. Der Wille zur Gerechtigkeit nun ist die Gerechtigkeit selbst. Der Wille zur Glückseligkeit aber ist nicht diese selbst. Nicht jeder besitzt ja die Glückseligkeit, der den Willen dazu hat. In der Glückseligkeit aber gibt es nach der Ansicht aller volles Genügen jeder in Frage kommenden Art von Angenehmem ohne allen Mangel, ob man nun an die Seligkeit der Engel oder jenen Glückszustand denkt, den Adam im Paradies hatte. Zwar ist die Glückseligkeit der Engel größer, als die des Menschen im Paradiese war. Unbestreitbar aber ist, daß Adam Glückseligkeit besessen hat. Wie es nämlich eine große Hitze ohne alle Kälte gibt, es aber dennoch eine größere Hitze geben kann, und eine Kälte ohne alle Hitze trotz der Möglichkeit einer noch größeren Kälte, so hindert nichts, daß Adam im Paradies ohne jeden Mangel glücklich gewesen war, auch wenn die Seligkeit der Engel größer wäre. Die Tatsache, daß man etwas in einem geringeren Maße besitzt als ein anderer, bedeutet nicht immer, Mangel zu leiden. Mangel leiden heißt vielmehr, etwas nicht zu haben, wenn man es besitzen sollte — das aber war bei Adam nicht der

indigere. Ubi vero est indigentia, ibi est miseria. Non autem fecit deus sine praecedente culpa rationalem naturam miseram, quam ad intelligendum et amandum se creavit. Fecit igitur deus hominem beatum sine omni indigentia. Simul ergo accepit rationalis natura et voluntatem beatitudinis, et beatitudinem, et voluntatem iustitiae, id est rectitudinem, quae est ipsa iustitia, et liberum arbitrium, sine quo iustitiam servare non valuit.

Sic autem deus ordinavit has duas voluntates sive affectiones, ut voluntas quae est instrumentum, uteretur ea quae est iustitia, ad imperium et regimen, docente spiritu, qui et mens et ratio dicitur; et altera uteretur ad oboediendum sine omni incommoditate. Beatitudinem quidem dedit homini — ut de angelis taceam — ad commodum eius; iustitiam vero ad honorem suum. Sed iustitiam ita, ut illam posset deserere; quatenus cum illam non desereret, sed perseveranter servaret, provehi mereretur ad consortium angelorum. Quod si illam desereret, nullatenus eam per se deinceps resumere posset, et beatitudinem angelorum non adipisceretur, et illa quam habebat privaretur, et in similitudinem brutorum animalium cadens cum illis corruptioni et saepe fatis appetitibus subiaceret. Voluntas tamen beatitudinis maneret, ut per indigentiam bonorum quae perdidisset, gravi miseria iuste puniretur. Quoniam ergo deseruit iustitiam, perdidit beatitudinem; et voluntas quam bonam et ad bonum suum accepit, fervens desiderio commodorum quae non velle nequit, quia vera commoda rationali naturae

Fall. Wo es aber Mangel und Entbehren gibt, da ist Elend. Gott hat jedoch die Vernunftnatur nicht ohne eine vorausgehende Schuld elend erschaffen, jene Natur, die er schuf, damit sie ihn erkenne und liebe. Er schuf also den Menschen glückselig ohne alles Entbehren. Darum empfing die Vernunftnatur all dieses zugleich: den Willen zur Glückseligkeit und diese selbst, sodann den Willen zur Gerechtigkeit, das heißt die Rechtheit, welche die Gerechtigkeit selbst ist, und schließlich den freien Willen, ohne den sie die Gerechtigkeit nicht zu bewahren vermochte.

Gott hat nun diese beiden Willen oder Neigungen so angeordnet, daß der Wille, der das Werkzeug ist, die Willensneigung, die die Gerechtigkeit ist, zur Herrschaft und Leitung gebrauchen sollte, unter Anweisung des Geistes, der auch Verstand oder Vernunft heißt. Der anderen Neigung sollte er sich zum Gehorchen bedienen, ein Gehorchen ohne jede Unannehmlichkeit. Die Glückseligkeit hat Gott dem Menschen — um von den Engeln zu schweigen — zu dessen Annehmlichkeit gegeben, die Gerechtigkeit aber zu seiner eigenen Ehre. Er gab ihm die Gerechtigkeit nun so, daß er sie auch aufgeben konnte. Wenn er sie nicht aufgäbe, sondern beharrlich bewahrte, so würde er verdienen, zur Gemeinschaft mit den Engeln erhoben zu werden. Verließe er sie aber, so würde er sie danach durch sich selbst nie mehr wiedererlangen können. Die Glückseligkeit der Engel würde er nicht erreichen, vielmehr jene, die er besaß, verlieren. Er würde auf eine ähnliche Stufe wie die Tiere zurückfallen und wie diese der Verderbnis und den schon mehrfach erwähnten Trieben unterworfen sein. Der Wille zur Glückseligkeit hingegen würde bleiben, damit er durch Entbehrung der verlorenen Güter zu Recht mit schwerem Elend gestraft sei. Weil der Mensch die Gerechtigkeit verließ, verlor er die Glückseligkeit. Der Wille aber, den er als einen guten und zu seinem Guten erhalten hatte, glüht weiter vor Verlangen nach dem Angenehmen, das er nicht anders als wollen kann. Da er nun die

convenientia, quae perdidit habere non valet: ad falsa et brutorum animalium commoda, quae bestiales appetitus suggerunt, se convertit; et ita cum ea vult inordinate, rectitudinem aut ne accipiatur oblata repellit, aut acceptam expellit. Cum vero ea licite vult, non hoc facit.

Hoc igitur modo voluntas instrumentum, creata bona inquantum habet esse, et iusta et fortis ad servandum acceptam iustitiam: per liberum arbitrium facta est mala, non inquantum est, sed inquantum iniusta facta est per absentiam sponte desertae iustitiae, quam semper habere deberet. Infirma quoque modo facta est ad volendum iustitiam desertam. Non enim per liberum arbitrium ita potest eam velle, cum illam non habet, quemadmodum | valet eam | 287 servare cum habet. Voluntas etiam commodi, condita bona inquantum est: aliquid mala, id est iniusta facta est, quia non est subdita iustitiae, sine qua nihil velle debet. Voluntas ergo instrumentum, cum sponte facta sit iniusta, post desertam iustitiam manet, quantum in ipsa est, necessitate iniusta et ancilla iniustitiae; quia per se redire nequit ad iustitiam, sine qua numquam libera est, quia naturalis libertas arbitrii sine illa otiosa est. Ancilla etiam facta est suae affectionis, quae ad commodum est, quia remota iustitia nihil potest velle nisi quod illa vult.

Dico autem et instrumentum et affectionem eius „velle“, quia et instrumentum est voluntas, et affectio voluntas, nec

---

4 oblatam *EOS* || 10–11 debet *E*

wahrhaft angenehmen, der Vernunftnatur gemäßen Güter, die er verlor, nicht zu besitzen vermag, wendet er sich Annehmlichkeiten zu, die falsch und den Tieren zugehörig sind und ihm von tierischen Trieben nahegebracht werden. Und da er diese in ungeordneter Neigung will, hält er die Rechtheit entweder von sich fern, damit er sie — ihm dargeboten — nicht anzunehmen braucht, oder er treibt die bereits empfangene aus. So handelt er aber nicht, wenn er das Angenehme in den ihm gesetzten Grenzen will.

Auf diese Weise ist also der Wille als Werkzeug — der, insofern er Sein hat, gut erschaffen wurde und gerecht und kräftig genug, um die empfangene Gerechtigkeit zu bewahren — durch eine freie Willensentscheidung böse geworden. Dies zwar nicht, insofern er ist, aber insofern er durch das Fehlen der freiwillig aufgegebenen Gerechtigkeit, die er immer haben sollte, ungerecht gemacht wurde. Zugleich verlor er die Kraft, die aufgegebene Gerechtigkeit zu wollen. Er vermag nämlich nicht durch freien Willensentscheid so die Gerechtigkeit zu wollen, wenn er sie nicht hat, wie er sie bewahren kann, wenn er sie besitzt. Darüber hinaus ist der Wille zum Angenehmen, der gut geschaffen wurde, insofern er etwas ist, böse, das heißt ungerecht geworden, weil er nicht der Gerechtigkeit untergeben ist, ohne die er nichts wollen soll. Der Wille als Werkzeug bleibt also, da er aus freien Stücken ungerecht wurde, nach Aufgabe der Gerechtigkeit, soweit an ihm liegt, notwendig ungerecht und ein Knecht der Ungerechtigkeit. Durch sich selbst vermag er nämlich nicht zur Gerechtigkeit zurückzukehren. Ohne diese ist er aber niemals frei, da die natürliche Freiheit des Willens ohne die Gerechtigkeit ja müßig ist. Der Wille ist aber auch zum Knecht seiner Neigung geworden, die auf das Angenehme geht, weil er nach Fortfall der Gerechtigkeit nur noch das wollen kann, was diese Willensneigung will.

Ich sage aber sowohl von dem Werkzeug wie von seiner Neigung, daß sie wollen, weil das Werkzeug wie die Nei-

incongrue utraque voluntas velle dicitur: quia et illa vult, quae affectione sua vult, et affectio vult, per quam illa vult; sicut videre dicitur et homo qui visu videt, et ipse visus quo videt. Unde non absurde possumus dicere affectiones eius voluntatis, quam instrumentum animae dixi, quasi instrumenta eiusdem instrumenti esse, quia illa nihil nisi istis operatur. Perdito igitur instrumento volendi iustitiam, id est rectitudine, nullo modo — nisi per gratiam reddatur — potest voluntas instrumentum velle iustitiam. Quapropter quoniam nihil debet velle nisi iuste: quidquid vult sine rectitudine, vult iniuste. Appetitus vero, quos omnes vocat apostolus „carnem“ et „concupiscentiam“, inquantum sunt, non sunt mali vel iniusti; sed quia sunt in rationali natura, ubi non debent esse, dicuntur iniusti. In brutis siquidem animalibus non sunt mali vel iniusti, quia ibi debent esse.

[XIV]

Iam ex iis quae supra dicta sunt, cognosci potest hominem ideo non habere semper iustitiam, quam sine intermissione debet habere, quia nullo modo potest illam per se adipisci vel recuperare. Palam etiam est quia deus bona facit opera sola sua bonitate, quoniam ipse creat voluntatem cum libero arbitrio, et dat illi iustitiam per quam operatur. Mala vero facit sola culpa hominis, quia non ea faceret, si homo

6 nihil: nil *S* || 8 rectitudinem *E* || 18 ex his *ES* || 20–21 quia nullo modo illam adip. vel recup. per se valet *E*

gung Wille sind. Der Ausdruck „wollen“ ist auf beide Willen auch sehr wohl anwendbar, weil der erste will, was er aufgrund seiner Neigung will, aber auch die Neigung will, wodurch das Werkzeug will. So sagt man ja auch „sehen“ von dem Menschen aus, der durch seinen Gesichtssinn sieht, wie auch von dem Gesichtssinn selbst, der sieht. Es ist also nicht abstrus, wenn wir die Neigungen des Willens, den ich ein Werkzeug der Seele genannt habe, gleichsam als Werkzeuge jenes Werkzeugs bezeichnen, da er ja nur durch sie am Werke ist. Nach dem Verlust des Werkzeugs, mit dem man die Gerechtigkeit wollen kann, das heißt der Rechtheit, kann also der Wille als Werkzeug auf keine Weise — außer er erhielte sie durch Gnade zurück — die Gerechtigkeit wollen. Da er aber nichts wollen soll, es sei denn gerecht, gilt: Was auch immer er ohne Rechtheit will, will er ungerecht. Die Triebe aber, die der Apostel alle zusammen als „Fleisch“ und „Begehrlichkeit“ bezeichnet, sind, ihrem Sein nach, nicht böse oder ungerecht. Weil sie sich aber im Vernunftwesen finden, wo sie nicht sein sollen, werden sie ungerecht genannt. In den Tieren sind sie nicht böse oder ungerecht, weil sie dort sein sollen.

[14]

Schon aus dem oben Gesagten ist ersichtlich, daß der Mensch die Gerechtigkeit, die er ohne Unterbrechung haben soll, deswegen nicht immer besitzt, weil er sie auf keine Weise durch sich selbst zu erreichen oder wiederzuerlangen vermag. Klar ist auch, daß Gott die guten Werke allein durch sein Gutsein schafft, denn er schafft den Willen mitsamt seiner freien Entscheidungsmacht und gibt ihm die Gerechtigkeit, durch die er wirksam wird. Die bösen Werke hingegen bringt er nur durch die Schuld des Menschen hervor. Er würde sie nicht wirken, wenn der Mensch

illa facere non vellet. Facit tamen hoc quod sunt, quoniam condidit in homine voluntatem, qua sine iustitia | utitur; et 288 ideo sola culpa hominis mala sunt quae operatur. Non est enim culpa dei, qui creavit in eo cum libertate arbitrii voluntatem, et contulit ei iustitiam, ut nihil nisi iuste vellet; sed culpa hominis, qui iustitiam deseruit, quam servare potuit. Deus igitur habet in bonis quidem quod bona sunt per essentiam, et quod bona sunt per iustitiam; in malis vero solummodo quod bona sunt per essentiam, non quod mala sunt per absentiam debitae iustitiae, quae non est aliquid. Homo autem habet in bonis quod mala non sunt, quia cum posset deserere iustitiam et mala facere, non deseruit, sed servavit per liberum arbitrium, dante et subsequente gratia. In malis vero hoc solum quod mala sunt, quia ea sola propria, id est iniusta voluntate facit.

Puto me iam congrue posse finem ponere tractatui de tribus difficilibus quaestionibus, quem in spe auxilii dei incepi. In quo si quid dixi quod quaerenti cuilibet sufficere debeat: non mihi imputo, quia non ego, sed gratia dei mecum. Hoc autem dico, quia si quis mihi quaerenti de quaestionibus eisdem, quando in eis mens mea rationem quaerendo fluctuabat, ea quae scripsi respondisset, gratias

10–11 quae non — quod mala *abscisum E* || 16 iam congrue me *E* || 21 mens mea in eis *E*

[39] Vgl. *casu* 20 (oben 212–217).

[40] Vgl. *conc.* 3,4 (oben 306–309).

[41] Vgl. *casu* 27 (oben 242–245).

sie nicht wirken wollte[39]. Dennoch schafft Gott sie im Hinblick auf ihr Sein, weil er in den Menschen den Willen gesetzt hat, dessen sich dieser ohne Gerechtigkeit bedient. Und so sind allein durch die Schuld des Menschen von Gott gewirkte Werke böse. Denn nicht Gott trifft die Schuld, der im Menschen einen Willen mit der Freiheit zur Entscheidung schuf und ihm die Gerechtigkeit übertrug, damit er nur gerecht wolle. Die Schuld trifft vielmehr den Menschen, der die Gerechtigkeit, die er bewahren konnte, verließ. Der Anteil Gottes an den guten Werken ist also, daß sie aufgrund ihres Seins gut sind und gut durch die Gerechtigkeit; an den bösen Werken hingegen nur, daß sie aufgrund ihres Seins gut sind, nicht aber, daß sie böse sind aufgrund des Fehlens der geschuldeten Gerechtigkeit, die nicht ein Etwas ist. Der Anteil des Menschen nun ist im Hinblick auf die guten Werke, daß sie nicht böse sind. Denn obwohl er die Gerechtigkeit verlassen und Böses tun konnte, verließ er sie nicht, sondern bewahrte sie durch freie Willensentscheidung, mit Hilfe der Gnade, die dies gewährt und darauf folgt[40]. Sein Anteil an den bösen Werken aber liegt allein darin, daß sie böse sind, weil er sie allein durch seinen eigenen, das heißt ungerechten Willen wirkt[41].

Damit meine ich nun meine Abhandlung über drei schwierige Fragen angemessen zum Abschluß bringen zu können, die ich in der Hoffnung auf Gottes Hilfe in Angriff genommen habe. Wenn ich hierin etwas[42] gesagt habe, das jedem Fragenden Genüge tun sollte, so rechne ich es nicht mir an. Denn es kommt nicht von mir, sondern von der Gnade Gottes, die mit mir war. Ich darf aber gestehen, daß ich, als mein Verstand in diesen Fragen nach einer vernünftigen Lösung suchte und dabei hin und her schwankte, einem, der auf mein diesbezügliches Fragen die vorliegende

---

[42] Wir lesen *quid* statt *qui* (gegen SCHMITT [288, 12]).

egissem, quia mihi satisfecisset. Quoniam ergo quod inde manifestante deo cognovi, mihi valde placuit: intelligens quia similiter quibusdam placeret, si hoc scriberem, quod gratis accepi, gratis volui petentibus impendere.

---

4 impendere: *add.* EXPLICIT LIBER ANSELMI CANTUARIENSIS (CANT. *om.* O) ARCHIEPISCOPI DE CONCORDIA PRAESCIEN-

Antwort gegeben hätte, dankbar gewesen wäre, weil er mir Genüge getan hätte. Da mir nun das aufgrund der Einsicht, die Gott gab, Erkannte sehr zusagte und mir klar wurde, daß es so auch anderen gefallen würde, wenn ich es niederschriebe, wollte ich, was ich umsonst empfangen, ebenso solchen, die danach suchen, weiter mitteilen.

TIAE ET PRAEDESTINATIONIS ET GRATIAE DEI CUM LIBERO ARBITRIO *BCO* *idem in litt. minusc. S* Explicit *E*

ABKÜRZUNGSVERZEICHNIS

Werkabkürzungen

Anselm

casu	de casu diaboli
CDH	cur deus homo
conc.	de concordia
conc. virg.	de conceptu virginali et de originali peccato
epist.	epistolae
gram.	de grammatico
inc.	de incarnatione verbi
lib.	de libertate arbitrii
mon.	monologion
Ph. Fragm.	Philosophische Fragmente
proc.	de processione spiritus sancti
prosl.	proslogion
ver.	de veritate

Augustinus

civ.	de civitate dei
lib. arb.	de libero arbitrio

Allgemeine Abkürzungen

D.	Discipulus
ders.	derselbe
dies.	dieselbe
eingel.	eingeleitet
erl.	erläutert
FS	Festschrift
L.	Lehrer
lat.	lateinisch
M.	Magister
NF	Neue Folge
Sch.	Schüler
übers.	übersetzt
Vg.	Vulgata

Bibliographische Abkürzungen

AAns	Analecta Anselmiana, Frankfurt a.M. 1,1969 – 5,1976
ABenR	American Benedictine Revue, New York u.a. 1,1950ff
AnFil	Anuario filosófico, Pamplona 1,1968ff
AnsSt	Anselm studies, New York 1,1983ff
APhil	L'année philosophique, Paris 1,1867 – 2,1868 NF 1,1890 – 24,1913
BGPhMA	Beiträge zur Geschichte der Philosophie (27,1928/30ff:) und Theologie des Mittelalters. Texte und Untersuchungen
BSHST	Basler Studien zur historischen und systematischen Theologie
CCL	Corpus Christianorum. Series Latina
CMe	Christliche Meister
EPhM	Études de philosophie médiévale
IJPR	International journal for philosophy of religion, 's-Gravenhage 1,1970ff
KGUAS	Kwansei Gakuin University annual studies, Nishinomiya 1,1953(?)ff
LTP	Laval théologique et philosophique, Québec 1,1944/45ff
MESJ	Missiologian ja Ekumeniikan Seuran julkaisuja. Annals of the Finnish Society for Missiology and Ecumenics
MM	Miscellanea mediaevalia, Berlin u.a. 1,1962ff
MSM	Modern schoolman. A quarterly journal of philosophy, St. Louis (Mo.) 1,1925ff
NSchol	New scholasticism, Washington (D.C.) u.a. 1,1927ff
OMT	Oxford medieval texts
PACPA	Proceedings of the American Catholic Philosophical Association, Washington (D.C.) 1,1926ff
PaMe	Patristica et mediaevalia, Buenos Aires 1,1975 2,1981ff
PhB	Philosophische Bibliothek
PhJ	Philosophisches Jahrbuch (62,1953 – 67,1959:) der Görres-Gesellschaft, Fulda u.a. 1,1888 – 55,1942 56,1946ff
PhMed	Philosophes médiévaux
RBMAS	Rerum Britannicarum medii aevi scriptores or chronicles and memorials of Great Britain and Ireland during the middle ages

RelSt	Religious studies, London u. a. 1, 1965/66ff
RSPhTh	Revue des sciences philosophiques et théologiques, Paris u. a. 1, 1907 – 8, 1914 9, 1920 – 29, 1940 31, 1947ff
RThAM	Recherches de théologie ancienne et médiévale, Louvain 1, 1929 – 12, 1940 13, 1946ff
RThom	Revue thomiste, Bruges [etc.] 1, 1893 – 23 (= NF 1), 1981 bis 41 (= NF 19), 1936 42, 1937 43/45, 1937 bis 45/47, 1939 46/54, 1946ff
SCh	Sources chrétiennes
SJTh	Scottish journal of theology, Edinburgh 1, 1948ff
SpicBec	Spicilegium Beccense, Paris u. a. 1, 1959ff
SSPh	Salzburger Studien zur Philosophie
StMC	Studies in medieval culture, Kalamazoo (Mich.) 1, 1964ff
StPat	Studia Patavina. Rivista di filosofia e teologia, Padova 1, 1954
Strom.	Stromata, San Miguel 21, 1965ff
TFil	Tijdschrift voor philosophie, Louvain 1, 1939 – 23, 1961
Theol (P)	Théologie. Études publ. sous la dir. de la Faculté de Théologie S. J. de Lyon-Fourvière, Paris
ThQ	Theologische Quartalschrift, Tübingen u. a.
ThZ	Theologische Zeitschrift, Basel
TRE	Theologische Realenzyklopädie, Berlin 1976ff
TSR	Texts and studies in religion
ZKTh	Zeitschrift für katholische Theologie, Wien u. a.

BIBLIOGRAPHIE

Quellen

ANSELM VON CANTERBURY
Werke:
— *Works*, 4 Bde. (hrsg. und übers. von J. HOPKINS/H. RICHARDSON), Toronto/New York 1976.
— *La conception virginale et le péché originel. La procession du Saint Esprit. Lettres sur les sacrements de l'Église. Du pouvoir et de l'impuissance* (übers. von M. CORBIN/A. GALONNIER/P. GILBERT/A. LAURAS/R. DE RAVINEL = L'œuvre d'Anselme de Cantorbéry 4), Paris 1990.
— *Le grammairien, De la vérité, La liberté du choix, La chute du diable* (übers. von A. GALONNIER/M. CORBIN/R. DE RAVINEL = L'œuvre d'Anselme de Cantorbéry 2), Paris 1987.
— *Santo, Sobre la verdad* (übers. von A.J. CAPPELLETTI = Biblioteca de iniciación filosófica), Buenos Aires 1978.
— *Proslogion. Sobre la verdad* (übers. von A.J. CAPPELLETTI = Col. Historia del pensamiento), Esplugas de Llobregat, Orbis, 1984.
Cur Deus homo:
— Cur Deus homo: *S. Anselmi Cantuariensis Archiepiscopi Opera Omnia 2* (hrsg. von F.S. SCHMITT), Stuttgart-Bad Cannstatt 1968, 37–133 (Rom 1940).
— *Cur Deus homo. Warum Gott Mensch geworden. Lateinisch und Deutsch* (hrsg. und übers. von F.S. SCHMITT), München 1956.
— Warum Gott Mensch wurde: *Anselm von Canterbury. Leben, Lehre, Werke* (übers., eingel. und erl. von R. ALLERS), Wien 1936, 447–466.
— Warum Gott Mensch geworden: A. STOLZ, *Anselm von Canterbury* (Gestalten des Christlichen Abendlandes 1), München 1937, 175–277.
— *Pourquoi dieu s'est fait homme* (hrsg. und übers. von R. ROQUES = SCh 91), Paris 1963.
De casu diaboli:
— De casu diaboli: *S. Anselmi Cantuariensis Archiepiscopi Opera Omnia 1* (hrsg. von F.S. SCHMITT), Stuttgart-Bad Cannstatt 1968, 227 bis 276 (Seckau 1938 / Edinburgh 1946).
— De casu diaboli: *Truth, Freedom, and Evil. Three Philosophical Dialogues* (hrsg. und übers. von J. HOPKINS/H. RICHARDSON), New York 1967, 145–196.
— Vom Fall des Teufels: *Anselm von Canterbury. Leben, Lehre, Werke* (übers., eingel. und erl. von R. ALLERS), Wien 1936, 467–497.
— Vom Fall des Teufels: *Wahrheit und Freiheit. Über die Wahrheit / Über die Freiheit des Willens / Vom Fall des Teufels / Über die*

Vereinbarkeit des Vorherwissens, der Vorherbestimmung und der Gnade Gottes mit dem freien Willen (übers. und eingel. von H. VERWEYEN = CMe 15), Einsiedeln 1982, 95–152.

De conceptu virginali et de originali peccato:

— De conceptu virginali et de originali peccato: *S. Anselmi Cantuariensis Archiepiscopi Opera Omnia 2* (hrsg. von F.S. SCHMITT), Stuttgart-Bad Cannstatt 1968, 135–173 (Rom 1940).

De concordia:

— De concordia praescientiae et praedestinationis et gratiae dei cum libero arbitrio: *S. Anselmi Cantuariensis Archiepiscopi Opera Omnia 2* (hrsg. von F.S. SCHMITT), Stuttgart-Bad Cannstatt 1968, 243 bis 288 (Rom 1940).

— De concordia: *Trinity, Incarnation, and Redemption. Theological Treatises* (hrsg. und übers. von J. HOPKINS/H. RICHARDSON), New York 1970, 152–199.

— De concordia: *Œuvres philosophiques de saint Anselme* (hrsg. von R. ROUSSEAU), Paris 1947, 295–343.

— Über die Vereinbarkeit des Vorherwissens, der Vorherbestimmung und der Gnade Gottes mit dem freien Willen: *Anselm von Canterbury. Leben, Lehre, Werke* (übers., eingel. und erl. von R. ALLERS), Wien 1936, 525–563.

— Über die Vereinbarkeit des Vorherwissens, der Vorherbestimmung und der Gnade Gottes mit dem freien Willen: *Wahrheit und Freiheit. Über die Wahrheit / Über die Freiheit des Willens / Vom Fall des Teufels / Über die Vereinbarkeit des Vorherwissens, der Vorherbestimmung und der Gnade Gottes mit dem freien Willen* (übers. und eingel. von H. VERWEYEN = CMe 15), Einsiedeln 1982, 153–203.

De grammatico:

— De grammatico: *S. Anselmi Cantuariensis Archiepiscopi Opera Omnia 1* (hrsg. von F.S. SCHMITT), Stuttgart-Bad Cannstatt 1968, 141 bis 168 (Seckau 1938 / Edinburgh 1946).

De incarnatione verbi:

— Epistolae de incarnatione verbi prior recensio: *S. Anselmi Cantuariensis Archiepiscopi Opera Omnia 1* (hrsg. von F.S. SCHMITT), Stuttgart-Bad Cannstatt 1968, 277–290 (Seckau 1938 / Edinburgh 1946).

— Epistola de incarnatione verbi: *S. Anselmi Cantuariensis Archiepiscopi Opera Omnia 2* (hrsg. von F.S. SCHMITT), Stuttgart-Bad Cannstatt 1968, 1–35 (Rom 1940).

— Über die Fleischwerdung des Wortes: *Anselm von Canterbury. Leben, Lehre, Werke* (übers., eingel. und erl. von R. ALLERS), Wien 1936, 419–445.

De libertate arbitrii:

— De libertate arbitrii: *S. Anselmi Cantuariensis Archiepiscopi Opera Omnia 1* (hrsg. von F.S. SCHMITT), Stuttgart-Bad Cannstatt 1968, 201 bis 226 (Seckau 1938 / Edinburgh 1946).

— De libertate arbitrii: *Truth, Freedom, and Evil. Three Philosophical Dialogues* (hrsg. und übers. von J. HOPKINS/H. RICHARDSON), New York 1967, 121–144.
— De libertate arbitrii: *Œuvres philosophiques de saint Anselme* (hrsg. von R. ROUSSEAU), Paris 1947, 265–289.
— Zwiegespräch über den freien Willen: *Anselm von Canterbury. Leben, Lehre, Werke* (übers., eingel. und erl. von R. ALLERS), Wien 1936, 499–524.
— Über die Freiheit des Willens: *Wahrheit und Freiheit. Über die Wahrheit / Über die Freiheit des Willens / Vom Fall des Teufels / Über die Vereinbarkeit des Vorherwissens, der Vorherbestimmung und der Gnade Gottes mit dem freien Willen* (übers. und eingel. von H. VERWEYEN = CMe 15), Einsiedeln 1982, 69–94.
De processione spiritus sancti
— De processione spiritus sancti: *S. Anselmi Cantuariensis Archiepiscopi Opera Omnia 2* (hrsg. von F.S. SCHMITT), Stuttgart-Bad Cannstatt 1968, 175–219 (Rom 1940).
De veritate:
— De veritate: *S. Anselmi Cantuariensis Archiepiscopi Opera Omnia 1* (hrsg. von F.S. SCHMITT), Stuttgart-Bad Cannstatt 1968, 169–199 (Seckau 1938 / Edinburgh 1946).
— De veritate: *Truth, Freedom, and Evil. Three Philosophical Dialogues* (hrsg. und übers. von J. HOPKINS/H. RICHARDSON), New York 1967, 87–120.
— De veritate: *Œuvres philosophiques de saint Anselme* (hrsg. von R. ROUSSEAU), Paris 1947, 226–259.
— *De veritate. Über die Wahrheit* (hrsg. und übers. von F.S. SCHMITT), Stuttgart-Bad Cannstatt 1966.
— Zwiegespräch über die Wahrheit: *Anselm von Canterbury. Leben, Lehre, Werke* (übers., eingel. und erl. von R. ALLERS), Wien 1936, 401–418.
— Über die Wahrheit: *Wahrheit und Freiheit. Über die Wahrheit / Über die Freiheit des Willens / Vom Fall des Teufels / Über die Vereinbarkeit des Vorherwissens, der Vorherbestimmung und der Gnade Gottes mit dem freien Willen* (übers. und eingel. von H. VERWEYEN = CMe 15), Einsiedeln 1982, 39–68.
Epistolae:
— Epistolarum liber primus: *S. Anselmi Cantuariensis Archiepiscopi Opera Omnia 3* (hrsg. von F.S. SCHMITT), Stuttgart-Bad Cannstatt 1968, 93–294 (Edinburgh 1949).
— Epistolarum liber secundus: *S. Anselmi Cantuariensis Archiepiscopi Opera Omnia 4* (hrsg. von F.S. SCHMITT), Stuttgart-Bad Cannstatt 1968, 1–232 (Edinburgh 1949); *S. Anselmi Cantuariensis Archiepiscopi Opera Omnia 5* (hrsg. von F.S. SCHMITT), Stuttgart-Bad Cannstatt 1968, 233–423 (Edinburgh 1951).

Monologion:
— Monologion: *S. Anselmi Cantuariensis Archiepiscopi Opera Omnia 1* (hrsg. von F.S. SCHMITT), Stuttgart-Bad Cannstatt 1968, 1–87 (Seckau 1938 / Edinburgh 1946).
— *Monologion* (hrsg. und übers. von F.S. SCHMITT), Stuttgart-Bad Cannstatt 1964.
— Monologion: *Anselm von Canterbury. Leben, Lehre, Werke* (übers., eingel. und erl. von R. ALLERS), Wien 1936, 251–348.
— Monologion: A. STOLZ, *Anselm von Canterbury* (Gestalten des Christlichen Abendlandes 1), München 1937, 73–173.
Orationes sive meditationes:
— Orationes sive meditationes: *S. Anselmi Cantuariensis Archiepiscopi Opera Omnia 3* (hrsg. von F.S. SCHMITT), Stuttgart-Bad Cannstatt 1968, 1–91 (Edinburgh 1946).
Philosophische Fragmente:
— *Philosophische Fragmente* (erstmals hrsg. von F.S. SCHMITT [*Ein neues unvollendetes Werk des hl. Anselm von Canterbury*, BGPhMA 33/3, Münster 1936), zitiert nach: *Memorials of St. Anselm* (hrsg. von R.W. SOUTHERN / F.S. SCHMITT), London 1969 (mit Seiten- und Zeilenzahl).
Proslogion:
— Proslogion: *S. Anselmi Cantuariensis Archiepiscopi Opera Omnia 1* (hrsg. von F.S. SCHMITT), Stuttgart-Bad Cannstatt 1968, 89–139 (Seckau 1938 / Edinburgh 1946).
— *Proslogion* (hrsg. und übers. von F.S. SCHMITT), Stuttgart-Bad Cannstatt 1962.
— Proslogion: *Anselm von Canterbury. Leben, Lehre, Werke* (übers., eingel. und erl. von R. ALLERS), Wien 1936, 349–400.
— Proslogion: A. STOLZ, *Anselm von Canterbury* (Gestalten des Christlichen Abendlandes 1), München 1937, 45–71.
— *Kann Gottes Nicht-Sein gedacht werden. Die Kontroverse zwischen Anselm von Canterbury und Gaunilo von Marmoutiers. Lateinisch — Deutsch* (übers., erl. und hrsg. von B. MOJSISCH. Mit einer Einleitung von K. FLASCH = excerpta classica IV), Mainz 1989 (Proslogion II–IV).

AUGUSTINUS
De civitate dei:
— *De civitate dei libri XXII*, 2 Bde. (hrsg. von B. DOMBART / A. KALB = CCL 47.48 [Aurelii Augustini opera 14/1–2]), Turnholt 1955.
— *Vom Gottesstaat*, 2 Bde. (übers. von W. THIMME, eingel. von C. ANDRESEN), München 3. Aufl. 1991 (Zürich 1955 / München 1977).
De libero arbitrio:
— De libero arbitrio libri tres (hrsg. von W.M. GREEN): *Aurelii Augustini opera 2/2* (CCL 29), Turnholt 1970, 209–321.

— De libero arbitrio. Vom freien Willen: *Theologische Frühschriften. De libero arbitrio. Vom freien Willen / De vera religione. Von der wahren Religion* (lat. Text hrsg. von W. M. GREEN, übers. von W. THIMME), Zürich / Stuttgart 1962, 30–363.

EADMER
Historia novorum in Anglia:
— Eadmeri historia novorum: *S. Anselmi opera omnia 2* (PL 159), 347 bis 524.
Historia Novorum in Anglia (hrsg. von M. RULE = RBMAS 81), New York 1965, 1–392 (London 1884).
Vita Anselmi:
— *The Life of St. Anselm, Archbishop of Canterbury* (hrsg. und übers. von R. W. SOUTHERN = OMT), Oxford 1972.

LITERATUR

AERTSEN, J. A., Wendingen in waarheid. Anselmus van Canterbury, Thomas van Aquino en Vico: Tijdschr. Filos. 49 (1987) 187–228.

ALLERS, R., Einleitung: *Anselm von Canterbury. Leben, Lehre, Werke* (übers., eingel. und erl. von R. ALLERS), Wien 1936, 11–250.

BAEUMKER, F., Die Lehre Anselms von Canterbury über den Willen und seine Wahlfreiheit (BGPhMA 10/6), Münster 1912.

BALTHASAR, H. U. VON, La *Concordantia libertatis* chez Saint Anselme: *L'Homme devant Dieu. FS H. de Lubac 2. Du moyen âge au siècle des lumières* (Théologie 57), Paris 1964, 29–45.

—, Anselm: ders., *Herrlichkeit. Eine theologische Ästhetik 2: Fächer der Stile*, Einsiedeln 1962, 215–263.

BARTH, K., *Fides quaerens intellectum. Anselms Beweis der Existenz Gottes im Zusammenhang seines theologischen Programms*, Zürich 1981 (München 1931).

BRIANCESCO, E., Le dernier Anselme. Essai sur la structure du *De concordia:* AnsSt 2 (1988) 559–596.

—, La doctrina moral de San Anselmo: Ethos 4/5 (1976/1977) 199–211.

—, Justicia y verdad en san Anselmo. El capitulo 12 de „De veritate": Patristica et Mediaevalia 2 (1981) 5–20.

—, *Un triptyque sur la liberté. La doctrine morale de saint Anselme. De veritate, De libertate arbitrii. De casu diaboli* (mit einem Vorwort von P. VIGNAUX = L'œuvre de S. Anselme de Cantorbéry. Série Études 2), Paris 1982.

—, El último Anselmo. Ensayo sobre la estructura, del De concordia: Patristica et Mediaevalia 8 (1987) 61–86.

Brown, R.F., Some Problems with Anselm's View of Human Will: AnsSt 2 (1988) 333–342.

Campbell, R., Freedom as Keeping the Truth. The Anselmian Tradition: AnsSt 2 (1988) 297–318.

—, The systematic character of Anselm's thought: *Les mutations socio-culturelles au tournant des XIe–XIIe siècles*, 549–560.

Cattin, Y., Proslogion et De veritate: „ratio, fides, veritas": *Les mutations socio-culturelles au tournant des XIe–XIIe siècles*, 595–610.

Corbin, M., De l'impossible en Dieu. Lecture du 8e chapitre du dialogue de saint Anselme sur la liberté: RSPhTh 66 (1982) 523–549.

—, Se tenir dans la vérité. Lecture du chapitre 12 du dialogue de saint Anselme sur la Vérité: *Les mutations socio-culturelles au tournant des XIe–XIIe siècles*, 649–666.

Corti, E.C., Verdad y libertad. Lectura del „De veritate" de Anselmo de Canterbury: Strom. 39 (1983) 351–363.

Corvino, F., Necessità e libertà di Dio in Pier Damiani e in Anselmo d'Aosta: AAns 5 (1976) 245–260.

Courtenay, W.J., Necessity and Freedom in Anselm's Conception of God: AAns 4/2 (1975) 39–64.

Craig, W.L., St. Anselm on divine foreknowledge and future contingency: LTP 42 (1986) 93–104.

de Garay Suárez-Llanos, J., La libertad en S. Anselmo: AnFil 20 (1987) 43–72.

Delhaye, P., Quelques aspects de la morale de saint Anselme: SpicBec 1 (1959) 401–422.

Duclow, D.F., Structure and Meaning in Anselm's De Veritate: ABenR 26 (1975) 406–417.

Evans, G.R., Why the Fall of Satan?: RThAM 45 (1978) 130–146.

Fairweather, E.R., Truth, justice, and moral responsibility in the thought of St. Anselm: *L'Homme et son destin d'après les penseurs du Moyen Âge. Actes du premier congrès international de philosophie médiévale (Louvain — Bruxelles 28 Août – 4 Septembre 1958)*, Louvain/Paris 1960, 385–391.

Flasch, K., Zum Begriff der Wahrheit bei Anselm von Canterbury: PhJ 72 (1964–65) 322–352.

—, Einleitung: *Kann Gottes Nicht-Sein gedacht werden? Die Kontroverse zwischen Anselm von Canterbury und Gaunilo von Marmoutiers. Lateinisch-Deutsch* (übers., erl. und hrsg. von B. Mojsisch. Mit einer Einleitung von K. Flasch = excerpta classica IV), Mainz 1989, 7–48.

—, *Das philosophische Denken im Mittelalter. Von Augustin zu Machiavelli*, Stuttgart 1986.

Gauss, J., Anselm von Canterbury — drei Aspekte: ThQ 165 (1985) 41–52.

Gombocz, W.L., Anselm von Canterbury. Ein Forschungsbericht über die Anselm-Renaissance seit 1960: PhJ 87 (1980) 109–134.

—, „Facere esse veritatem“: *Les mutations socio-culturelles au tournant des XIe–XIIe siècles*, 561–569.

—, St. Anselm's two devils but one God: Ratio 20 (1978) 142–146.

HAURÉAU, B., *Histoire de la Philosophie scolastique 1 (De Charlemagne à la fin du XIIe siècle)*, Frankfurt a. M. 1966 (Paris 1872).

HEINZMANN, R., Veritas humanae naturae. Ein Beitrag zur Anthropologie Anselms von Canterbury: *Wahrheit und Verkündigung. FS Michael Schmaus 1* (hrsg. von L. SCHEFFCZYK / W. DETTLOFF / R. HEINZMANN), München / Paderborn / Wien 1967, 779–798.

HENRY, D. P., *The De Grammatico of St. Anselm. The Theory of Paronymy*, Notre Dame (Ind.) 1964.

HÖDL, L., Anselm von Canterbury: TRE 2, 759–778.

HOPKINS, J., Anselm on freedom and the will. A discussion of G.S. Kane's interpretations of Anselm [Kane, G.S., Anselm's doctrine of freedom and the will]: Philosophy Research Archives 9 (1983) 471–493.

— / RICHARDSON, H., *Truth*, siehe Quellen: Anselm, De veritate.

INGU, T., Über die Gnade und die Willensfreiheit: KGUAS 10 (1961) 1–15.

KANE, G.S., Anselm's Definition of Freedom: RelSt 9 (1973) 297 bis 306.

—, Anselm's doctrine of freedom and the will (Texts and studies in religion 10), New York / Toronto 1981.

—, Elements of Ethical Theory in the Thought of St. Anselm: StMC 12 (1978) 61–71.

KANT, I., Kritik der praktischen Vernunft: ders., *Schriften zur Ethik und Religionsphilosophie* (hrsg. von W. WEISCHEDEL = Werke in sechs Bänden, Bd. 4), Darmstadt 1970, 103–302.

—, *Kritik der reinen Vernunft* (hrsg. von W. WEISCHEDEL = Werke in sechs Bänden, Bd. 2), Darmstadt 1966.

KIENZLER, K., *Glauben und Denken bei Anselm von Canterbury*, Freiburg / Basel / Wien 1981.

—, Zur philosophisch-theologischen Denkform bei Augustinus und bei Anselm von Canterbury: AnsSt 2 (1988) 353–387.

KÜLLING, H., *Wahrheit als Richtigkeit. Eine Untersuchung zur Schrift ‚De veritate‘ von Anselm von Canterbury* (BSHST 50), Bern u. a. 1984.

LANDGRAF, A. M., Der Gerechtigkeitsbegriff des hl. Anselm von Canterbury und seine Bedeutung für die Theologie der Frühscholastik: *Dogmengeschichte der Frühscholastik, Erster Teil: Die Gnadenlehre, Bd. 1*, Regensburg 1952, 37–50.

Les mutations socio-culturelles au tournant des XIe–XIIe siècles. Études anselmiennes (IVe session). Colloque organisé par le CNRS sous la présidence de J. Pouilloux. Abbaye Notre-Dame du Bec, Le Bec-Hellouin, 11–16 juillet 1982 (Colloques internationaux du Centre National de la Recherche Scientifique), Paris 1984.

LOTTIN, O., Le concept de justice chez les théologiens du moyen âge avant l'introduction d'Aristote: RThom 44 (1938) 511–521.
—, *La théorie du libre arbitre depuis saint Anselme jusqu'à saint Thomas d'Aquin*, Louvain 1929.
LUBAC, H. DE, *Surnaturel. Études historiques*, Paris 1946.
MADEC, G., Y a-t-il une herméneutique anselmienne?: *Les mutations socio-culturelles au tournant des XIe–XIIe siècles*, 491–500.
MASON, P.C., The Devil and St. Anselm: IJPR 9 (1978) 1–15.
MICCOLI, L., Il problema dei futuri contingenti in Anselmo d'Aosta: J. philosophique, 1987, n. 15, 224–248.
—, Una discussione sui concetti di libero arbitrio di Agostino, Anselmo d'Aosta e Bernardo di Chiaravalle in una quaestio disputata di Alessandro di Hales: *La libertà. Contributi di F. Bellino, R. Belvederi etc.* (Problemi di attualità 3), Napoli, 1980, 47–62.
MORRIS, T.V., *Anselmian explorations. Essays in philosophical theology*, Notre Dame (Ind.) 1987.
—, Perfection and power: IJPR 20 (1986) 165–168.
NÉDONCELLE, M., La notion de personne dans l'œuvre de saint Anselme: SpicBec 1 (1959) 31–43.
ØHRSTRØM, P., Anselm, Ockham and Leibniz on divine foreknowledge and human freedom: Erkenntnis 21 (1984) 209–222.
PALMA, R.J., The Rehabilitation of Truth in Theology: SJTh 28 (1975) 201–226.
POUCHET, R., *La rectitudo chez saint Anselme. Un itinéraire Augustinien de l'âme à Dieu*, Paris 1964.
Proceedings of the Vth international Saint Anselm conference. St. Anselm and St. Augustine, episcopi ad saecula (hrsg. von J.C. SCHNAUBELT/T.A. LOSONCY/F. VAN FLETEREN/J.A. FREDERICK = Anselm studies. An occasional journal 2), New York 1988.
RASSAM, J., Existence et vérité chez saint Anselme: APhil 24 (1961) 330–337.
ROCCARO, G., *Il tema della voluntas nel De casu diaboli di Anselmo d'Aosta, in: L'homme et son univers au moyen âge. Actes du septième congrès international de philosophie médiévale 2* (hrsg. von C. WENIN = Philosophes médiévaux 27), Louvain-la-Neuve 1986, 754–762.
ROHMER, J., *La finalité morale chez les théologiens, de saint Augustin à Duns Scot* (EPhM), Paris 1938.
ROSSI, O., *Etica, ragione e natura umana in Anselmo d'Aosta, in: Knowledge and the sciences in medieval philosophy. Proceedings of the Eighth international congress of medieval philosophy (S.I.E.P.M.). Helsinki, 24–29 August 1987 2* (hrsg. von R. TYÖRINOJA/A. INKERI LEHTINEN/D. FØLLESDAL = MESJ 55), Helsinki/Yliopistopaino 1990, 261–267.
—, La concezione della libertà come testimonianze di liberazione in Anselmo d'Aosta: StPat 24 (1977) 369–382.

SARANYANA, J. I., Sobre la noción anselmiana de verdad: Cuadernos salamantinos de Filosofía 11 (1984) 117–122.
SCHEDLER, G., Anselm and Aquinas on the fall of Satan. A case study of retributive punishment: PACPA 56 (1982) 61–69.
SCHMITT, F. S., *Monologion*, siehe Quellen: Anselm, Monologion.
—, Prolegomena seu ratio editionis: *S. Anselmi Cantuariensis Archiepiscopi Opera Omnia 1*, Stuttgart-Bad Cannstatt 1968, 1*–244*.
—, *Proslogion*, siehe Quellen: Anselm, Proslogion.
SCHURR, A., Vie et réflexion selon saint Anselme: APhil 35 (1972) 111–126.
SCHWAGER, R., Logik der Freiheit und des Natur-Wollens. Zur Erlösungslehre Anselms von Canterbury: ZKTh 105 (1983) 125–155.
SHEETS, J. R., Justice in the Moral Thought of St.Anselm: MSM 25 (1948) 132–139.
SÖHNGEN, G., Rectitudo bei Anselm von Canterbury als Oberbegriff von Wahrheit und Gerechtigkeit: *Sola Ratione. FS F. S. Schmitt* (in Verbindung mit B. GEYER und A. HUFNAGEL hrsg. von H. K. KOHLENBERGER), Stuttgart-Bad Cannstatt 1970, 71–77.
SOUTHERN, R. W., *Saint Anselm. A Portait in a Landscape*, Cambridge u. a. 1990.
—, *Saint Anselm and his Biographer. A Study of Monastic Life and Thought 1059 – c. 1130*, Cambridge 1963.
TIELSCH, E., Anselm von Canterburys Stellung innerhalb der Geschichte des „De libero arbitrio"-Problems: AAns 4/2 (1975) 65–100.
TORRANCE, T. F., The Ethical Implications of Anselm's De Veritate: ThZ 24 (1968) 309–319.
VAN VELTHOVEN, T., Anselmus over waarheid [Anselmus' De Veritate, Cap. II]: Wijsgerig Perspectief op Maatschappij en Wetenschap 18 (1977–1978) 123–125.
VANNI ROVIGHI, S., L'etica di S. Anselmo: AAns 1 (1969) 73–99.
—, Libertà e libero arbitrio in sant'Anselmo d'Aosta: *Images of Man in Ancient and Medieval Thought* (hrsg. von F. BOSSIER u. a.), Leuven 1976, 271–285.
—, Il problema del male in S. Anselmo: AAns 5 (1976) 179–188.
—, *Sant'Anselmo e la filosofia del secolo XI*, Milano 1949.
—, Libertà e libero arbitrio in sant'Anselmo d'Aosta: *Studi filosofia medioevale 1: Da sant'Agostino al XII secolo* (Scienze filosofiche 19), Milano 1978, 45–60.
VERWEYEN, H., Anthropologische Vermittlung der Offenbarung: Anselms ‚Monologion': *Fides quaerens intellectum. Beiträge zur Fundamentaltheologie. FS M. Seckler* (hrsg. von M. KESSLER/W. PANNENBERG/H. J. POTTMEYER), Tübingen 1992, 149–158.
—, Einleitung: FICHTE, J. G., *Die Anweisung zum seligen Leben* (hrsg. von H. VERWEYEN = PhB 234), Hamburg 1983.
—, *Gottes letztes Wort. Grundriß der Fundamentaltheologie*, Düsseldorf 1991.

VIOLA, C., Foi et vérité chez saint Anselme: *Les mutations socio-culturelles au tournant des XIe–XIIe siècles*, 583–593.

WÉBER, É.-H., Dynamisme du bien et statut historique du destin créé. Du traité Sur la chute du diable de S. Anselme aux Questions sur le mal de Thomas d'Aquin: *Die Mächte des Guten und Bösen. Vorstellungen im XII. und XIII. Jahrhundert über ihr Wirken in der Heilsgeschichte* (hrsg. von A. ZIMMERMANN = MM 11), Berlin/New York 1977, 154–205.

WERNER, H.-J., Anselm von Canterburys Dialog „De veritate" und das Problem der Begründung praktischer Sätze: SSPh 20 (1975) 119–130.

WIEDMANN, F., Wahrheit als Rechtheit: *Epimeleia. Die Sorge der Philosophie um den Menschen*, München 1964, 174–182.

WIERENGA, E., Anselm on omnipresence: NSchol 62 (1988) 30–41.

YAMAZAKI, H., Anselm and the Problem of Evil: AnsSt 2 (1988) 343–350.

—, Theological method in St. Anselm's theory of freedom: *Knowledge and the sciences in medieval philosophy. Proceedings of the Eighth international congress of medieval philosophy (S.I.E.P.M.). Helsinki, 24–29 August 1987 3* (hrsg. von R. TYÖRINOJA/A. INKERI LEHTINEN/D. FØLLESDAL = MESJ 55), Helsinki/Yliopistopaino 1990, 308–313.

REGISTER

Bibelstellen

Personen

Begriffe

Sachen